אֱלֹהִים

דָּבָר

שֵׁם

תּוֹרָה

חָכְמָה

יָשַׁר

אֲדֹנָי

תּוֹרָה

חָכְמָה

יָשַׁר

אֲדֹנָי

25일 완성 히브리어 정복

김창대
지음

문예림

http://www.moonyelim.com

25일 완성 히브리어 정복

초판 3쇄 인쇄 2022년 8월 18일
초판 3쇄 발행 2022년 8월 25일

지은이 김창대
발행인 서덕일
펴낸곳 문예림
주소 경기도 파주시 회동길 366 (10881)
전화 (02)499-1281~2
팩스 (02)499-1283
E-mail info@bookmoon.co.kr

출판등록 1962.7.12 (제406-1962-1호)
ISBN 978-89-7482-854-7 (93790)

이 책은 2010년 3월 10일 브니엘에서 초판 발행한 《25일 완성 히브리어 정복》의 개정판입니다.
잘못된 책은 구입하신 서점에서 교환하여 드립니다.

저자 서문

히브리어를 언어학적 원리에 입각해 배울 수 있도록 ≪25일 완성 히브리어 산책≫을 출간한 지 얼마 되지 않아 ≪25일 완성 히브리어 산책≫을 보완한 ≪25일 완성 히브리어 정복≫으로 완성판을 내게 되었다. 그동안 주위 사람들로부터 많은 격려와 호평을 받았다. 히브리어를 힘들여 외우지 않아도 쉽게 터득할 수 있었다는 얘기였다. 그러다 보니 더 완벽하게 히브리어 문법서를 쓰고 싶은 마음이 들었다. 또한 그동안 학교에서 히브리어를 강의하면서 더 손쉬운 히브리어 원리들을 깨닫게 되자 보완의 필요성을 느끼게 되었다. 더군다나 이전의 책은 연습문제에 많은 아쉬움이 있었다.

그래서 이번 완성판에서는 연습문제를 대폭 수정 보완했다. 각 과마다 단어를 숙지한다면 사전을 찾을 필요 없이 연습문제를 풀 수 있도록 했고, 연습문제의 양도 대폭 늘렸다. 그만큼 히브리어를 읽고 해석할 수 있는 기회를 더 많이 주기 위함이었다. 또한 독자들의 요구에 따라 연습문제 뒤에 해답을 달았다. 그래서 누구나 혼자서도 히브리어를 배울 수 있도록 배려했다.

이전 책은 문법 설명을 압축적인 원리를 통해 제시하다 보니 다소 혼자서 배우기에 버거운 점이 있었다. 그래서 최대한 짐을 덜어주기 위해 각주를 통해 좀 더 상세한 설명을 하려고 노력했다. 또한 히브리어 구문론을 위해서 많은 예들을 추가했다. 단순히 히브리어 문법만 숙지하는 것이 아니라 문장 단위에서 히브리어 구문이 어떻게 이해되고 해석되는지를 배울 수 있도록 했다.

이 책의 최대 장점은 쉐와에 대한 자세한 설명과 구문론에 대한 분석, 그리고 약동사 변화의 언어학적 원리 설명이다. 이 책을 통해서 더 많은 신학도와 목회자들이 히브리어를 사랑하고 원문으로 구약성경을 읽기를 소망한다.

글쓴이 김창대

차 례

25일 완성
히브리어 정복

제 1 과

히브리어 알파벳

알파벳

히브리어 자음은 영어와 달리 한국어처럼 같은 조음기관의 위치에서 3개의 소리가 나올 수 있다. 예를 들어 혀의 후설부분과 입천장의 연구개를 사용해서 발음되는 연구개음의 경우 비음을 제외할 때 영어에서는 g, k밖에 없지만 한국어는 ㄱ, ㅋ, ㄲ이 있다. 마찬가지로 히브리어도 같은 위치에서 각각 ג(ㄱ), כ(ㅋ), ק(ㄲ)가 있다. 히브리어 자음을 기존에는 알파벳 순서로 외웠지만 히브리어를 더욱 효과적으로 쉽게 배우기 위해서는 먼저 음성학적으로 외우는 것이 좋다.

1. 히브리어 자음

1) 알파벳 명칭과 음가

처음글자인 알렢(א)과 두 번째 글자인 베트(ב)를 합쳐서 영어의 알파벳이라는 말이 나왔다. 히브리어 알파벳 순서는 사전을 찾을 때 필요하기 때문에 암기를 해야 한다.

쓰는 순서	명칭과 음가
א	א : 알렢 – 실제적으로 한국인에게는 소리가 들리지 않음.
ב	ב : 베트 – 음가는 "ㅂ"에 해당. [b]
ג	ג : 기멜 – 음가는 "ㄱ"에 해당. [g]
ד	ד : 달렡 – 음가는 "ㄷ"에 해당. [d]
ה	ה : 헤 – 음가는 "ㅎ"에 해당. [h]
ו	ו : 봐브 – 혀의 위치는 영어의 [w]에 해당되지만 소리는 영어의 [v]로 발음된다(이 자음은 모음 "우"와 근접한 위치에 있기 때문에 쉽게 자음 성질을 잃고 모음으로 변할 수 있는 약음이다).
ז	ז : 자인 – 음가는 "ㅈ"에 해당. [z]

ח	ח : 헤트 – 음가는 "ㅎㅎ"에 해당. 독일어의 auch에서 ch에 해당됨("ㅎ"을 발음할 때 더욱 마찰을 크게 하면서 발음하는 소리).
ט	ט : 떼트 – 음가는 "ㄸ"에 해당(일종의 된소리로서 폐음에 가깝다).
י	י : 요드 – 음가는 영어의 [j]에 해당(이 자음은 모음 "이"와 근접함).
כ ך	כ : 카프 – 음가는 "ㅋ"에 해당. [k]
ל	ל : 라메드 – 음가는 영어의 [l]에 해당. 그래서 "ㄹ"음이 두 개 연속해서 발성된다.
מ ם	מ : 멤 – 음가는 "ㅁ"에 해당. [m]
נ ן	נ : 눈 – 음가는 "ㄴ"에 해당. [n]
ס	ס : 싸멕 – 음가는 "ㅆ"에 해당(정확히 말하면 "ㅅ"소리이지만 명료하지 않은 소리).
ע	ע : 아인 – 실제적으로 소리가 들리지 않음(히브리인들을 제외한 사람들은 구별하기가 힘듦).
פ ף	פ : 페 – 음가는 "ㅍ"에 해당. [p]
צ ץ	צ : 짜데 – 음가는 "ㅉ"에 해당(일종의 된소리로 폐음에 가깝다).
ק	ק : 꼬프 – 음가는 "ㄲ"에 해당(된소리).
ר	ר : 레쉬 – 음가는 영어의 [r]에 해당한다(하지만 히브리인들은 후음처럼 목구멍에서 나오는 소리를 동반하여 발음한다. 그래서 후음과 같은 성질을 가지고 있다).
שׂ	שׂ : 신 – 음가는 "ㅅ"에 해당. [s]
שׁ	שׁ : 쉰 – 음가는 "쉬"에 해당. [ʃ].
ת	ת : 타브 – 음가는 "ㅌ"에 해당. [t]

2) 알파벳 쓰기

א 알렙
ב 베트
ג 기멜
ד 달렛
ה 헤
ו 봐브
ז 자인
ח 헤트
ט 떼트
י 요드
כ ך 카프
ל 라메드
מ ם 멤
נ ן 눈
ס 싸멕
ע 아인
פ ף 페
צ ץ 짜데
ק 꼬프
ר 레쉬
שׁ 신
שׂ 쉰
ת 타브

3) 히브리어 자음의 미형(尾形)

히브리어 자음 중에는 단어 끝에 나올 때 형태가 변화되는 자음들이 다섯 개 있다.

① ךְ는 כ가 단어 끝에서 나타날 때 변형되어 나오는 형태이다. 예) מֶלֶךְ(왕)
② ם은 מ가 단어 끝에서 나타날 때 변형되어 나오는 형태이다. 예) מַיִם(물)
③ ן은 נ이 단어 끝에서 나타날 때 변형되어 나오는 형태이다. 예) נָתַן(주다)
④ ף는 פ가 단어 끝에서 나타날 때 변형되어 나오는 형태이다. 예) שָׂרַף(불타다)
⑤ ץ는 צ가 단어 끝에서 나타날 때 변형되어 나오는 형태이다. 예) אֶרֶץ(땅)

2. 히브리어 자음 분류

구 분	순음	치조음	치조구개음	경구개음	연구개음	후음
폐음	פ ב	ת ד			כ ג	א ע ה ח
마찰음		ז שׂ	שׁ			
비음	מ	נ				
유음		ל ר				
된소리		ס	ט צ		ק	
반모음				י	ו	

이 분류에서 기억할 것은 폐음(stop sound)과 후음에 나오는 소리들의 종류이다. 이에 대한 지식은 나중에 히브리어를 공부할 때 매우 유익하다. 또한 반모음(י, ו)의 경우는 주위에 쉐바가 올 때 자음의 성격을 잃고 모음이 되어 또 다른 모음과 이중모음으로 변화되는 속성이 있다.

ר 음의 경우는 치조음이지만 조음성격 상 후음과 같은 성격이 있기 때문에 때때로 후음의 범주에 포함되기도 한다(브라질 선수 ronald가 실제로 '호나우드'로 발음되는 것과 같은 원리라고 볼 수 있다).

3. 히브리어 모음 삼각도

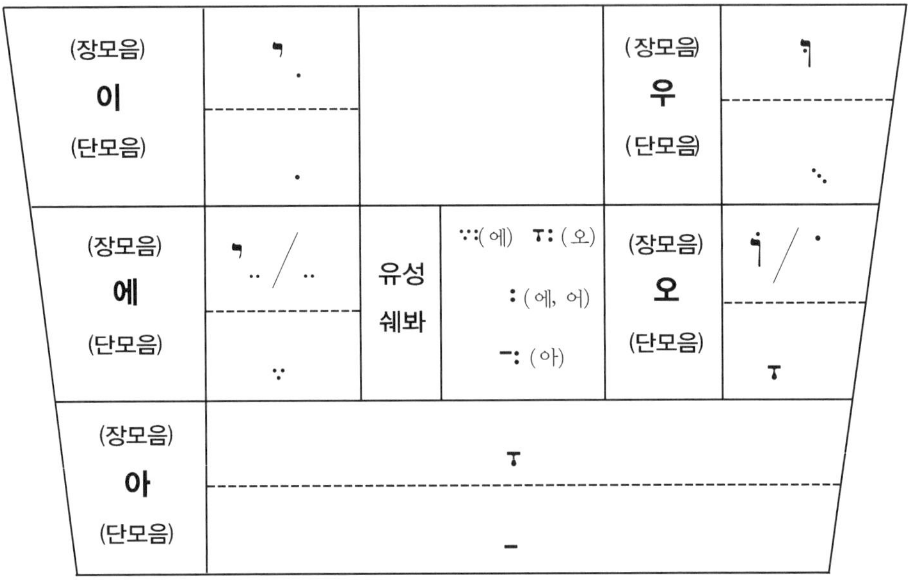

1) 히브리어 모음은 같은 소리라고 할지라도 장모음과 단모음이 확실히 구분된다. 그러므로 이 점을 각별히 유의할 필요가 있다. 특별히 장모음 중에는 י와 ו를 사용해서 나오는 장모음이 있다. 이것을 편의상 일반 장모음과 구분시켜 "순장모음"이라고 부른다. 일반 장모음에는 ֵ ("에"), ֹ ("오"), ָ ("아")가 있다. 이에 비해 순장모음의 종류에는 ִי ("이"), ֵי ("에"), וֹ ("오"), וּ("우")가 있다. 위의 모음 도표에서 동일한 음(이, 에, 아, 오, 우) 안에 윗부분이 장모음 기호이고 아래 부분이 단모음 기호이다. 한편 "이"와 "에"는 전설모음, "우"와 "오"는 후설모음으로 불린다.

예) מוֹאָב("모-아브"), סָדִין("싸-딘"), קֶדֶם("께-뎀"), מוֹלֶךְ("몰-레크")[1]

---

1) 음절이나 단어 끝에 받침으로 나오는 자음은 스스로 발음되기 힘들기 때문에 발음 습관상 "으"를 붙여 읽는다. 하지만 ל, מ, נ 자음은 스스로도 발음될 수 있기 때문에 "으"를 붙이지 않는다. 한편 שׁ은 어느 정도 "이" 소리가 나오기 때문에 받침으로 나올 때 "으"를 붙이지 않고 "쉬"로 발음된다. 자음 ל는 앞에 모음이 있을 때 "ㄹ"발음을 두 번 한다. 그래서 מוֹלֶךְ의 경우 "모-레크"가 아니라 "몰-레크"이다. 또한 "몰-렉"으로 읽지 않는 것에 주의하라. 한편 여기에 발음표기에서 "-"는 음절의 분리를 뜻한다.

히브리어 모음을 단모음, 장모음, 순장모음별로 표기하면 다음과 같다.

	단모음	장모음	순장모음
아	◌ַ	◌ָ	
에	◌ֶ	◌ֵ	◌ֵי
이	◌ִ		◌ִי
오	◌ָ	◌ֹ	וֹ
우	◌ֻ		וּ

※현대 히브리어는 장모음 ◌ֵ 와 순장모음 ◌ֵי 를 이중모음 "에이"로 읽지만 원래는 "에" 발음이다.

2) 모음 기호는 일반적으로 자음 아래에 쓴다. 하지만 자음 위에 쓰는 경우도 있다(예를 들면 장모음 "오"인 ◌ֹ 이다). 또한 앞에서 예를 들었던 것처럼 순장모음의 경우는 자음 옆에 쓴다.

예) דֹבֵר("도-베르"), כָּרַת("카-라트"), שֶׁבַע("쉐-바"), עוֹלָם("올-람)

3) 모음에서 장모음 ◌ָ("아")와 단모음 ◌ָ("오")를 구분할 줄 알아야 한다. 나중에 배우겠지만 이것을 구분하기 위해서는 음절의 종류(개음절과 폐음절)를 정확하게 알아야 한다. 예를 들어 악센트가 없는 폐음절에서는 장모음이 나올 수 없기 때문에 이런 폐음절에서 ◌ָ 가 나왔다면 그 음가는 무조건 "오"이다. 이 부분은 나중에 자세히 배울 것이다.

4) 유성쉐봐(◌ְ ◌ֱ ◌ֳ ◌ֲ)

쉐봐는 마치 100미터 달리기를 끝낸 선수가 헉헉거릴 때 내는 매우 약한 소리라고 할 수 있다. 유성쉐봐는 단순쉐봐(◌ְ)와 합성쉐봐(◌ֱ ◌ֳ ◌ֲ)로 나누어진다. 참고로 유성쉐봐 외에 무성쉐봐가 있는데 이 무성쉐봐의 모양은 유성쉐봐의 일종인 단순쉐봐(◌ְ)의 형태를 취한다. 무성쉐봐는 원칙적으로 소리가 나지 않는다.

유성쉐봐는 소리가 나지만 모음으로 취급되지 않는다. 히브리어 습득의 관건은 쉐봐가 나올 때 그것이 유성쉐봐냐 무성쉐봐냐를 구별하느냐에 달렸다. 영어의 grammar를 가령 히브리어로 음역하면 아마도 גרַממַר가 될 것이다. 하지만 히브리어 단어에서는 자음 밑이나 위에 항상 어떤 기호가 있어야 하기 때문에(단어 끝에 나오는 자음은 예외) ג 밑에 그리고 מ 밑에 모음은 없지만 각각 (ְ)를 집어넣어 גְרַמְמַר가 된다. 이 때 쉐봐가 음절 초두에 있을 때에는 유성쉐봐, 음절 끝에 나올 때에는 무성쉐봐라고 한다. 따라서 ג 밑에 쉐봐는 유성쉐봐, 그리고 מ 밑에 쉐봐는 무성쉐봐이다. 결국 쉐봐가 유성쉐봐인지 무성쉐봐인지 구별하는 방법은 음절을 어떻게 나누느냐에 달려 있다. 나중에 쉐봐와 음절을 나누는 법에 대해 더 자세한 설명이 있을 것이다.

① 단순쉐봐(ְ)는 매우 약한 "어"나 약한 "에" 소리가 난다. 하지만 정통 랍비들은 이 발음을 약한 "에"로 발음하는 경향이 있다.

예) שְׁמַע("쉐마", 뜻은 들으라)

② 합성쉐봐(ֱ ֲ ֳ)는 유성쉐봐로서 단순쉐봐와 같은 기능을 한다. 사용용도는 후음 문자 아래의 모음을 유성쉐봐로 만들 때, 기존의 단순쉐봐 ְ 을 사용하는 것이 아니라 후음 문자에 편한 합성쉐봐를 사용하는 데서 나온다. 이 세 가지 합성쉐봐의 발음은 각기 다음과 같다: ֱ (약한 "에"), ֲ (약한 "아"), ֳ (약한 "오").

예) חֲכָמִים("하카-밈" 지혜로운 자들) → 맞음.

חְכָמִים → 틀림(ח는 자신 밑에 합성쉐봐를 취하기 때문이다).

※ 참고) 무성쉐봐는 원칙적으로 소리가 나지 않는다. 하지만 발음 습관상 "으" 소리를 내기도 한다.

예) מִדְבָּר(광야) → "미드-바르"라고 읽는다(여기서 ד 밑에 쉐봐는 무성쉐봐임).

5) 히브리어 모음 각각은 자음처럼 따로 다음과 같은 명칭을 가진다.

① "아"음 → ַ (파타흐), ָ (까메쯔)

② "에"음 → ֶ (쎄골), ֵ (쩨레)
③ "오"음 → ָ (까메쯔 하툽), ֹ (홀렘)
④ "이"음 → ִ (히렉)
⑤ "우"음 → ֻ (끼부쯔)

4. 히브리어 자음과 모음에서 주의 사항

1) 히브리어 자음 밑이나 위에는 모음이나 적어도 쉐봐의 기호가 나타나야 한다. 하지만 단어 끝에 나오는 자음 밑에는 원칙적으로 쉐봐(이 경우는 무성쉐봐)를 붙이지 않는다.

예) אָדָםְ(x), אָדָמָהְ(x), אָדָם(o)

※ 예외) 한편 ך는 단어 끝에서 자신 밑에 무성쉐봐(ְ)를 취한다. מֶלֶךְ("멜레크", 왕). 이것은 נ의 미형 ן과 혼동을 막기 위한 조치라고 할 수 있다.

2) 자음 ה와 א은 단어 끝에서 묵음이 된다.

예) בָּמָה → "바-마흐"가 아니라 "바-마"이다. 뒤에 ה는 묵음이다.
חָטָא → "ㅎ하-따"이다. 여기서 뒤에 단어 끝에 나온 א은 묵음이다.
מֹשֶׁה → "모-쉐흐"가 아니라 그냥 "모-쉐"이다.

3) 모음 ֹ("오") 다음에 자음 שׁ가 오면 그 모음 ֹ가 שׁ에 있는 점 ֹ과 합쳐질 수 있다.

예) מֹשֶׁה(모세)가 아니라 משֶׁה가 된다. 하지만 מֹשֶׁה라고도 쓸 수 있다.

4) 선입 파타흐(ַ)
이것은 단어 끝에 위치한 후음 앞에 있는 모음이 장모음(순장모음 포함) 일 때 그 뒤에 이어서 후음을 발음하기 힘들기 때문에 그 장모음 다음에 파타흐를 집어넣어 단모음 "아"음을 먼저 발음하고 후음을 발성하려는 습관에서 나온 것이다. 이런 "아"음을 선입 파타흐라고 부른다. 이 때 선입 파타흐의 위치가 중요하다. 이 선입 파타흐는 후음 밑에 둔다.

예) רוּחַ(바람, 영) → 발음은 "루-하"가 아니라 "루아흐"이다.

제2과

악센트와 음절,
그리고 메텍/쉐봐의 종류

악센트

1. 특징

히브리어 단어는 보통 마지막 음절에 악센트가 있다.

2. 주의 사항

이 책에서 악센트는 해당 음절 위에 ˂ 로 표시했다. 보통 마지막 음절에 악센트가 오기 때문에 이 표시의 기입을 종종 생략했지만, 마지막 음절이 아닌 음절에 악센트가 오는 경우는 해당 음절을 시작하는 자음 위에 ˂ 를 표시했다.

예) דָּבָר("다-바르"), חֶסֶד("해-쎄드")

개음절(모음으로 끝나는 음절)과 폐음절(자음으로 끝나는 음절)

1. 히브리어 단어는 크게 명사류(명사와 형용사, 부사 등 동사를 제외한 모든 품사)와 동사류로 크게 나누어진다. 특징은 보통 2음절로 구성되어 있다는 것이다. 예를 들어 חָכָם("하-캄")은 2음절로 된 단어로서 처음 음절인 חָ("하")는 모음으로 끝나는 개음절이고 뒤에 음절인 כָם("캄")은 자음으로 끝나기 때문에 폐음절이다. 한편 히브리어 음절은 모두 자음으로 시작하기 때문에 모음으로 시작하는 음절은 없다.

2. 폐음절은 또한 단어 초두에서 나올 수 있다. 예를 들어 חָכְמָה(호크-마)이다. 원래는 חָכמָה로서 חָכ라는 폐음절(자음+ 모음+ 자음)이 나온 것인데, 자음 כ 밑에 아무것도 없는 것이 이상해서 (ְ)라는 쉐바 기호를 붙인 것이다. 이 쉐바(ְ)는 음절 끝에 나오기 때문에 무성쉐바이다. 무성쉐바는 앞에 모음이 단모음이라는 특징을 갖고 있다. 또한 무성쉐바는 원칙적으로 소리가 나지 않지만 발음 습관상 "으"소리를 낼 수 있다.

3. 기본적으로 개음절은 자신의 모음으로 장모음을 취하고 폐음절은 단모음을 취한다.

※ (예외와 법칙)

1) 명사류의 경우는 폐음절에 악센트가 올 때 단모음이 장모음으로 변하는 경향이 있다. 이에 반해 동사류는 폐음절에 악센트가 올 때 그냥 그대로 단모음을 취하는 경향이 있다.

예) אָדָ֫ם(“아-담”, 사람이라는 뜻의 명사), קָטַ֫ל(“까-딸”, 죽이다라는 동사), זָקֵן(“자-껜”, 뜻은 늙은), דָּבָ֫ר(“다-바르”, 말씀) 등.

2) 첫 번째 음절에 악센트가 오는 쎄골형 명사의 경우 개음절임에도 불구하고 단모음이 올 수 있다(쎄골명사는 원래 자음 + 모음 + 자음 + 자음으로 된 1음절 단어이다. 쎄골명사에 대해서는 뒤에서 자세히 다룰 것이다).

예) חֶ֫סֶד(“헤쎄드,” 인애) → 엄밀한 의미에서 쎄골형 명사는 원래 1음절로써 뒤의 모음인 ◌ֶ 는 원래 모음이 없었던 자리였다. 그래서 뒤의 ◌ֶ 는 원래 무성쉐봐 자리로서 악센트를 가질 수 없는 것이다.

3) 악센트가 없는 폐음절 안에는 무조건 단모음이 온다.

예) מִשְׁפָּט → 이 단어는 두 음절이다. 즉 פָּט/מִשְׁ라는 두개의 폐음절로 이루어져 있다(여기서 שְׁ 밑에 나온 쉐봐 ◌ְ 는 무성쉐봐이다). 폐음절인 מִשְׁ는 악센트가 없기 때문에 그 안에 모음은 무조건 단모음이 되어야 한다는 규칙에 의거해서 단모음 ◌ִ 가 나왔다. 이것은 무성쉐봐 앞에 있는 모음은 단모음이라는 원리에도 부합된다.

4) 자음 다음에 장모음(순장모음 포함)이 오면 무조건 개음절을 이룬다. 그래서 שׁוֹפְטִים(쇼-페띰)이라는 단어에서 앞에 שׁוֹ는 순장모음을 가지고 있기 때문에 자음+모음이라는 개음절을 이루고 나머지 פְטִים은 자음+ 자음+ 모음+ 자음이라는 폐음절을 이룬다. 그리고 여기에 פ밑에 있는 쉐봐는 새로운 음절 초두에 있기에 유성쉐봐이다.

5) אָדָם이라는 단어는 앞에 אָ라는 개음절과 דָם이라는 폐음절로 이루어져 있다.

그리고 발음은 "아-담"이다. 혹자는 이 단어를 "오-돔"이라고 읽을 수 있지 않느냐 반문할 수 있지만 그것은 불가능하다. אָדָם에서 אָ의 모음 ָ 를 "오"라고 읽으면 단모음이기 때문에 개음절을 이룰 수 없다. 그래서 אָד/ָם로 음절을 나누어야 하는데, 이렇게 되면 끝음절이 모음으로 시작하는 음절이 되어 잘못이 된다. 또한 דָם이라는 음절은 악센트를 받는 음절이기 때문에 악센트를 받는 폐음절의 모음은 주로 장모음이 된다는 원리에 의해 여기서 ָ 도 장모음 "아"로 발음해야 한다.

6) 어떤 단어에서 자음과 모음의 배열이 자음+모음+자음+모음으로 시작된다면 히브리어에서는 무조건 앞의 자음+모음은 한 음절을 이룬다. 그리고 여기서 음절은 개음절이기 때문에 반드시 그 안에 모음은 장모음이다.

예) דָבֹר("다-보르") → 이 단어는 자음 + 모음 + 자음 + 모음 + 자음으로 구성되어 있기 때문에 앞에 자음+모음인 דָ는 개음절로서 "다"로 읽고 בֹר는 폐음절이 된다.

음절수

히브리어의 단어의 음절수는 그 단어의 모음수와 일치한다. 그래서 예를 들어 אָדָם은 모음수가 2개이기 때문에 2음절이다. 반면 צְדָקָה(의)는 언뜻 보면 모음이 3개인 것처럼 보이지만 쉐바(유성쉐바든 무성쉐바든 상관없음)는 모음으로 취급하지 않기 때문에 2음절이 되는 것이다.

메텍

1. 메텍의 형태는 ˌ를 취한다. 이것은 끊어 읽으라는 휴지 표시이다. 특별히 이 용도는 음절수와 깊은 관련이 있다. 히브리어는 가급적 2음절로 발음하려고 하는데 부득이 3음절로 발음하게 될 때 중간에 끊어 읽으라는 표시로 메텍을 사용한다. 예를 들어 הָאָדָם("하-아-담", 뜻은 그 사람)의 경우처럼 부득이 3음절로 발음할 때에는 הָ 다음

에 쉬어서 읽으라는 표시로 메텍을 갖다 붙인다. 그래서 הָֽאָדָם이 된다.

2. 또한 메텍은 폐음절과 개음절의 혼동을 막기 위해서도 사용된다. 예를 들어 שָׁמְרָה ("샤-메라", 뜻은 그녀가 지켰다)의 경우 자음 מ 밑에 쉐봐 ְ 가 음절을 시작하는 유성쉐봐인데, 아무런 표시도 없으면 그 쉐봐가 무성쉐봐처럼 보여 폐음절을 만드는 것처럼 보일 수 있다. 그래서 ְ 앞에 모음 장모음 ָ ("아")를 단모음 "오"로 읽을 수 있다(폐음절에 악센트가 없으면 그 안의 모음은 무조건 단모음이기 때문이다). 이것을 방지하기 위해서 다음과 같이 메텍을 붙인다. 즉 שָֽׁמְרָה가 되는 것이다. 그래서 쉬어서 읽게 하여 그 위치에서 확실하게 두 음절을 갈라 읽도록 하는 역할을 한다. 이렇게 되면 מ 밑에 쉐봐 ְ 는 새로운 음절을 시작하는 음절 초두에 나오는 쉐봐가 되기 때문에 유성쉐봐임을 확실히 알 수 있다. 만약 메텍이 없이, ְ ָ 형태의 모음이 나오면 앞의 ָ 는 기본적으로 단모음 "오"로 읽어야 한다.

쉐봐의 종류

1. 유성쉐봐(여기에는 앞의 말처럼 단순쉐봐와 합성쉐봐, 두 형태가 있다)

1) 항상 음절 초두(또는 단어 초두)에서 나타나 자음과 자음 사이를 부드럽게 하기 위해 등장한다. 또한 장모음 다음에 나오는 쉐봐는 유성쉐봐이다. דֹּבְרָה("도-베라")

2) 자음과 자음 사이에서 약하게 소리 나는 음을 말한다. 우리가 영어 pray를 발음할 때 p와 r 사이에 "으"를 집어넣어 발성하는 것처럼 히브리어에서 단어 초두나 음절 초두에서 여러 개의 자음이 모음 앞에 나올 때 그 자음과 자음 사이의 소리를 기호로 표시한 것이 유성쉐봐이다. בְּנֵי("베네")

3) 유성쉐봐의 역할 중 하나는 기존의 음절수를 유지하는 데 있다. 즉, 3음절 이상으로 난 음절 수(음절 수는 모음의 수와 일치함)를 2음절로 줄이기 위해 기존의 모음을 쉐봐로 만드는 것이다. 이 때 쉐봐를 유성쉐봐라고 한다. 히브리어는 2음절을 초과하는 3음

절 이상의 단어를 발음할 때 힘들어한다. 그래서 3음절일 때에는 무조건 2음절로 바꾸려는 경향이 있다. 명사류(동사를 제외한 품사: 즉 명사, 형용사, 부사 등)는 맨 앞의 음절의 모음을 유성쉐바로 바꾸고, 동사류는 악센트 바로 앞에 있는 음절의 모음을 유성쉐바로 바꾼다. 하지만 유성쉐바로 바꿀 수 없는 경우도 있다. 그것은 유성쉐바로 만들려는 모음이 폐음절 안의 모음이거나 그 모음이 순장모음일 때 그렇다.

예 1) דָּבָרִים("다-바-림", 3음절, 뜻은 말씀들) > דְּבָרִים(맨 앞의 음절이 유성쉐바가 되었다. 그래서 소리는 "데바-림"이라는 2음절로 축소되었다. 영어로 말하면 대충 dba-rim이라고 할 수 있다. 그리고 히브리어식 발음을 고려하여 음역한다면 dəba-rim이 된다).

예 2) 동사 שָׁמַר(지키다)의 3인칭복수형 → שָׁמָרוּ("샤-마-루") > שָׁמְרוּ(동사인 경우는 악센트 앞에 있는 음절(מָ)의 모음 ָ를 쉐바시킨다. 그래서 소리는 "샤-메루"라는 2음절로 축소되었다. 영어로 표현하면 sha-mru라고 할 수 있다. 히브리어식 발음을 고려하여 쓰면 sha-məru가 된다. 이 때 유성쉐바 ְ가 무성쉐바로 오인되어 그 앞의 모음인 장모음 ָ("아")가 단모음 "오"로 오해될 수 있기 때문에 다음과 같이 메텍을 붙여 미연에 방지한다: שָֽׁמְרוּ

예 3) תּוֹרָתִי("토-라-티", 나의 법이라는 뜻)는 명사로서 3음절이다. 이 때 앞의 모음을 유성쉐바로 만들어야 하지만 순장모음이기 때문에 만들지 못했다.

예 4) מִשְׁפָּטִי("미쉬-파-띠", 나의 심판이라는 명사)는 맨 앞의 음절이 폐음절이기 때문에 유성쉐바를 만들지 못했다.2)

4) 유성쉐바의 종류

① 단순쉐바 (ְ) : 음가는 약한 "어"이지만 약한 "에"로도 발음된다. 사용 용례를

2) מִשְׁ라는 폐음절에서 나타나는 쉐바(ְ)는 유성쉐바가 아니라 무성쉐바이다. 이 쉐바 앞에 있는 모음이 단모음이기 때문이다. 무성쉐바는 단모음 다음에 나오는 특징이 있다. 나중에 예외는 있지만 일단 이렇게 암기하는 것이 효과적이다.

예로 들면 שֵׁם에 접미사가 붙을 때 음절수가 2음절로 늘어나기 때문에 원래 음절수 1음절을 맞추기 위해 앞의 모음 ‥ 가 유성쉐봐가 되어 שְׁמוֹ가 된다. יָשָׁר에 복수형 어미인 ים . 이 붙을 때 원칙적으로 יָשָׁרִים이 되어야 하지만 그렇게 되면 3음절이 되어 발음하기가 거북해진다.

그래서 2음절을 초과하지 않기 위해 맨 앞에 있는 모음 ָ 를 쉐봐를 시켜 יְשָׁרִים가 되었다. 발음은 "예샤-림", 영어로 표현하면 ysha-rim이고 히브리어식으로 음역하면 대충 yĕšā-rîm이 될 것이다.

② 합성쉐봐 (ֲ ["아"], ֱ ["에"], ֳ ["오"]) : 후음문자(ע, ח, ה, א)는 자신 밑에 유성쉐봐가 올 때 단순쉐봐를 사용하지 않고 합성쉐봐를 사용한다. 주로 ֲ 를 많이 사용한다. 그 이유는 일반적으로 후음은 "아"음을 취하는 경향이 있기 때문이다.

예) חָכָם(지혜로운)의 복수형은 חְכָמִים이 아니고 חֲכָמִים이다. 한국어 발음은 "하카-밈"으로 2음절이다. 영어로 표현하면 chka-mim으로 표현할 수 있고, 히브리어 발음기호를 고려한다면 대충 hăkā-mîm이 된다(단, א는 합성쉐봐 ֲ 를 다시 ֱ 로 바꾸어 취하는 경향이 있다. אֱלֹהִים 음가는 히브리어 발음기호를 고려하여 표현한다면 'ĕlō-hîm으로 2음절이다. 한글로는 "엘로-힘").

5) 유성쉐봐가 연속적으로 나올 때 첫 번째 유성쉐봐는 단모음 ִ ("이")로 변한다.

예) שְׁמוּאֵל(사무엘)이 전치사 לְ와 결합할 때 לְשְׁמוּאֵל이 아니라 לִשְׁמוּאֵל이다. 하지만 후음이 있는 경우에는 합성쉐봐를 취하기 때문에 합성쉐봐에 해당하는 단모음을 취한다(그래서 ַ ["아"], ֶ ["에"] 또는 ָ ["오"]를 취한다).

예) אֲנִי(나는) + וְ(그리고) → וְאֲנִי(그리고 나는) > וַאֲנִי

6) 유성쉐봐가 연속적으로 나올 때 변화되는 법

유성쉐봐가 연속적으로 나올 때 규칙은 항상 앞의 유성쉐봐가 단모음이 된다는 것이다. 일반적으로 앞의 유성쉐봐가 단모음 ִ ("이")로 변한다. 하지만 합성쉐봐가 있다면 그 합성쉐봐와 맞먹는 단모음으로 변한다.

①	: : ⇨ : ·	
②	∵: : ⇨ ∵: ∵	: ∵: ⇨ : ∵
③	ـ: : ⇨ ـ: ـ	: ـ: ⇨ : ـ
④	ꞇ: : ⇨ ꞇ: ꞇ	: ꞇ: ⇨ : ꞇ

예) שְׁמֹר + אֶ → אֶשְׁמֹר (내가 지킬 것이다)
אֱדוֹם + בְ → בֶּאֱדוֹם, שְׁמֹר + נְ → נִשְׁמֹר

2. 무성쉐봐 (형태는 유성쉐봐의 단순쉐봐인 ְ 의 모양을 빌린 것이다)

1) 앞에서 언급한 것처럼, 무성쉐봐는 폐음절에서 그 폐음절을 끝내는 마지막 자음 밑에 빈 공간, 즉 음절 끝에 붙이는 쉐봐이다. 그리고 유성쉐봐 앞에 있는 모음은 장모음(순장모음 포함) 인 반면, 무성쉐봐 앞에 있는 모음은 단모음이다.

2) 무성쉐봐는 원칙적으로 소리가 나지 않는다. 하지만 발음습관상 약한 "으" 소리가 나오는 경우도 있다. 예를 들어 Bagdad를 "박닫"이라고 읽지 않고 "바그다드"로 읽는 것과 비슷하다. "으" 소리를 내는 것은 음절 끝(한국어의 경우 음절의 받침) 에 나오는 자음이 스스로 발음되기 힘들기 때문이다. 하지만 מ, נ, ל는 음절받침으로 들어가서 "으" 소리를 내지 않는다. 또한 שׁ도 단독으로 "쉬" 소리를 낸다. 예를 들어 שַׁמְתִּי의 경우 מ 밑에 무성쉐봐가 있는데 "샴-티"라고 발음한다. מִשְׁפָּט는 "미쉬 파뜨"이다.

결론적으로 무성쉐봐와 유성쉐봐는 서로 형태는 같지만 전자는 음절 끝에서 나오는 쉐봐인 반면, 후자는 음절 초두에서 나오는 것임을 명심하자.

예 1) מִשְׁפָּט는 원래 מִשׁפָּט였으며 שׁ 밑에 아무 모음이 오지 않았다. 그래서 מִשׁ는 영어발음기호로 [miʃ] 로써 폐음절을 이룬다. 하지만 모양 상 단어 중간 자음 밑에 아무런 기호가 오지 않는 것이 이상해서 형식적으로 שׁ 밑에 무성쉐봐를 집어넣은 것이다.

예 2) חָכְמָה("호크-마", 뜻은 지혜)의 경우 원래 חָכמָה에서 나온 것으로 חָכ("호크")는 폐음절이다. 하지만 כ 밑에 아무것도 없는 것이 이상해서 무성쉐바 ְ 를 붙여서, 그 결과 חָכְמָה가 된 것이다. חָכְ가 폐음절이기 때문에 ח 밑에 있는 ָ 는 장모음 "아"가 될 수 없다. 악센트가 없는 폐음절 안에는 무조건 단모음이기 때문이다. 한편, ה는 단어 끝에 올 때 묵음이 되어 자연적으로 개음절을 만든다. 그래서 ה 앞에 모음이 장모음 ָ ("아")가 된 것이다.

3) 단순쉐바가 연속적으로 나올 때 첫 번째 쉐바는 무성쉐바이고 두 번째 쉐바는 유성쉐바이다.[3)]

예) נִשְׁמְרָה(우리가 지키도록 하자)에서 שׁ 밑에 쉐바 ְ 는 무성쉐바이고, מ 밑에 쉐바 ְ 는 유성쉐바이다(단모음 다음에 나오는 쉐바는 일단 무성쉐바라고 암기하라). 이렇게 해서 이 단어는 두 음절로 이루어져 있다. 즉 מְרָה + נִשְׁ라는 두 개의 음절로 되어 있다. 한글로 읽으면 "니쉬-메라"라는 2음절 소리이다. 영어 알파벳으로 표현한다면 nish-mrah라고 할 수 있다. 히브리어식 발음을 고려한다면 대충 niš-mərah가 될 것이다. 유성쉐바는 단어 초두에 그리고 음절 초두에 나온다는 특징이 있다. 반면에 무성쉐바는 항상 음절 끝에 나온다는 것을 기억하라.

3. 쉐바에 관한 규칙

1) 쉐바(ְ)앞에 단모음이 있으면 그 쉐바는 무성쉐바이다.

2) 쉐바 앞에 장모음이 있으면 그 쉐바는 유성쉐바이다. שֹׁמְרָה의 경우 מְרָה + שֹׁ 라는 2음절로 읽을 수도 있고, רָה + שֹׁמְ라는 2음절로도 읽을 수 있는 것처럼 보인다. 하지만 후자의 경우, שֹׁמְ는 악센트가 없는 폐음절이기에 장모음 "오"가 나올 수 없다. 이것은 2번 규칙을 위반한 것이다. 따라서 전자로 읽는 것이 옳다. 이런 점에서 מ 밑

---

3) 만약 그 두개의 쉐바가 모두 유성쉐바라고 한다면 앞의 유성쉐바는 규칙에 따라 단모음으로 변했을 것이다.

에 나오는 쉐봐는 새로운 음절을 시작하는 유성쉐봐이다. 이것을 종합해 볼 때 장모음 다음에 나오는 쉐봐는 유성쉐봐임을 알 수 있다. 물론 장모음 다음에 무성쉐봐가 드물게 나올 수 있다. תַּשְׁמֵ֫רְנָה(타쉬메르-나, 여기서 ר 밑에 쉐봐는 무성쉐봐이다)

3) 악센트가 없는 폐음절 안의 모음은 무조건 단모음이다. חָכְמָה("호크-마", 앞의 음절 חָכְ는 폐음절이고 악센트가 없기 때문에 장모음 "아"로 읽지 않고 단모음 "오"로 읽어야 한다. 만약 이것을 "아"음으로 읽기를 원했다면 그 다음에 메텍이 붙어 חָֽכְמָה가 되었을 것이다. 그러면 כ밑에 쉐봐는 음절을 새롭게 시작하는 쉐봐가 되어 유성쉐봐가 된다)

4) 단순쉐봐가 연달아 나올 때, 즉 ְ ְ 의 형태가 있을 때 앞의 쉐봐는 무성쉐봐, 뒤의 쉐봐는 유성쉐봐이다.

예) מִשְׁפְּטֵי → 여기서 שׁ 밑에 ְ 는 음절 끝에 나오는 무성쉐봐로서 폐음절을 이룬다.

5) 쉐봐에 관한 규칙을 도표로 표시하면 다음과 같다.

유성쉐봐(ְ)	무성쉐봐(ְ)
① 음절 초두에 나타난다. ② 음가는 "에" 소리를 낸다. ③ 장모음은 개음절을 이루어 거기서 음절이 끝나기 때문에 장모음 다음에 나오는 쉐봐는 유성쉐봐이다.	① 음절 끝에 나타난다. ② 음가는 없지만 발음습관상 "으" 소리를 낼 수 있다. ③ 단모음 다음에는 음절을 끊을 수 없기 때문에, 단모음 다음에 나오는 쉐봐는 음절 끝이 되어 무성쉐봐이다.

제 3 과

다게쉬, 막켑, 침묵문자, 그리고 후음문자

다게쉬(자음 가운데 찍히는 점)

자음 가운데 찍히는 점에는 세 가지 종류가 있다.

1. 경강점(다게쉬 레네)

다음의 자음들은 단어 초두에서 또는 폐음절 다음에 나올 때(이 말은 앞에 모음이 없을 때라는 의미), 문자 중앙에 점이 찍힌다: כּ, גּ, תּ, דּ, פּ, בּ. 이 자음들은 모두 폐음(stop sound)이라는 특징이 있다. 또한 소리는 약간 경음화된다.

예) דָּבָר(말씀) / וְדָבָר(그리고 말씀) → 여기서 앞의 단어는 דּ로 시작했지만 후자의 단어는 ד 안에 점이 없다. 그 이유는 후자의 경우는 바로 앞에 유성쉐봐가 있기 때문이다. 유성쉐봐는 무성쉐봐와 달리 어느 정도 모음에 가까운 소리가 난다고 생각하기 때문이다.

2. 이중점(다게쉬 포르테)

자음이 중복되었음을 나타내는 점이다.

1) 이중점의 특징

① בִּקְקֵשׁ가 בִּקֵּשׁ로 변환된다(여기서 앞의 쉐바 ְ 는 무성쉐봐로써 모음이 원래 없었던 자리에 붙인 것이다). 이중점은 같은 자음 2개가 연속적으로 나올 때 그것을 하나로 표현하기 위해 가운데 찍는 점이다. 이중점은 경강점과 달리 그 앞에 항상 모음이 나온다. 그리고 이중점 앞에 있는 음절은 무조건 폐음절이기 때문에 이중점 앞에 나오는 모음은 거의 단모음을 취한다(악센트가 없는 폐음절의 모음은 단모음이기 때문이다). 하지만 때때로 이중점 앞의 폐음절에 악센트가 올 때에 장모음이 올 수 있다. 예를 들면 אֵ֫לֶּה(이것들)이다. 하지만 이런 예들은 극히 드물다.

② 후음문자(ע, ח, ה, א)와 ר에서는 이중점이 나올 수 없다(발음하기가 힘들기 때문이다).

예) בַּהֵּר (x)

③ 이중점에서 예외

원래는 이중점이 있어야 할 자리에 이중점을 안 찍는 경우도 있다. 이 경우는 이중점이 찍힌 자음 밑에 유성쉐봐가 나올 때 종종 그렇다.

예) בִּקְּשׁוּ에서 두 번째 자음인 ק 안에 점은 이중점이다. 그렇지만 이중점이 찍힌 자음 밑에 쉐봐가 오면 사실상 בִּקְקְשׁוּ(여기서 앞에 쉐봐는 무성쉐봐이고 뒤에 쉐봐는 유성쉐봐이다)가 되어 실질적으로 자음을 연속해서 세 번 힘들게 발음해야 된다. 그래서 자음의 중복을 뜻하는 이중점을 생략하고 발음을 편하게 하기 위해 다음과 같은 형태를 취한다. בִּקְשׁוּ. 이중점이 생략되었다는 것을 알리는 표시로 원래 이중점이 찍혀야 하는 자음 위에 종종 짧은 선(¯)을 긋는다. 이 선을 라페라고 부른다.

2) 이중점에서 주의할 점

① 이중점 앞의 음절은 무조건 폐음절을 이룬다. 그리고 그 음절은 거의 악센트 없는 폐음절이기에 그 안의 모음은 무조건 단모음이다.

예 1) עַמִּים → 이 음절은 총 2음절로서 앞의 음절은 폐음절, 뒤의 음절도 폐음절이다. מּ 안에 점은 이중점이다. 그리고 앞의 폐음절은 악센트가 없는 폐음절이기 때문에 그 안의 모음으로 단모음 ַ 가 나왔다. 만약 개음절이라면 ע 밑에 단모음이 올 수 없다. 개음절에서는 장모음을 취한다는 규칙에 어긋나기 때문이다. 결론적으로 이 단어를 분석하면 מִּ֫ים/עַמְ 이 된다.

예 2) הַדָּבָר → 이 음절은 총 3음절이다. 하지만 맨 앞의 모음이 쉐봐가 되지 않았다. 그 이유는 맨 앞의 음절이 폐음절이어서 그 안의 모음을 쉐봐로 바꿀 수 없기 때문이다. 이 단어를 분석하면 בָר / דָּ / הַדְ 이다.

② 이중점 밑에 쉐봐는 무조건 유성쉐봐이다. 보통 이중점 앞에 있는 모음은 단모음

이기 때문에 단모음 다음에 나오는 쉐바는 무성쉐바라고 말할 수 있을 것이다. 하지만 이중점 밑에 쉐바는 새로운 음절을 시작하는 쉐바이기 때문에 유성쉐바이다.

예) שִׁבְּרוּ → 여기서 בְּ 밑에 있는 쉐바는 유성쉐바이다. 원래 בְרוּ / שִׁב 인데 ב가 중복되어 בּ로 된 것이다. 따라서 בּ 밑에 쉐바는 유성쉐바이다.

3. 마픽

הּ는 단어 끝에서 묵음이지만 이 음을 발음할 필요가 있을 때 그것을 나타내 주기 위해 가운데 점을 찍는다: סוּסָהּ(쑤 싸흐).

막켑

형태는 ־ 이다. 두 개 이상의 낱말을 서로 연결시킬 때 사용하는 것으로 영어에 of에 해당된다. 그래서 뜻은 "~의"이다.

※ 규칙) 막켑이 사용될 때 앞에 나오는 낱말은 악센트를 잃게 되고, 2음절 이상의 낱말은 1음절로 변화된다.

예를 들어 מֹשֶׁה(모세)와 דָּבָר(말, 말씀)를 함께 연결시킬 때 דָּבָר־מֹשֶׁה가 아니라 דְּבַר־מֹשֶׁה(모세의 말)가 된다. 이것은 막켑 앞에서 דָּבָר라는 단어가 1음절이 되면서 우선적으로 דָּ에서 밑에 모음 ָ 가 유성쉐바가 된다. 그래서 일차적으로 דְּבָר가 되지만 막켑 앞에 있는 단어는 악센트가 없기 때문에 악센트가 없는 폐음절 안에는 장모음이 올 수 없다는 규칙에 의거하여 다시 דְּבַר가 된 것이다.

침묵문자 (י , ו , ה , א)

히브리어 자음에서 가장 약하게 발음되는 자음이다.

1. י, ו

1) 이 두 자음은 자신 밑에 쉐봐(유성쉐봐든 무성쉐봐든 상관이 없음)가 오고 자신 앞에 단모음이 올 때 자음의 역할을 상실하고 모음으로 변한다. 그래서 각각 "이"와 "우"라는 모음으로 변한다. 그 결과 앞의 모음과 결합하여 이중 모음이 되지만, 이것도 다시 축약되어 결국 순장모음으로 변한다(국어에서 "아이"가 "애"로 변하는 이치).

예) מָוֶת(죽음)가 막켑으로 연결될 때 מוֹת־מֹשֶׁה가 된다. 이 변화를 다시 보면 다음과 같다. מָוֶת > מָוְת(원래 ו밑에 ֶ 는 모음이 없는 자리였다) > מַוְת(악센트를 잃게 되어 폐음절에서 단모음으로 변하게 됨) > מַות(이중모음 "아우"로 변했음) > מוֹת (이중모음 "아우"가 순장모음 "오"로 결국 변한다)

2) 원래 י, ו는 반모음으로 모음의 성격이 강한 자음이다. 또한 이 발음은 각각 모음 "이"와 "우"의 위치에서 입천장 위쪽으로 미끄러지면서 발음하는 것이기에 소리내기가 쉽지 않다. 자신 밑에 쉐봐가 오면 그만큼 모음의 힘을 의지할 수 없어 발음이 더욱 힘들어진다. 그래서 자음의 성질을 잃어버리고 모음이 되는 것이다. י와 ו가 모음으로 변할 때 그 밑에 모음 기호나 쉐봐가 올 수 없다.

3) 음성학적으로 이중모음 "아이"(ַי)는 순장모음 "에"(ֵי)로, 이중모음 "아우"(ַו)는 순장모음 "오"(וֹ)로 변화된다. 이 변화는 히브리어 모음 삼각도를 생각하면 쉽다. 예를 들어 이중모음으로 된 ַי("아이")의 경우 이것은 높은 위치의 모음(high vowel)인 "이"와 가장 낮은 위치의 모음(low vowel)인 "아"를 발음하는 것이기 때문에 순장모음이 될 때에는 중간 위치에 있는 "에"의 순장모음을 취한다고 볼 수 있다. 이 규칙을 도표로 그리면 다음과 같다.

이중모음 ַי ("아이")	⇨	순장모음 ֵי ("에")
이중모음 ֶי ("에이")	⇨	순장모음 ִי / ֵי ("이"/"에")
이중모음 ַו ("아우")	⇨	순장모음 וֹ ("오")
이중모음 ָו ("오우")	⇨	순장모음 וּ ("우")

예) הַיְמִיב > הַימִיב (이중모음으로 변함) > הֵימִיב (순장모음으로 변함)
הַוְשִׁיב > הַושִׁיב (이중모음으로 변함) > הוֹשִׁיב (순장모음으로 변함)

4) לַ֫יְלָה(밤) 인 경우처럼 악센트가 오는 경우 명사류는 이중모음으로 잘 변하지 않는다. 그래서 여기서 י가 자음의 음가를 계속 유지하기 때문에 그 밑에 무성쉐봐가 나온 것이다. 이에 반해 동사류에서는 악센트와 상관없이 이중모음으로 변하고, 이어서 순장모음으로 변한다.

5) 명사류에서 이중모음은 악센트를 받을 때 순장모음으로 변하지 않을 뿐만 아니라 ַי 의 경우 악센트를 받을 때 ָי 로 길어질 수도 있다.

예) תּוֹרוֹתָיו(“토-로-타이브”, 뜻은 그의 법들. 여기서 끝에 ו는 자음이다)

6) עֵשָׂו(“에-사브”) 에서 마지막 음절 שָׂו에서 ָו 는 이중 모음이 아니라 모음과 자음으로 이루진 형태이다. 따라서 이 음절은 폐음절이다. 이 폐음절이 악센트를 받아 그 안에 모음이 장모음 ָ 로 길어진 것이다. 원래 이 단어는 עֵשָׂוְ이지만 단어의 마지막 자음 밑에는 무성쉐봐를 취하지 않기 때문에 무성쉐봐가 생략된 것이다.

2. א

1) 이 자음은 자신 밑에 쉐봐가 오고 앞에 단모음이 올 때 힘이 약해져서 묵음(silent sound)으로 변하게 된다. 이 때 앞의 모음이 자연스럽게 개음절이 되어 장모음으로 길어진다(개음절에서 모음은 장모음이 된다는 규칙을 기억하라).

예) לֶאֱלֹהִים(하나님에게) > לֶאלֹהִים > לֵאלֹהִים (א밑에 아무런 모음 기호가 없는 것은 그것이 묵음이 되었기 때문이다)

※ 주의) לֵאלֹהִים 는 3음절이기 때문에 ל 밑의 모음 ֵ 다음에 메텍이 오는 것이 정상이지만 오지 않았다. 그 이유는 אֵ 가 마치 순장모음(자음 י나 ו와 일반 모음을

결합시켜 만든 모음) 처럼 모음 .. 와 자음 א를 결합시킨, 일종의 순장모음처럼 여겨지기 때문인 것 같다. 순장모음이 나올 때에는 당연히 쉐봐를 시킬 수 없기에 그냥 내버려 둔다. 한편 א의 경우 악센트 바로 앞에서는 침묵이 잘 되지 않는다.

예) לֶאֱדוֹם, לַאֲרִי.

2) א은 ע과 같이 실제적으로 들리지 않지만 유대인들은 자음 발음이 되는 것으로 이해한다. 후음 중에서 א은 가장 발음하기 힘들기 때문에 자신 밑에 쉐봐가 올 때 쉽게 침묵한다.

3. ה

이 자음은 자신 앞에 유성쉐봐가 올 때 자신의 음가를 잃고 사라지면서(א의 경우는 묵음이 될지라도 사라지지는 않는다) 자신 밑에 모음을 자신 앞에 있는 자음에게 준다. 영어에서 rhetorical의 발음의 경우 h음이 발음이 되지 않는 것과 비슷하다. what의 경우도 마찬가지다.

예) הִשָּׁבֵר + יְ > יְהִשָּׁבֵר > יִשָּׁבֵר

후음문자 (ע, ח, ה, א)와 ר(치조음이지만 후음과 같은 기능을 함)

1. 후음문자와 ר에는 이중점을 찍을 수 없다. 이 때 선행 모음이 장모음으로 길어진다. 이유를 설명한다면, 이중점을 찍는다는 것은 그 음을 두 번 발음한다는 것인데 후음은 연속해서 발음하기 어려워 이중점을 찍지 못하기 때문이다. 또한 이중점을 찍지 못할 때 그 앞에 있는 모음이 장모음으로 길어진다는 것은, 이중점이 사라지면 그 앞의 음절이 더 이상 폐음절이 아니라 개음절이 된다는 뜻이다. 그래서 개음절의 모음은 무조건 장모음이 된다는 규칙이 적용된 것이다.

예) יִרֵא의 경우, ר안에 이중점을 찍을 수 없기 때문에 יִרֵא가 되었다가 יִ가 개음절이 되기 때문에 다시 יֵרֵא가 된다(장모음 ..가 온 것은 단모음 .에 맞먹는 장모음이 없기 때문에 같은 계열(전설모음)의 장모음 .. 를 취하기 때문이다).

2. 후음문자는 자신 앞에 있는 모음과 자신 밑에 있는 모음을 될 수 있는 한 단모음 _(“아”)음으로 취하는 경향이 있다. 이것은 발음상 편의를 위한 것이다.

예) שְׁמַע(들으라), זֶבַח(제단), נַעַר(소년).

3. 단어 끝에 위치한 후음문자 앞에 장모음(순장모음 포함)이 올 때 후음문자는 자신 밑에 단모음 “아”인 파타흐(_)를 취한다. 이것을 도입파타흐 또는 선입파타흐라고 부른다(발음상의 편의를 위한 것). 그래서 읽을 때 선입파타흐 “아”를 먼저 발음하고 후음문자를 발음한다.

예) רוּחַ(“루아흐”, 영, 바람), שְׁמוֹעַ(“쉐모아”, 동사 듣다의 부정사).

케티브와 께레

케티브는 “쓰인”이라는 뜻이고 께레는 “읽혀지는” “불려지는”이라는 뜻이다. 히브리어에서 이런 현상이 나오게 된 이유는 필사자들이 성경을 양피지에 베껴 쓸 때 가끔씩 단어를 잘못 베껴 그 단어를 읽으면 이상한 발음이 되는 경우가 종종 있었기 때문이다. 그래서 그 오류를 나중에 고칠 때 잘못된 단어를 직접 고치는 대신 해당되는 단어를 그대로 쓰고(케티브), 난외주에다 그것에 대해 올바로 읽는 방법(께레)을 기입했다. 이렇게 해서 케티브와 께레가 등장하게 된 것이다.

케티브와 께레의 대표적인 예가 하나님의 이름이다. 유대인들은 하나님의 이름 יהוה를 함부로 읽을 수 없었기 때문에 그 자음 밑에다 “주님”을 뜻하는 אֲדֹנָי(“아도나이”)의 모음을 붙여(원래 하나님의 이름은 “야베”이다) יְהֹוָה (“예호-바”, 한국식은 여호와)로 읽게 했다. 이 음이 일종의 께레이다. י 밑에 합성쉐바 ֲ 대신에 ְ 를 취한 것은 י가 후음문자가 아니므로 합성쉐바를 취할 수 없기 때문이다. 원래 께레는 난외주에 표시되어야 하는데, 하나님의 이름은 매우 빈번하게 나오기 때문에 난외주에 따로 께레를 기입하지 않았다. 이런 께레를 불변 께레라고 말한다.

제 4 과

관사, 전치사

관사

1. 형태

히브리어에는 관사가 정관사밖에 없다. 형태는 ·הַ이다. 여기서 점은 이중점을 가리킨다(이중점 앞에 있는 모음은 무조건 단모음이다. 이중점은 그 앞의 음절이 악센트 없는 폐음절이기 때문이다. 그래서 ה 밑에 단모음 ַ 가 나왔다).

예) דָּבָר + ·הַ> הַדָּבָר(그 말씀). הַדָּבָר에서 이중점이 있기 때문에 이 단어는 사실상 הַדְדָבָר와 같은 것이다.

2. 정관사의 변화

후음문자에는 이중점을 찍을 수 없기 때문에 약간의 변화가 있다.

1) 후음문자와 ר에서는 그 안에 이중점이 올 수 없기 때문에 정관사는 הָ로 변한다.

예) רֹאשׁ(머리) + ·הַ > הַרֹּאשׁ가 아니라 הָרֹאשׁ가 된다(이중점을 찍을 수 없기 때문에 자연히 הַ의 음절이 개음절이 되어 밑에 모음 ַ 가 장모음 ָ 로 길어진 것임).

2) ח, ה앞에서는 이중점 없이 הַ로 변한다(이것은 ח와 ה가 후음 중에서 강한 후음에 속한 탓에, 보이지는 않지만 일반자음처럼 이중점이 그 안에 찍혀 있다고 생각하고 발음하기 때문이다).

예) הֵיכָל(성전) + ·הַ > הַהֵיכָל(그 성전)

3) 악센트의 유무와 상관없이 항상 חָ 앞에서 정관사는 הֶ로 변한다(חָ 앞에서 정관사가 같은 계열의 모음 "아"를 연속해서 발음하기가 어려워 단모음 ֶ 를 썼다고 볼 수 있다).

예) חָכָם(지혜로운 자) + ·הַ > הַחָכָם > הֶחָכָם (그 지혜로운 자)

4) 악센트가 없는 הָ, עָ 앞에서 정관사는 הֶ로 변한다(그 이유는 앞의 3번의 경우와 비슷하다고 볼 수 있다).

예) הָרִים(산들) + ·הַ > הַהָרִים > הֶהָרִים

5) 악센트가 있는 הָ, עָ 앞에서 정관사는 הָ로 변한다(이것은 1번의 경우와 비슷하다고 볼 수 있다).

예) הַר(산) + ·הַ > הַהָר > הָהָר

3. 정관사 사용시 주의 사항

1) אֲדָמָה(땅, 육지) → הָֽאֲדָמָה(그 땅) : אֲדָמָה가 2음절이기 때문에 여기에 정관사 הָ가 붙으면 3음절이 된다. 그래서 정관사 ה 밑에 모음 ָ 를 유성쉐바로 만들 수도 있었다. 그렇게 되면 정관사의 형태가 없어지게 된다. 따라서 그냥 3음절을 유지하되, הָ 다음에 메텍(ֽ)을 붙여서 중간에 끊어 읽도록 한 것이다.

2) מָקוֹם(장소) → הַמָּקוֹם(그 장소) : 2음절인 מָקוֹם 앞에 정관사가 붙으면 3음절이 된다. 하지만 정관사가 이중점을 동반해서 자신의 음절을 폐음절로 만들기 때문에 (הַמָּקוֹם) 음절수가 3음절로 늘어나도 앞의 음절을 쉐바시킬 수 없게 된다.

3) רֶ֫גֶל(발) → הָרֶ֫גֶל(그 발) : הָ 다음에 바로 악센트가 오기 때문에 따로 메텍을 붙일 필요가 없다(이 경우 3음절이라고 할지라도 악센트의 음절이 가운데 있기 때문에 그 악센트의 음절 앞과 뒤의 음절은 발음하기가 어렵지 않다). 따라서 굳이 הָ 다음에 끊어 읽을 필요가 없다.

4. 예문

① הָלַךְ[4] הַמֶּ֫לֶךְ בְּחָכְמָה

그 왕이 지혜롭게 걸어갔다(행동했다).

② הַבֵּן בַּבַּיִת[5] 그 아들이 그 집에 있다.

전치사

1. 전치사의 종류

לְ → ~를 위하여(향하여), ~에게 (to), ~에 의하여(by)

בְּ → ~안에, ~함께, ~로 말미암아 (in, with, through)

כְּ → ~처럼(같이), ~에 따라 (as, like, according to)

מִן → ~로부터 (from)

עַל → ~위에 (on)

אֶל → ~을 향해 (to, towards)

2. 비분리전치사 לְ, בְּ, כְּ

이 전치사들은 항상 명사 앞에 붙는다. 그래서 비분리전치사이다. 명사 앞에 항상 붙는 전치사이기 때문에 이 전치사들은 자신들이 명사 앞에 붙게 되면 음절수가 늘어날 것을 염려하여 처음부터 자신 밑에 모음을 취하는 대신 유성쉐봐를 취한다(유성쉐봐는 음절수에 아무런 영향을 주지 않기 때문이다).

예) קוֹל(목소리) → בְּקוֹל(목소리로)
דָּבָר(말씀) → כְּדָבָר(말씀에 따라)
שְׁמוּאֵל(사무엘) → לְשְׁמוּאֵל이 아니라 לִשְׁמוּאֵל(사무엘에게) 이다.
אֱדוֹם(에돔) → בְּאֱדוֹם이 아니라 בֶּאֱדוֹם(에돔 안에서) 이다.

1) 정관사가 붙은 명사에 전치사 לְ, בְּ, כְּ가 오면 정관사의 ה가 사라진다.

---

4) הָלַךְ는 3인칭 남성 단수로서 "그가 걸어갔다"라는 뜻이다.
5) בַּיִת는 "집"이라는 뜻이다.

예) הַמֶּלֶךְ + לְ → לְהַמֶּלֶךְ가 아니라 לַמֶּלֶךְ(그 왕에게)이다. 앞에서 침묵문자 ה에 대한 설명을 참조하라.

2) 주의할 사항

① יְהוּדָה(유다) + לְ → לְיְהוּדָה > לִיהוּדָה 가 된다: י는 밑에 쉐바가 오고 앞에 단모음이 악센트를 가지지 않을 때 자음기능을 상실하고 모음으로 변한다.

② אֱלֹהִים(하나님) + לְ → לֶאֱלֹהִים > לֵאלֹהִים 이 된다: א은 밑에 쉐바가 오고 앞에 단모음이 악센트를 가지지 않을 때 침묵한다. 이 때 침묵하면서 자연스럽게 개음절이 되어 앞에 단모음이 장모음으로 변한다(י, ו와 비슷한 변화를 한다. 차이점은 י와 ו는 자음을 상실하고 모음으로 변한다는 것이다. 앞의 침묵문자 참조).

③ שֶׁבֶת + לְ → לָשֶׁבֶת : 종종 유성쉐바를 밑에 달고 접두되는 전치사들은 자신의 바로 뒤에 있는 음절에 악센트가 올 때 마치 자신들이 개음절이 된 것처럼 자신 밑의 쉐바를 장모음 ָ 로 만든다. 그래서 전시차 לָ의 바로 뒤의 음절인 שֶׁ에 악센트가 오기 때문에 악센트의 영향으로 לָ가 개음절이 되어 장모음 ָ 를 취하게 된 것이다.

예) רֹאשׁ + בְּ → בָּרֹאשׁ (머리 안에서)[6]

3. 전치사 מִן

이 전치사는 명사 앞에 붙을 수도 있고 붙지 않을 수도 있다. 일반적으로 명사 앞에 붙지만 정관사가 있는 명사는 붙을 수도 있고 떨어질 수도 있다(정관사가 있는 명사 앞에 바로 מִן을 붙이면 음절수가 너무 많아지기 때문에 주저하는 것 같다).

---

6) 한편 단어 רֹאשׁ에서 א 밑이나 위에 아무런 모음부호가 붙지 않은 것은 א이 묵음이 되어 자음의 성격을 잃었기 때문이다.

1) 명사 앞에 붙을 때(분리되지 않을 때)

① מִן에서 נ은 자신의 바로 다음에 나오는 자음과 동화되어 이중점을 만든다. 영어에 inactive, immoral, irregular, illegal 등에서 보는 것처럼 n음은 다음에 곧 바로 나오는 자음에 쉽게 동화된다.

예 1) מֶלֶךְ + מִן → מִנְמֶלֶךְ (여기서 쉐바는 무성쉐바) > מִמְמֶלֶךְ > מִמֶּלֶךְ(한 왕으로부터)

예 2) קוֹל + מִן → מִקּוֹל(한 목소리로부터)

② 후음문자(ע, ח, ה, א)와 ר는 이중점을 찍을 수 없기 때문에 נ음이 탈락하고 대신 מִן에 있는 모음 . 가 장모음(..)으로 길어진다. .. 로 길어진 이유는 "이" 소리 중에서 장모음이 없기 때문이다. 그래서 "에"의 장모음을 차용한다(נ음이 탈락하면서 מִן의 음절이 개음절이 된다. 개음절에서는 항상 장모음을 취한다).

예) עִיר(도시) + מִן → מֵעִיר(한 도시로부터)

הַמֶּלֶךְ(그 왕) + מִן → מֵֽהַמֶּלֶךְ(그 왕으로부터) : 여기서 3음절 이상이 되기 때문에 메텍(ˌ)을 붙인다. 여기서 정관사 ה는 탈락할 수 없다(바로 앞에 유성쉐바가 오지 않고 모음 .. 가 왔기 때문이다. 침묵문자 ה를 참조).

2) 명사 앞에서 떨어질 때(분리될 때)

예) מִן הַמֶּלֶךְ (그 왕으로부터)

[침묵문자 복습]

1. 침묵문자의 종류는 네 가지 : י, ו, א, ה

2. י, ו는 밑에 쉐봐가 오고 앞의 단모음이 올 때 자음기능을 상실하고 각각 모음 "이"와 "우"로 변하다. 이 때 앞의 모음과 함께 이중모음이 되고 다시 순장모음으로 변한다.

3. א은 밑에 쉐봐가 오고 앞의 단모음이 올 때 자음 기능을 상실하고 침묵한다. 그렇지만 글자가 사라지는 것은 아니다. א는 침묵 후 자신의 앞의 음절을 개음절을 만들어 앞의 단모음이 장모음으로 변한다.

4. ה는 바로 앞에 자음이 올 때(정확하게 말하면 바로 앞에 유성쉐봐가 올 때) 생략된다. 글자가 사라지는 것이다. 그리고 자신 밑에 모음을 앞의 자음에게 준다.

4. 예문

① יָשַׁב[8] הָעָם[7] בָּאָרֶץ
그 백성이 그 땅에 거했다.

② הָלַךְ הָאִישׁ אֶל־הַשָּׂדֶה[9]
그 남자가 그 밭을 향해 걸어갔다.

③ חָכְמָה מֵיהוה
지혜는 여호와로부터 있다(나온다).

---

7) עַם 은 "백성"이라는 뜻의 명사이다.
8) יָשַׁב는 완료형 3 남단으로 "그가 거했다"라는 뜻이다.
9) שָׂדֶה 는 "밭"(field) 이라는 뜻의 명사이다.

제5과

명사와 형용사

명사 변화

히브리어 명사는 남성명사와 여성명사가 있고, 각각에 복수형과 쌍수형이 있다.

구 분	단 수	복 수	쌍 수
남 성	–	ִים	ַיִם
여 성	ָה	וֹת	ָתַיִם

▶ 주의) 쌍수 ַיִם 에서 두 개의 모음이 나오지만 원칙적으로 한 음절이다. 원래는 ַיְם 이었는데 י가 자신 밑에 쉐봐가 올 때 쉽게 자음성질을 잃고 모음으로 변하기 때문에 이것을 막기 위해 י 밑에 무성쉐봐 대신 단모음 ִ 가 온 것이다. 하지만 이 쌍수형 어미는 악센트를 잃게 되면 ַיִ 에서 ַיְ (여기서 쉐봐는 무성쉐봐) 가 되고 다시 י가 모음으로 변화되어 이중모음인 ַי 되었다가, 다시 순장모음인 ֵי 로 변하게 된다. 여성형 쌍수는 여성 단수형에 쌍수형 어미를 붙인 것이다. 쌍수형이 올 때 여성형 어미 ה가 ת로 변한다. 원래 여성형 어미 ה는 ת에서 나온 것이다.

예)

סוּס	말	סוּסָה	암말
סוּסִים	말들	סוּסוֹת	암말들
סוּסַיִם	두 수컷 말	סוּסָתַיִם	두 암컷 말

1) 히브리어 명사에서 여성명사 단수는 일반적으로 남성명사 단수에 ָה 라는 어미를 붙이는 형태다. 또한 영어 명사가 복수형으로 s를 붙이듯이, 히브리어 남성명사와 여성명사도 각각 복수형 어미 ִים 과 וֹת를 뒤에 붙인다. 히브리어 명사의 특이점은 쌍수가 있다는 것이다. 쌍수는 기본적으로 쌍을 이루는 신체 기관이나 물체를 가리킬 때 사용된다. 예를 들면, 두 눈, 두 귀, 두 손, 두 발 등을 표시할 때 쌍수를 사용하는 것이다.

예) יָד(손) → יָדַיִם(두 손)

2) 쌍수 여성명사인 경우는 여성명사(ָה 로 끝나는 명사) 다음에 쌍수형 어미 ַיִם을 붙인 것이다. 이 때 여성명사 어미 ָה 뒤에 다른 음절이 붙을 때 ה가 원래모습인 ת로 변한다. 이런 점에서 엄밀하게 말해 여성명사의 쌍수형에 나오는 ָת 는 쌍수어미 자체는 아니다.

형용사 변화

1) 형용사는 자기가 수식하는 명사의 성과 수에 따라 변화된다. 형용사는 쌍수를 사용하지 않기 때문에 쌍수 명사를 수식할 때 형용사 복수형을 대신 사용한다.

구 분	단 수	복 수
남 성	–	ִים
여 성	ָה	וֹת

예) טוֹב (좋은)
סוּס טוֹב (좋은 말)
סוּסָה טוֹבָה (좋은 암말)
סוּסִים טוֹבִים (좋은 말들)
סוּסוֹת טוֹבוֹת (좋은 암말들)
סוּסַיִם טוֹבִים (두 마리의 좋은 말들)

2) 형용사의 용법과 위치

① 한정적 용법 (명사를 바로 수식하는 형용사)

일반적으로 명사 뒤에 오며 수식하는 명사의 성과 수, 그리고 관사와 일치한다.

예) דָּבָר טוֹב (좋은 말씀)

הַדָּבָר הַטּוֹב (그 좋은 말씀)

▶ 주의) 나중에 배우겠지만 명사에 대명사 접미(인칭대명사 소유격)가 붙게 되면 그것은 마치 명사 앞에 정관사가 붙은 격이 된다. 이것은 영어에서도 마찬가지다. 그래서 my book이라고 할 때 청자는 the book처럼 화자가 무슨 책을 이야기하는지 알 수가 있다. אִישׁ(남자)에서 대명사 접미를 붙여 אִישִׁי(나의 남자)가 될 때 그것은 הָאִישׁ과 같은 역할을 하게 된다. 그러므로 이와 같은 대명사 접미가 동반된 명사를 형용사가 뒤에서 한정적으로 수식할 때 형용사에도 정관사가 함께 동반된다.

예) אִישִׁי הַטּוֹב (그 선한 나의 사람)

② 서술적 용법 (보어로 사용할 때)

참고로 히브리어에서는 "이다"(be 동사)가 생략될 수 있다. 이 때 형용사는 주어로 나온 명사와 그 성과 수는 일치하나 관사는 일치하지 않는다.

한정적 용법은 대개 형용사가 뒤에서 수식하나 서술적 용법에는 형용사가 명사 앞에 위치한다. 만약 주어가 앞으로 도치될 때에는 그 주어를 강조하기 위함이다.

예) טוֹב דָּבָר (한 말씀이 좋다)

טוֹב הַדָּבָר (그 말씀이 좋다)

טוֹבָה הַסּוּסָה (그 암말은 좋다)

הַסּוּסָה טוֹבָה (바로 그 암말은 좋다)

③ **명사적 용법** (형용사는 독립적으로 명사의 의미를 가질 수 있다)

예) טוֹב → 좋은(형용사), 한 좋은 남자(명사), 선(남성)
טוֹבָה → 좋은(좋은), 한 좋은 여자(명사)

명사와 형용사에서 주의사항

1) 명사와 형용사의 성과 수를 구별하기 위해 어미를 붙이면 음절수가 늘어난다. 그래서 자연히 3음절로 변하게 된다. 따라서 2음절수를 맞추기 위해 맨 앞의 음절(개음절)의 모음을 유성쉐바로 만든다.

예) דָּבָר (한 말씀) / דְּבָרִים (말씀들)
נָבִיא (선지자) / נְבִיאָה (여선지자)
זָקֵן (노인) / זְקֵנוֹת (여자 노인들, 노파들)
אָסִיר (죄수) / אֲסִירִים (죄수들)

2) 하지만 순장모음이거나 폐음절의 모음인 경우는 유성쉐바로 만들 수 없어 그대로 내버려 둔다.

예) כּוֹכָב(별) / כּוֹכָבִים(별들), מִשְׁפָּט(공의) / מִשְׁפָּטִים(판단들)

3) 쌍수의 경우 ַ‎ְי‎ 는 두 개의 모음으로 이루어졌지만 1음절이다. 원래 ַיְ 였는데 י가 자신 밑에 쉐바(유성쉐바든 무성쉐바든 상관없음)가 오면 자음성격을 쉽게 잃기 때문에 그것을 보충해 주기 위해 י에 가까운 모음 ִ 를 추가한 것이다. 악센트를 잃을 때 ַי라는 이중 모음으로 변한 다음, 다시 순장모음 ֵי 로 변하게 된다(히브리어의 이중모음 변화 참조).

예) עַ֫יִן(눈) > עַ֫יְִן > עַ֫ין > עֵ֫ין(악센트를 잃을 때의 형태)

עַ֫יִן의 쌍수 → עַיִנַיִם > עַיְִנַיִם > עַ֫ינַיִם > עֵינַיִם(양눈)

[예문]

① יָקָר[10] הַדָּבָר בְּיִשְׂרָאֵל

그 말씀이 이스라엘에서 희귀했다.

② יָשַׁב הָאִישׁ הָרָשָׁע[12] בָּעִיר[11] הַטּוֹב

그 악한 남자가 그 좋은 성읍에 거했다.

③ הַנְּבִיאִים הַיְשָׁרִים[15] בַּבַּיִת[14] הַגָּדוֹל[13]

그 바른 선지자들이 그 큰 집에 있다.

---

10) יָקָר는 "귀한, 희귀한" 이라는 형용사이다.

11) עִיר는 "도시, 성읍"이라는 명사이다.

12) רָשָׁע는 "악한" 이라는 형용사이다.

13) גָּדוֹל은 "큰" 이라는 형용사이다.

14) בַּיִת는 "집"이라는 명사이다.

15) יָשָׁר의 복수형태로서 "바른, 올바른" 이라는 뜻의 형용사이다.

제6과

접속사 וְ, 의문대명사, 그리고 절대형과 연계형

접속사 וְ

1. 뜻과 특성

1) 뜻은 "그리고, 그러나, 그런데"의 뜻을 가지고 있다.

예) וְסוּס (그리고 말)

2) וְהָאָדָם의 경우 ה 앞에 유성쉐바가 오기 때문에 규칙에 따라 생략이 되고 자신 밑의 모음을 ו 밑에 갖다 주어 וָאָדָם의 형태가 되어야 하지만 그렇지 않았다. 접속사 וְ는 자신의 쉐바를 잃으면 접속사라는 형태가 없어져서 보는 사람들이 혼동할 수 있기 때문에 쉐바를 잃지 않으려는 경향이 있다.

2. 접속사 וְ 의 변화

1) 단순쉐바 앞에서 וְ가 וּ로 변한다.

예) שְׁמוּאֵל + וְ → וְשְׁמוּאֵל이 아니라 וּשְׁמוּאֵל이다.

① 발음은 "우"로 한다.
② ו(후설모음 "우"에 가까운 자음)와 전설모음 ְ("이")가 함께 발음하기 힘들기 때문이다.
③ 쉽게 외우기 위해서 ו 형태의 경우가 나오면, ְ가 밑에 있지 않고 무조건 위로 올라간다고 생각하면 된다.

※ 예외) 다음과 같은 경우는 예외이다.

יְהוּדָה(유다) + וְ → וִיְהוּדָה > וִיהוּדָה (그리고 유다)가 된다. 이것은 히브리어 자음 י가 앞에 단모음이 오고 자신 밑에 쉐바가 오면서 자음을 상실하고 모음으로 변하여 순장모음(ִי)을 이루고 있기 때문에 ו 밑에 ְ가 위로 올라갈 수 없다. 위로 올라가면 순장모음의 형태가 파괴되기 때문이다.

2) 순음(입술음 : פּ, מ, ב) 앞에서 וְ 가 וּ로 변한다.

예) מֹשֶׁה + וְ → וּמֹשֶׁה이다.

① 발음은 "우" 이다.

② 순음은 입술을 사용하기 때문에 입술을 사용하는 ו가 앞에 나오면, 연속해서 입술로 자음소리를 내야한다. 이것이 부담스럽기 때문에 ו가 자신과 가까운 모음 "우"로 변해서 편리한 발음을 하게 된 것이다. 영어로 표현하면 [vm]를 연속해서 발음하기 힘들어서 [um]로 발음하는 셈이다.

3) 합성쉐바인 경우에는 일상적으로 변한다.

그 이유는 합성쉐바 앞에서는 ו 밑에 있는 쉐바가 단모음 ִ 로 변하지 않고 합성쉐바와 비슷한 단모음으로 변하기 때문이다.

예) אֲנִי(나는) + וְ → וַאֲנִי이다.

אֱלֹהִים + וְ → וֶאֱלֹהִים > וֵאלֹהִים

(여기서 א은 자신 밑에 쉐바가 오고 앞에 단모음이 오기 때문에 자음을 상실하고 침묵한 것이다)

4) 악센트 앞에서 וְ 가 וָ로 변한다.

예) יוֹם וָלַיְלָה (낮과 밤)

3. 예문

① הָאֲנָשִׁים וְהַנָּשִׁים[16] בְּיִשְׂרָאֵל

그 남자들과 여자들이 이스라엘에 있었다.

② אַהֲרֹן וּמֹשֶׁה

아론과 모세

16) אֲנָשִׁים은 אִישׁ의 복수형으로서 "남자들"이라는 뜻이고, נָשִׁים은 "여자들"이라는 복수형 명사이다.

의문대명사

1. 의문대명사의 종류

1) מִי(뜻은 누구, 누구를, 누구에게) → 격변화가 없다(즉, 형태가 동일).

2) · + מַה(뜻은 무엇이, 무엇을, 무엇에게) → 격변화가 없다(즉, 형태가 동일). 여기서 점은 이중점이다. 따라서 이중점 앞에 모음은 단모음(악센트 없는 폐음절 안의 모음이므로)이 와야 하기 때문에 מ 밑에 단모음 _ ("아") 가 왔다.

2. 의문대명사 · + מַה

이 의문 대명사는 ¯(막켑)을 동반한다.

1) 의문대명사 · + מַה는 정관사(·הַ)처럼 변한다.

예) מַה־זֶּה (이것이 무엇이냐?)

2) 후음문자와 ר 안에서는 이중점이 올 수 없기 때문에 מָה로 변한다.

예) מָה־אֲנִי (나는 무엇이냐?)

3) ח, ה 앞에서는 이중점 없이 מַה로 변한다.

예) מַה־הוּא (그는 무엇이냐?)

4) 밑에 ָ ("아")를 가진 후음 문자(עָ, חָ הָ, אָ) 앞에서 מֶה로 변한다.

예) מֶה־עָשָׂה(그가 무엇을 했느냐?) 참고로 עָשָׂה는 "그가 했다"라는 동사.

절대형과 연계형

1. 정의

두 단어가 막켑(¯)으로 서로 연결되어 한 단어처럼 기능할 때, 앞의 단어를 연계형, 뒤의 단어를 절대형이라고 한다. 막켑은 앞에서 언급한 것처럼 영어의 소유격 전치사 of에 해당된다.

예) אִישׁ־אֱלֹהִים(하나님의 사람) → 여기서 앞의 명사 אִישׁ(사람)는 연계형이고, 뒤의 명사 אֱלֹהִים(하나님)는 절대형이다.

2. 연계형 위치에 나오는 명사의 변화

1) 연계형 위치에 나오는 명사는 악센트를 잃고 무조건 1음절로 변화된다.

예1) דָּבָר־אֱלֹהִים(하나님의 말씀) > דְּבָר־אֱלֹהִים > דְּבַר־אֱלֹהִים이 된다.

(דָּבָר가 1음절이 될 때 맨 앞의 모음을 유성쉐바로 만들어 일차적으로 דְּבָר가 된다. 하지만 악센트가 없기 때문에 악센트가 없는 폐음절 안의 모음은 장모음이 올 수 없다는 규칙에 의거해 다시 דְּבַר가 된 것이다).

예2) בַּיִת־אָדָם(아담의 집) > בַּיְת־אָדָם(י 밑에 . 는 원래 무성쉐바였다. 그래서 악센트를 잃을 때 이전의 무성쉐바로 돌아간 것이다) > בַּית־אָדָם (י가 자신 밑에 쉐바가 올 때 자음의 성격을 잃고 모음으로 변하여 이중모음을 이룬다) > בֵּית־אָדָם (ַי ("아이")라는 이중모음이 히브리어 음성학 규칙에 따라 순장모음 ֵי 로 변한 것이다).[17]

---

17) 히브리어 사전의 목록에는 בַּית라는 말은 나오지 않는다. 이것은 בַּיִת가 연계형 자리에서 변화된 형태이기 때문이다. 참고로 בַּ֫יִת는 1음절로서 악센트가 뒤에 있지 않고 앞에 있다.

2) 연계형 위치에 나오는 명사를 1음절로 축약시키려고 할 때 주의사항

① ִים (복수형)은 악센트를 잃을 때 모음은 ֵי로 변화되고, 자음 ם은 탈락한다. 그래서 연계형 위치에서 모두 ֵי로 변한다. 연계형에서는 가급적 빨리 발음을 해야 한다. 그런데 긴 모음 다음에 단어 끝에 나오는 순음 ם을 빨리 발음한다는 것은 쉽지 않다. 따라서 순장모음 다음에 나오는 ם을 과감하게 생략한다. 또한 순장모음인 경우에도 ִי 보다 ֵי가 더 쉽게 빨리 발음될 수 있다. 영어에서 feet는 원래 "페트"로 발음되었지만 악센트를 받을 때 더욱 시간을 갖고 높은 음인 "피트"로 발음된 것이다. 이런 원리에 의해서 ִי가 연계형 위치에서 악센트를 잃자 ֵי로 변했다고 설명할 수 있다.

예) דְּבָרִים־אֱלֹהִים(하나님의 말씀들) > דְּבְרִים־אֱלֹהִים(1음절을 만들기 위해서 앞에서 모음들이 유성쉐바가 되었다) > דִּבְרִים־אֱלֹהִים(유성쉐바가 연속될 때 맨 앞의 쉐바를 단모음으로 만든다는 규칙에 의거하여 앞의 쉐바가 모음 ִ 가 되었다) > דִּבְרִי־אֱלֹהִים(ם음이 순장모음 앞에서 탈락) > דִּבְרֵי־אֱלֹהִים(순장모음 ִי가 ֵי로 변했음)

② ַיִם (쌍수형)은 연계형 위치에서 복수형과 동일하게 ֵי 형태로 축약된다.

※ 변화과정 : ַיִם > ַיְם (원래 י 밑에 ִ는 발음을 편하게 하기 위해 ְ가 변한 것임) > ַים (악센트를 읽을 때 י가 자음의 성격을 잃고 모음으로 변해 앞의 모음과 이중모음이 된다) > ֵים (이중 모음은 다시 순장모음으로 바뀌어진다. 침묵문자 י에 대한 조항 참조) > ֵי (단어 끝에 위치한 ם이 순장모음 앞에서 탈락함)

예) יָדַיִם־מֹשֶׁה(모세의 두 손들) > יְדֵי־מֹשֶׁה

③ 순장모음이나 폐음절에 있는 모음은 쉐바를 통해 축약할 수 없기 때문에 그대로 내버려 둔다.

예) סוּסוֹת־הָאִישׁ(그 사람의 암말들)
עַמִּים־אֱלֹהִים(하나님의 백성들) > עַמֵּי־אֱלֹהִים

④ ָה (여성형 어미)로 끝나는 경우는 ַת 로 변화된다. 원래 여성형 ה는 ת였다. 이 ת가 단어 마지막에 올 때 ה로 변한 것이다. 하지만 ה 뒤에 다른 어미나 단어가 붙을 때 원래의 모습대로 돌아가 ת가 된다. 영어에 child의 모음이 "이"에서 "아이"로 길어졌지만 뒤에 복수형 어미가 붙으면 children이 되어 다시 모음이 원래 "이"로 돌아가는 것과 같은 이치이다.

예) סוּסָה־הָאִישׁ(그 사람의 암말) > סוּסַת־הָאִישׁ(ת의 앞의 모음이 단모음 ַ 가 된 것은 악센트가 없는 폐음절 안에서는 장모음이 올 수 없다는 규칙에 의거해 ָת 가 ַת 로 변형되기 때문이다)

⑤ 히브리어 연계형은 자체 내에 정관사를 취할 수 없기 때문에 정관사를 취할 경우 뒤에 나오는 절대형(소유격)에게 정관사를 준다. 연계형에 정관사를 취하게 되면 또 다른 음절이 늘어나 연계형이 가급적 1음절이 되어야 한다는 규칙에 위배가 되기 때문이다. 이 원리를 다른 말로 표현한다면 연계형 뒤에 있는 절대형이 정관사가 있는 명사나 고유명사처럼 한정적인 의미의 명사(이 말은 누구나 그 정체를 쉽게 알 수 있다는 것을 의미함)이면 해석할 때 연계형에 정관사가 있는 것으로 인식하는 것이다.

예) אִישׁ־אֱלֹהִים(a man of God), אִישׁ־הָאֱלֹהִים(the man of God)

고유명사 앞에는 원칙적으로 정관사를 쓸 수 없기 때문에 의미상으로는 정관사를 취하는 한정적 의미라고 할지라도 정관사를 쓰지 않고 해석할 때 정관사가 있는 것으로 해석한다. יַד־יהוה(the hand of Yahweh, 여호와의 손)

※ 주의) 한편 בֶּן־הַמֶּלֶךְ(the son of the king)의 경우는 정관사가 절대형에도 걸리고 연계형에도 걸리는 예이다.

⑥ 장모음 ֹ ("오")는 연계형 위치에서 음절 수를 줄일 때 유성쉐바로 잘 변화지 않는다.

예) כֹּהֲנִים(제사장들)의 연계형 → כֹּהֲנֵי־(2음절 유지)

3. 연계형에서 불규칙적으로 변하는 명사들

예) אָב(아버지) 의 연계형 → אֲבִי

אָח(형제, brother) 의 연계형 → אֲחִי

אִשָּׁה(여자, 아내) 의 연계형 → אֵשֶׁת

※ 참고) אֲבִי와 אֲחִי의 경우처럼 끝에 ִי. 가 나오는 이유는 원래 고대 히브리어에서 ִי. 가 막켑의 역할을 했기 때문이다. 그와 같은 흔적이 אֲבִי나 אֲחִי와 같이 자주 쓰는 말에서 남아 있게 된 것이다.

4. 예문

① נָתַן[19] נְבִיא־הָאֱלֹהִים אֶת־סֵפֶר[18] הַתּוֹרָה

하나님의 그 선지자가 그 율법의 책을 주었다.

② בְּנֵי־הַזָּקֵן שָׁמְעוּ[20] לְקוֹל־הָאֱלֹהִים

그 노인의 아들들이 하나님의 그 음성을 들었다.

③ לֹא נָתַן אֱלֹהִים בְּרָכָה[21] לַאֲחִי־הַמֶּלֶךְ

하나님은 그 왕의 동생에게 축복을 주지 않으셨다.

④ שְׁמוֹת[22]־בְּנֵי־יִשְׂרָאֵל בְּסֵפֶר תּוֹרַת־הָאֱלֹהִים

이스라엘의 아들들의 이름들이 하나님의 그 율법책에 있다.

---

18) סֵפֶר는 "책, 두루마리" 라는 뜻이다.

19) נָתַן은 "그가 주었다" 라는 뜻이다.

20) שָׁמְעוּ는 "그들이 들었다" 라는 뜻이다.

21) בְּרָכָה는 "축복"이라는 뜻이다. 참고로 앞에 나오는 לֹא는 부정을 뜻하는 "not"의 의미이다.

22) שְׁמוֹת는 שֵׁם(이름) 의 복수형이다.

제7과

지시형용사, 인칭대명사

지시형용사

1. 형태

this (이것의)		that (저것의)	
남성	זֶה	남성	הוּא
여성	זֹאת	여성	הִיא
these (이것들의)		those (저것들의)	
공통	אֵלֶּה	남성	הֵם, הֵמָּה
		여성	הֵן, הֵנָּה

2. 용례

1) 지시 형용사도 어디까지나 형용사 범주에 속하기 때문에 명사를 뒤에서 수식하고, 수식받는 명사의 성과 수를 따른다. 또한 그 명사에 관사가 있을 때에는 지시형용사 앞에도 관사가 함께 나온다.

예) הָאֲנָשִׁים הָהֵם(those men) - 참고로 여기서 אֲנָשִׁים(남자들) 앞에 정관사 הָ 다음에 메텍이 붙은 이유는 3음절 이상이 되기 때문에 정관사 다음에 한 번 쉬어 읽으라는 표시로 나온 것이다.

2) 때로 지시형용사는 지시대명사로 쓰이기도 한다. 이것은 형용사가 명사가 될 수 있다는 원리에서 유추할 수 있다.

예) זֶה הָאִישׁ(This is the man)

인칭대명사

1인칭 공통 단수	나는	אָנֹכִי , אֲנִי [a]
2인칭 남성 단수	너는(남성)	אַתָּה
2인칭 여성 단수	너는(여성)	אַתְּ [b]
3인칭 남성 단수	그는(그것은)	הוּא
3인칭 여성 단수	그녀는(그것은)	הִיא
1인칭 공통 복수	우리는	אֲנַחְנוּ
2인칭 남성 복수	너희들은(남성)	אַתֶּם
2인칭 여성 복수	너희들은(여성)	אַתֶּן
3인칭 남성 복수	그들은(그것들은)	הֵם , הֵמָּה
3인칭 여성 복수	그녀들은(그것들은)	הֵן , הֵנָּה

a) אָנֹכִי는 3음절로 이루어졌다. 하지만 3음절이 된 것은 악센트가 כִי에 있는 것이 아니라 נֹ에 있기 때문이라고 설명할 수 있다.

b) אַתְּ에서 תּ 안에 있는 점은 이중점이다. 여기서 쉐바(ְ)는 단어 끝에 나오는 쉐바이기 때문에 무성쉐바이다. 원래 단어 끝 자음밑에 무성쉐바를 쓰지 않지만 תּ가 두개 자음으로 끝나서 תתְ 임을 보여주기 위해 무성쉐바를 썼다고 설명할 수 있다.

예문) הוּא הָאֱלֹהִים וַאֲנַחְנוּ עַם

그는 하나님이시고 우리는 백성이다.

제 8 과

대명사 접미

대명사 접미

1. 정의

명사 뒤에 붙는 인칭대명사의 소유격을 뜻한다. 뜻은 "나의", "너의", "그녀의", "그들의" 등이다.

2. 형태

구 분	형 태	단수명사 뒤에서	복수(쌍수)명사 뒤에서
단 수	나의(1 인칭 단수)	ִי	ַי
	너의(2 인칭 남성 단수)	ְךָ	ֶ֫יךָ
	너의(2 인칭 여성 단수)	ֵךְ	ַ֫יִךְ
	그의(3 인칭 남성 단수)	וֹ	ָיו
	그녀의(3 인칭 여성 단수)	ָהּ	ֶ֫יהָ
복 수	우리의(1 인칭 복수)	ֵ֫נוּ	ֵ֫ינוּ
	너희의(2 인칭 남성 복수)	כֶם	ֵיכֶ֫ם
	너희의(2 인치 여성 복수)	כֶן	ֵיכֶ֫ן
	그들의(3 인칭 남성 복수)	ָם	ֵיהֶ֫ם
	그녀들의(3 인칭 여성 복수)	ָן	ֵיהֶ֫ן

대명사 접미는 인칭대명사의 주격에서 파생된 것이다(대명사 접미가 사실상 인칭대명사의 소유격이라는 사실을 명심하라(영어에 you와 your의 경우). 그래서 대명사 접미의 형태는 인칭대명사의 형태와 매우 유사하다. 구체적으로 말한다면 대명사 접미는

인칭대명사의 주격 변화 어미 중에서 일부 자음을 차용하여 자음으로 시작하는 접미어를 만든 다음, 필요에 따라 그 자음 앞에 나름대로 적합한 모음기호를 추가해서 붙인 형태이다. 여기서 자음 앞에 추가된 모음은 상황에 따라 달라질 수 있다. 나중에 더 자세히 배우겠지만, 이렇게 해서 기본적으로 대명사 접미는 자음으로 시작하지만, 때로는 모음으로 시작할 수 있다. 따라서 대명사 접미는 자음으로 시작하는 대명사 접미와 모음으로 시작하는 대명사 접미 두 종류가 있다. 한편 대명사 접미 중 כֶם, כֶן, הֶם, הֶן 은 자신 앞에 모음을 붙이지 않는다. 따라서 이 접미는 항상 자음으로 시작하는 대명사 접미이며 여기에는 항상 악센트가 따라 붙는다. ֵיכֶ֫ם 에서 순장모음 ֵי 는 대명사 접미에 동반되는 모음이 아니라 복수형 어미 ִים 의 축약형이다.

3. 대명사 접미에 관한 3가지 규칙

1) 대명사 접미가 두 개의 음절로 이루어졌을 때(다시 말해 접미 자체 안에 두 개의 모음이 있을 때), 그 대명사 접미에 악센트가 오면 무조건 맨 앞쪽의 모음에 악센트가 온다.

예) ֵנ֫וּ (x), ֵ֫נוּ (o)

2) 대명사 접미는 모음으로 시작하는 대명사 접미와 자음으로 시작하는 대명사 접미로 크게 나눌 수 있다. 이 때 앞의 명사가 모음으로 끝나면 무조건 자음으로 시작하는 접미를 붙인다. 그래서 모음으로 시작하는 대명사 접미에서 앞에 나오는 모음(이 모음은 상황에 따라 바꾸어질 수 있다)이 생략되고 자음으로 시작하는 대명사 접미가 명사 뒤에 붙게 된다.

예) ֵ֫נוּ + דָּבָר(단수명사) > דְּבָרֵ֫נוּ → 우리의 말씀
ֵנוּ + דְּבָרֵי (복수명사) > נוּ(모음 생략) + דְּבָרֵי > דְּבָרֵ֫ינוּ → 우리의 말씀들. 여기서는 ֵנוּ 앞의 단어가 순장모음 ֵי 로 끝났기 때문에 נוּ로 시작하는 대명사 접미(자음으로 시작하는 대명사 접미)가 붙게 되었다.

3) 자음으로 시작하는 대명사 접미는 원칙적으로 악센트가 없다. 단 예외는 כֶם이나

כֶן, הֶם이나 הֶן이다. 그리고 나중에 배울 동사인칭변화 어미 중에 하나인 תֶּם과 תֶּן도 자음으로 시작하는 접미이지만 자신에게 악센트를 그대로 유지한다: כֶ֫ם, כֶ֫ן.

예) כֶ֫ם + דִּבְרֵי > דִּבְרֵיכֶ֫ם → 너희들(남성) 의 말씀들

4. 대명사 접미 형태 분석

1) 단수 명사에 붙는 대명사 접미

① 1인칭 단수 대명사 접미의 경우 인칭대명사 1인칭 공통 אֲנִי에서 끝에 נִי를 취해 자음으로 시작하는 접미어를 만들었다. 그렇지만 여기서 또 다시 נִ가 탈락되면서 자음 י만 남게 되었고, 거기서 적합한 모음 . 를 앞에다 추가하여 ִי . 라는 대명사 접미가 된 것이다. 한편 때로 모음으로 끝나는 단어 다음에 붙을 때 נִי의 형태가 나타나기도 한다.

예) כָּמוֹנִי(나와 같이)

② 3인칭 남성 단수는 인칭대명사 3인칭 남성 단수인 הוּא에서 앞의 הוּ를 원래 취했다. 하지만 다시 ה가 탈락하면서 모음 וּ만 남게 되자 자음을 만들기 위해 자음 ו를 추출하고 거기에 새로운 모음을 만들어 결국 순장모음 וֹ가 된 것이다. 한편 때때로 הוּ의 형태가 나오는 경우도 있다.

예) כָּמוֹהוּ(그와 같이)

2) 복수형 명사 뒤에 붙는 대명사 접미

복수형 명사는 자신의 뒤에 접미가 오면 복수형 어미인 ִים . 이 단축형인 ֵי .. 로 변한다. 이렇게 되어 그 뒤에 오는 대명사 접미는 앞의 명사가 모음으로 끝나기 때문에 자음으로 시작하는 대명사 접미가 된다. 자음으로 시작하는 대명사 접미는 원칙적으로 악센트가 없다. 복수형 명사 뒤에 붙는 대명사 접미 단수인 경우는 복수형의 어미의 단축형인 ֵי .. 가 악센트를 받으면서 ַי ‗ 로 변하려는 특징이 있다.

① 대명사 접미 1인칭 단수의 경우

י + דְּבָרֵי > דְּבָרַיי (יֵ 가 악센트를 받을 때 이중모음 יַ 로 변했다) > דְּבָרַי (י가 중복되어 하나가 되었다)

② 대명사 접미 2인칭 남성 단수와 여성의 경우

ךָ + דְּבָרֵי > דְּבָרֵיךָ > דְּבָרַיךָ > דְּבָרֶיךָ (ר 밑에 모음이 ַ 가 아니라 ֶ 로 변해 이중모음 "에이"가 된 까닭은 접미 끝 ךָ에서 모음 ָ 가 오기 때문에 중복해서 "아"를 발음하는 것을 피하기 위함이다)

③ 대명사 접미 2인칭 여성 단수의 경우

ךְ + דְּבָרֵי > דְּבָרֵיךְ > דְּבָרַיךְ > דְּבָרַיִךְ(이중 모음 יַ 가 יִַ 로 변하게 된 것은 이중모음에서 "이"가 악센트를 받아 자음으로 변하여 י 의 발음을 더욱 확실하게 하기 위하여 단모음 ִ 를 추가한 것임).

④ 대명사 접미 3인칭 남성 단수의 경우

ו + דְּבָרֵי > דְּבָרֵיו > דְּבָרָיו(이중 모음 יַ 가 되지 않고 יָ 가 된 것은 모음 중 맨 아래 위치한 "아"음을 한 다음 전설모음에서 맨 위에 있는 모음 "이"와 후설모음에서 맨 위에 있는 "우"와 가까운 자음 ו를 한 음절로 발음하려면 상당한 힘이 있어야 하기 때문에 단모음 ַ 가 장모음 ָ ("아")로 길어진 것으로 설명할 수 있다).

⑤ 대명사 접미 3인칭 여성 단수의 경우

הָ(원래 ה이지만 밑에 ָ 를 추가했음) + דְּבָרֵי > דְּבָרֵיהָ > דְּבָרַיהָ > דְּבָרֶיהָ (יַ 가 יֶ 로 변한 것은 앞의 ②번에서 설명한 것처럼 ה밑에 ָ 음이 있기 때문이다).

5. 변화의 예

단 수		복 수		복 수	
(말씀)	דָּבָר	(말씀들)	דְּבָרִים	(의들)	צְדָקוֹת
(나의 말씀)	דְּבָרִי	(나의 말씀들)	דְּבָרַי	(나의 의들)	צִדְקוֹתַי
(너의 말씀)	דְּבָרְךָ	(너의 말씀들)	דְּבָרֶיךָ	(너의 의들)	צִדְקוֹתֶיךָ
(너의 말씀)	דְּבָרֵךְ	(너의 말씀들)	דְּבָרַיִךְ	(너의 의들)	צִדְקוֹתַיִךְ
(그의 말씀)	דְּבָרוֹ	(그의 말씀들)	דְּבָרָיו	(그의 의들)	צִדְקוֹתָיו
(그녀의 말씀)	דְּבָרָהּ	(그녀의 말씀들)	דְּבָרֶיהָ	(그녀의 의들)	צִדְקוֹתֶיהָ
(우리의 말씀)	דְּבָרֵנוּ	(우리의 말씀들)	דְּבָרֵינוּ	(우리의 의들)	צִדְקוֹתֵינוּ
(너희의 말씀)	דְּבַרְכֶם	(너희들의말씀들)	דִּבְרֵיכֶם	(너희들의 의들)	צִדְקוֹתֵיכֶם
(너희의 말씀)	דְּבַרְכֶן	(너희들의 말씀들)	דִּבְרֵיכֶן	(너희들의 의들)	צִדְקוֹתֵיכֶן
(그들의 말씀)	דְּבָרָם	(그들의 말씀들)	דִּבְרֵיהֶם	(그들의 의들)	צִדְקוֹתֵיהֶם
(그녀들의 말씀)	דְּבָרָן	(그녀들의말씀들)	דִּבְרֵיהֶן	(그녀들의 의들)	צִדְקוֹתֵיהֶן

6. 주의할 점

1) 대명사 접미가 붙을 경우 음절수가 늘어나기 때문에 앞 음절에 쉐바가 일어난다.
צְדָקָה(의) → ִי. (나의) + צְדָקָה > צְדָקָתִי > צְדְקָתִי > צִדְקָתִי(나의 의)

※ 참고) צִדְקָתִי에서 쉐바 ְ 는 원래 유성쉐바이고, 앞에 단모음 "이"는 연달아 앞

에 유성쉐봐가 두 개 나와 맨 앞의 쉐봐가 단모음 "이"로 바뀌어진 것이다. 하지만 시간이 지나면서 단모음 다음에 나오는 쉐봐는 무성쉐봐라는 규칙 때문에 단모음 "이" 다음에 쉐봐 ְ 가 무성쉐봐로 변했다.

2) 2인칭 복수 대명사 접미인 כֶם과 כֶן은 자음으로 시작하는 대명사 접미이다. 따라서 앞의 명사가 자음으로 끝나면 그 자음 밑에는 무성쉐봐가 온다. סוּס에 2인칭 남성 복수 대명사 접미가 붙으면 סוּסְכֶם(너희들의 말)이 된다. 여기서 כֶם 앞에 쉐봐는 무성이지만 악센트를 받는 כֶם 앞에서 유성쉐봐처럼 변했다. 그래서 כֶ 안에 경강점이 없다. נָבִיא(선지자)에 2인칭 남성 복수 대명사 접미가 붙으면 נְבִיאֲכֶם이 된다. א밑에 무성쉐봐 대신에 합성쉐봐 ֲ 가 온 것이다. 그 이유는 후음 문자는 합성쉐봐를 취하기 때문이다.

3) 여성명사에 대명사 접미를 붙일 경우 ָה 에서 ה가 ת로 변한다(이것은 어느 정도 예측 가능한 것이다). 여성명사의 복수형에 대명사 접미가 붙을 때 똑 같이 남성명사의 복수형에 대명사 접미를 추가하는 형태를 취한다.

סוּסָה → סוּסָתִי (나의 암말)

סוּסוֹת → סוּסוֹתַי (나의 암말들)

סוּסוֹתֵינוּ (우리의 암말들)

4) 쌍수명사에 붙은 대명사 접미는 복수명사에 붙는 경우와 같다.

יָדַיִם(양손) → יָדֶיהָ(그녀의 양손들)

※ 참고) יָד는 '손'이라는 명사이다.

7. 예문

① שָׁמַע עַמִּי[23] אֶל־קוֹל־נְבִיאַי

나의 백성이 나의 선지자의 소리를 들었다.

② נָתַן אֱלֹהִים אֶת־הָאָרֶץ הַזֹּאת לְאָבוֹתֵינוּ[24]

하나님이 이 땅을 우리의 조상들에게 주었다.

③ טוֹבִים דְּבָרֶיךָ יהוה וּגְדוֹלָה חָכְמָתֶךָ

여호와여, 당신의 말씀들은 좋으며 당신의 지혜는 위대합니다.

※ 참고) חָכְמָתֶךָ(당신의 지혜)는 원래 חָכְמָתְךָ이지만 ךָ 앞에 유성쉐와가 악센트 앞에서 간혹 유성쉐와 음가인 "에"와 맞먹는 단모음 ֶ ("에")로 변하기 때문에 나온 형태이다.

---

23) עַם(백성)은 뒤에 대명사 접미나 복수형 어미가 올 때에 מ안에 이중점이 나온다는 특징이 있다.

24) אָב(아버지, 조상)의 복수형은 אָבוֹת로서 여성형 복수형 어미를 사용하는 불규칙 변화이다.

제9과

전치사에 붙는 대명사 접미/전치사 אֵת

전치사에 붙는 대명사 접미

1. 전치사 לְ와 בְּ에 대명사 접미가 붙는 경우

원래 대명사 접미는 인칭대명사의 소유격으로 주로 명사 뒤에 붙지만, 전치사 뒤에 붙을 때에는 인칭대명사의 목적격의 역할을 한다. 그래서 전치사의 목적어가 된다.

לִי	(나에게)	בִּי	(내 안에)
לְךָ	(너에게)	בְּךָ	(너 안에)
לָךְ	(너에게)	בָּךְ	(너 안에)
לוֹ	(그에게)	בּוֹ	(그 안에)
לָהּ	(그녀에게)	בָּהּ	(그녀 안에)
לָנוּ	(우리에게)	בָּנוּ	(우리 안에)
לָכֶם	(너희에게)	בָּכֶם	(너희 안에)
לָכֶן	(너희에게)	בָּכֶן	(너희 안에)
לָהֶם	(그들에게)	בָּם, בָּהֶם	(그들 안에)
לָהֶן	(그녀들에게)	בָּן, בָּהֶן	(그녀들 안에)

1) 전치사 뒤에 붙는 대명사 접미의 경우 그 앞에 동반하는 모음은 대명사 접미가 명사 뒤에 붙을 때에 동반하는 모음(앞에 대명사 접미 참조)과 달리 주로 ָ 이다. 한편 대명사 접미가 전치사에 붙을 때 1인칭 단수의 대명사 접미 ִי 와 2인칭 단수의 대명사 접미 ְךָ 그리고 3인칭 단수의 대명사 접미 וֹ의 경우는 앞에 모음을 ָ 를 취하지 않고 그대로 명사에 붙은 대명사 접미에서 사용되는 모음 형태를 따랐다.

2) לָכֶם에서 ל 밑에 모음 ָ 가 붙은 것은 대명사 접미에서 동반되는 모음이 아니라 악센트 바로 앞에서 לְ가 לָ로 변화된 것이다. 앞에서 말한 바처럼 כֶם, כֶן, הֶם, הֶן은 항상 자음으로 시작하는 대명사 접미이기 때문에 앞에 모음을 동반하는 경우는 없다.

2. 전치사 כְּ와 מִן에 대명사 접미가 붙는 경우

כָּמוֹנִי (나처럼)	מִמֶּנִּי (나로부터)
כָּמוֹךָ (너처럼)	מִמְּךָ (너로부터)
כָּמוֹךְ (너처럼)	מִמֵּךְ (너로부터)
כָּמוֹהוּ (그처럼)	מִמֶּנּוּ (그로부터)
כָּמוֹהָ (그녀처럼)	מִמֶּנָּה (그녀로부터)
כָּמוֹנוּ (우리처럼)	מִמֶּנּוּ (우리로부터)
כָּכֶם (너희처럼)	מִכֶּם (너희로부터)
כָּכֶן (너희처럼)	מִכֶּן (너희로부터)
כָּהֶם (그들처럼)	מֵהֶם (그들로부터)
כָּהֵן (그녀들처럼)	מֵהֶן (그녀들로부터)

1) כְּ 의 경우에 주의할 점

כְּ는 자신과 대명사 접미 사이에 מוֹ를 삽입하는 경향이 있다. מוֹ가 삽입될 때 악센트는 מוֹ에 있다. 그 이유는 מוֹ가 삽입되면 결국 모음으로 끝나는 말이 되어, 자연스럽게 그 뒤에 대명사 접미가 악센트가 없는, 자음으로 시작하는 접미가 오기 때문이다.

2) מִן의 경우에 주의할 점

① מִן은 자신과 대명사 접미 사이에 מֶן을 삽입시킨다. 이 때 악센트는 삽입된 מֶנ에 온다. 여기서 מֶן은 מִן에서 파생된 것이다.

② מֶן이 삽입되어 악센트가 옮겨질 때 악센트가 없는 자음으로 시작하는 대명사 접미가 쓰였다.

예) נִי + מִנְמֶנְ > מִמֶּנְנִי > מִמֶּנִּי(나로부터)

③ מֶן 대신에 단순히 מ만 삽입되는 경우도 있다(이 경우는 נ이 탈락했다고 볼 수 있음). 이 때는 자음으로 시작하는 대명사 접미가 아니라 모음으로 시작하는 대명사 접미를 사용한다.

예) ךָ + מִנְמ > מִמְּךָ(너[남성]로부터) / ךְ + מִנְמ > מִמֵּךְ(너[여성]로부터)

④ 대명사 접미 כֶם, כֶן, הֵם 그리고 הֵן에서는 그대로 정상적으로 변한다.

두 가지 의미를 가진 전치사 אֵת

1. 첫 번째 אֵת

1) 의미

~을, 를(목적격을 나타냄)

2) 변화

① 단독으로 나올 때는 무조건 אֵת이다.

예) בָּרָא אֱלֹהִים אֵת הָאָדָם(하나님이 그 남자를 창조했다)

② 이 전치사에 대명사 접미가 오는 형태는 실제적으로 인칭대명사의 목적격과 같은 역할을 한다. אֵת는 대명사 접미가 올 때는 אֹת형태로 바뀐다. 하지만 כֶם, כֶן, הֶם, הֶן과 같이 반드시 악센트가 오는 접미가 올 때에는 אֵת의 변형인 אֶת가 사용된다. 그 이유는 악센트 없는 폐음절이 되어 장모음 ..가 단모음 ֶ로 변하기 때문이다. 전치사 אֵת(~을, 를)에 붙는 대명사접미의 변화표는 다음과 같다.

אֹתִי → 나를(장모음 "에"가 장모음 "오"로 바뀌었다)

אֹתְךָ → 너를(남성)

אֹתָךְ → 너를(여성)

אֹתוֹ → 그를

אֹתָהּ → 그녀를

אֹתָ֫נוּ → 우리를(공통)

אֶתְכֶם → 너희들을(남성)

אֶתְכֶן → 너희들을(여성)

אֹתָם, אֶתְהֶם → 그들을(남성)

אֹתָן, אֶתְהֶן → 그녀들을(여성)

※ 주의 1) 대명사 접미 כֶם과 כֶן의 경우는 악센트가 뒤로 이동하면서 각각 אֶתְכֶם과 אֶתְכֶן이 되어 כ 안에 경감점이 찍혀야 했다. 하지만 악센트 앞에서 ת 밑에 무성쉐바가 예외적으로 유성쉐바로 변해서 כ 안에 경감점이 사라졌다고 설명할 수 있다.

※ 주의 2) 대명사 접미 הֶם과 הֶן의 형태는 매우 짧은 particle(전치사나 접속사 등)에 붙을 때만 모습을 드러낸다. 그래서 보통 일반명사 뒤에 대명사 접미로 나타날 때에는 ָם 과 ָן 의 형태를 취한다. 한편 הֶם과 הֶן이 나오는 경우는 매우 드물고, 주로 אֹתָם과 אֹתָן의 형태로 나타난다.

2. 두 번째 אֵת

1) 의미

~와 함께

2) 변화

대명사 접미를 동반할 때 אִתּ로 변한다. 1인칭 단수 대명사 접미가 와서 악센트가 이동되면 원칙적으로 אֵת는 אִתִּי으로 변해야 한다. 하지만 אֵת는 뒤에 접미가 올지라도 자신의 폐음절 성질을 잃고 싶지 않아 ת에 이중점을 찍었다고 설명할 수 있다.

אִתִּי → 나와 함께
אִתְּךָ → 너(남성)와 함께
אִתָּךְ → 너(여성)와 함께
אִתּוֹ → 그와 함께
אִתָּהּ → 그녀와 함께
אִתָּנוּ → 우리와 함께
אִתְּכֶם → 너희들(남성)과 함께
אִתְּכֶן → 너희들(여성)과 함께
אִתָּם → 그들과 함께
אִתָּן → 그녀들과 함께

3) 참고로 전치사 עִם도 "~와 함께"라는 뜻을 가지며 다음과 같이 변한다.

עִמִּי → 나와 함께
עִמְּךָ → 너(남성)와 함께
עִמָּךְ → 너(여성)와 함께
עִמּוֹ → 그와 함께
עִמָּהּ → 그녀와 함께
עִמָּנוּ → 우리와 함께
עִמָּכֶם → 너희들(남성)과 함께
עִמָּכֶן → 너희들(여성)과 함께
עִמָּם, עִמָּהֶם → 그들과 함께
עִמָּן, עִמָּהֶן → 그녀들과 함께

※ 주의) עִמָּכֶם은 원래 עִמְּכֶם이어야 했다. 그리고 여기서 מ 밑에 쉐봐는 원래 무성쉐봐인데 악세트 앞에서 유성쉐봐로 바뀐 것이다. 그런데 이 유성쉐봐가 악센

트 앞에서 또 다시 장모음 ָ ("아")로 변하게 되었다. 악센트 앞에서 유성쉐봐가 장모음으로 길어지는 경우가 종종 있음을 기억하라.

3. 예문

① עִמָּ֫נוּ אֵל

하나님이 우리와 함께 계시다.

② נָתַן הַנָּבִיא הַהוּא אֹתָם לָאִישׁ

저 선지자가 그것들을 그 남자에게 주었다.

■ 방향을 나타내는 목적격 어미 ָה

주로 장소의 의미를 가진 명사 끝에 나와 방향을 의미한다. 이 어미는 모음으로 시작하는 어미지만 악센트를 취하지 않는다는 예외를 가지고 있다. 뜻은 "~을 향하여"이다.

예) מִצְרַ֫יִם (애굽)

מִצְרַ֫יְמָה (애굽을 향하여)[25]

בַּ֫יְתָה (집을 향하여): בַּ 의 모음 ַ 가 악센트를 크게 받을 때 장모음 ָ 로 변함

25) 여기서 מִצְרַיִמָה가 되지 않고 מִצְרַ֫יְמָה가 된 것에 주의하라. ַ֫יִ 는 자신 뒤에 어미가 붙어 음절수가 추가되면 발음하기 힘들어 원래 폐음절 형태인 ַיְ 로 돌아간다.

제 10과

쎄골명사
그 밖에 전치사/수사

쎄골명사

1. 특징

쎄골명사는 원래 1음절 명사(자음+ 모음+ 자음+ 자음) 인데 이것이 2음절로 길어진 것이다. 앞에서 두 번째 자음 밑에 모음 쎄골 ֶ 가 공통적으로 등장하기 때문에 쎄골명사라고 부른다. 쎄골명사는 원래 1음절에서 파생되었기 때문에 악센트가 뒤에 있지 않고 항상 앞에 있다. 예를 들면 עֶ֫בֶד(종, servant).

2. 쎄골명사의 종류

세 가지 종류가 있다.

1) "아"형 : מֶ֫לֶךְ(왕) → 원래 מַלְךְ에서 파생된 것(여기서 쉐바는 무성쉐바이다)

2) "이"형 : סֵ֫פֶר(두루마리, 책) → 원래 סִפְר에서 파생된 것

3) "오"형 : קֹ֫דֶשׁ(거룩) → 원래 קָדְשׁ에서 파생된 것(여기서 ק밑에 모음 ָ 는 "아"가 아니라 단모음 "오"이다)

3. 쎄골명사의 복수형

1) מֶ֫לֶךְ → מְלָכִים(일반명사의 복수형처럼 변한다)

2) סֵ֫פֶר → סְפָרִים

3) קֹ֫דֶשׁ → קֳדָשִׁים

원래는 קְדָשִׁים이었는데 앞에 있어야 할 유성쉐바 ְ 가 단모음 ֳ ("오")로 변한 것이다. 단모음 "오"로 변하면서 어쨌든 3음절이 되기 때문에 맨 앞에 있는 모음 ֳ ("오") 다음에 메텍이 붙었다.

4. 쎄골명사의 모음 기호에 관한 규칙

1) 쎄골명사는 원래 폐음절인 1음절에서 나온 것이다.

2) 쎄골명사 단수형은 음절수가 3음절로 늘어나 2음절로 줄여야 할 때, 원칙적으로 맨 앞의 모음이 유성쉐봐가 되어야 한다. 하지만 단수형 쎄골명사는 자신의 모음이 하나라도 쉐봐가 되는 것을 싫어한다. 그래서 이런 경우 단수형 쎄골명사는 원래 1음절 형태인 폐음절로 돌아간 상태에서 어미를 붙인다(폐음절의 모음은 쉐봐가 되지 않음).

예) ִי + מֶלֶךְ(나의 왕) → מְלָכִי(틀림, 단수형에서 맨 앞에 쉐봐는 불가),
מַלְכִּי(맞음)

3) 쎄골명사 복수형은 음절수가 늘어날 때, 자신의 모음이 앞에서 연속적으로 두 번 쉐봐가 되는 것을 싫어한다. 그래서 그럴 경우 다시 앞부분이 원래의 폐음절로 회귀한다. 한편 한 개의 모음이 유성쉐봐가 되는 것은 괜찮다.

예) מְלָכִים 뒤에 대명사 접미 כֶם이 올 때 → כֶם + מְלָכִים > כֶם + מְלָכֵי > מְלְכֵיכֶם(x), מַלְכֵיכֶם(o)(מֶלֶךְ의 원래 폐음절은 מַלְךְ임을 기억하라)

5. 쎄골명사가 연계형으로 변할 때의 변화

1) 쎄골명사 단수형의 연계형은 변화가 없다. 그 이유는 연계형이란 1음절을 만드는 것인데 쎄골명사 자체가 원래 1음절이기 때문이다. 그래서 변화가 없다.

예) מֶלֶךְ־אֱלֹהִים(하나님의 왕)

2) 쎄골명사의 복수형의 연계형은 원칙적으로 1음절이 되기 위해 앞의 두 개의 모음이 두개의 유성쉐봐 ְ ְ로 변해야 한다. 하지만 앞의 규칙에서 언급한 것처럼 한꺼번에 유성쉐봐가 두 번 나오는 것을 싫어하기 때문에 쎄골명사가 원래 폐음절인 1음절로 돌아가 거기서 복수형이 붙는 형태를 취한다.

예) מַלְכֵי־(מֶלֶךְ의 복수 연계형) → 맞음
מְלְכֵי־(앞의 ְ ְ 는 두 개의 유성쉐봐 ְ ְ에서 나온 것임) → 틀림

※ 참고) 쎄골명사의 복수형이 연계형으로 나올 때, 앞에 유성쉐봐가 두 번 연속해서 나오는 것을 방지하기 위해 원래 자신의 모습이었던 폐음절로 돌아가게 되면 מַלְכֵי의 앞 음절이 폐음절이 되어 쉐봐를 시킬 수 없게 된다.

6. 쎄골명사에 대명사 접미가 올 때의 변화

1) 쎄골명사의 단수형에서 대명사 접미가 올 때 3음절이 되어 2음절로 줄이기 위해 맨 앞의 모음이 유성쉐봐가 되어야 하지만 단수형 쎄골명사는 유성쉐봐를 쓰는 것을 싫어하기 때문에 문제가 발생한다.

이 문제를 해결하기 위해 쎄골명사는 원래 폐음절의 모습으로 돌아간다. 그렇게 되면 맨 앞의 음절이 폐음절이 되어 유성쉐봐를 쓸 수 없게 된다(폐음절 안의 모음은 유성쉐봐로 만들 수 없다는 규칙을 기억하라).

예) מַלְכִּי(나의 왕, 단수형에 대명사 접미가 온 형태) → 맞음
מְלָכִי(나의 왕) → 틀림

※ 복습) 쎄골명사의 단수형은 자신의 모음이 쉐봐가 되는 것을 무조건 싫어한다. 그래서 쎄골명사의 단수형이 뒤에 대명사 접미를 할 때, 음절수를 유지하기 위해 앞 모음이 쉐봐되는 것을 방지하기 위해 원래 폐음절인 1음절로 돌아가는 것이다. 그리고 거기서 대명사 접미를 붙인다.

2) 쎄골명사의 복수형에서 대명사 접미가 오는 경우, 그 변화로 말미암아 유성쉐봐가 한꺼번에 두 번 나오는 경우가 생길 때에는 쎄골명사는 원래 폐음절인 1음절 모습으로 돌아가서 거기서 복수형과 대명사 접미를 붙인다.

예) מְלָכַי(나의 왕들) → 맞음
מְלְכֵיכֶם(너희의 왕들) → 틀림
מַלְכֵיכֶם(너희의 왕들) → 맞음

7. 쎄골명사의 변화 도표

단수	단수형	מֶ֫לֶךְ	סֵ֫פֶר	קֹ֫דֶשׁ
	연계형	מֶ֫לֶךְ־	סֵ֫פֶר־	קֹ֫דֶשׁ־
	대명사접미	מַלְכִּי	סִפְרִי	קָדְשִׁי
복수	복수형	מְלָכִים	סְפָרִים	קֳדָשִׁים
	연계형	מַלְכֵי־	סִפְרֵי־	קָדְשֵׁי־
	대명사접미	מְלָכַי	סְפָרַי	קֳדָשַׁי
	대명사접미	מַלְכֵיכֶם	סִפְרֵיכֶם	קָדְשֵׁיכֶם

※ 주의) 쎄골명사에서 "오"형은 자신의 장모음인 "오"가 쉐봐가 될 때 ְ 로 변하기보다는 합성쉐봐 ֳ (약한 "오")로 변하는 특성이 있다. 그래서 קֳדָשַׁי의 경우 원래 קְדָשַׁי가 되어야 하지만 ק 밑에 합성쉐봐 ֳ 를 취했다. 한편 קֳדָשִׁים의 경우는 원칙적으로 קֳדָשִׁים이 되어야 하지만 "오"형 쎄골명사는 워낙 "오"음을 좋아하기 때문에 합성쉐봐 ֳ 가 다시 단모음 ָ ("오")로 길어진 것이다. 이 때 음절수를 조절하기 위해 그 옆에 메텍을 붙였다. 그래서 발음은 "꼬-다-쉼"이다.

8. 예외

1) 어떤 쎄골명사들은 일반적인 쎄골명사의 규칙에서 벗어나기도 한다. 예를 들어 צֶ֫דֶק의 경우 대명사 접미가 올 때 צַדְקִי가 되지 않고 צִדְקִי가 된다. 그래서 단독으로 나올 때에는 "아"형이지만 접미가 올 때 "이"형처럼 변하는 것이다. 이렇게 예외적으로 변하는 쎄골명사들은 대표적으로 다음과 같다.

예) בֶּ֫גֶד(겉옷) → בִּגְדִי(나의 겉옷)

צֶ֫דֶק(의) → צִדְקִי(나의 의), צִדְקִיָּה(시드기야, "여호와는 나의 의")

קֶ֫בֶר(무덤) → קִבְרִי(나의 무덤)

2) 후음은 자신 앞에 모음과 자신 밑에 모음을 단모음 ַ 로 바꾸려는 성질이 있다. 그래서 후음을 가진 쎄골명사는 ֶ ("에") 대신에 ַ ("아")를 취하는 경향이 있다.

예) נַ֫עַר(소년), זֶ֫רַע(씨앗, 자손)

※ 참고) 쎄골명사 לֶ֫חֶם(떡)은 자신 밑에 후음이 있음에도 변하지 않았다.

3) 쎄골명사는 악센트를 크게 받을 때, 그 악센트를 받는 모음이 장오음 ָ("아")로 길어질 수 있다.

예) אֶ֫רֶץ(땅) → אָ֫רֶץ

9. 예문

① הַסְּפָרִים בַּבַּיִת
그 두루마리들이 그 집에 있다.

② רְשָׁעִים מַלְכֵי־יִשְׂרָאֵל בְּעֵינֵי־יהוה
이스라엘의 왕들이 여호와 목전에서 악했다.

③ וַאֲנִי עַבְדְּךָ
그리고 나는 당신의 종입니다.

전치사 אֶל, עַל, תַּ֫חַת, 그리고 אַ֫חַר

1. 의미

אֶל → ~에게, ~를 향하여(to)
עַל → ~위에(upon)
תַּ֫חַת → ~아래에(beneath), ~대신에(instead of)
אַ֫חַר → ~뒤에, ~를 좇아(after)

여기서 전치사 תַּ֫חַת, אַ֫חַר는 전치사이면서 쎄골명사처럼 악센트가 앞에 왔다는 특징이 있다.

2. 용법

이 전치사들은 두 가지 형태를 가지고 있다. 즉 단수형과 복수형의 형태를 가지고 있는 것이다. 사실 전치사가 복수형을 갖는다는 것은 매우 의외이다. 전치사의 복수형은 종종 시문에서 잘 등장한다. 하지만 אַחַר의 경우는 시문에 상관없이 אַחֲרֵי라는 복수형태로 잘 나타난다. 이 후자의 형태의 경우, 일반 쎄골명사의 복수형이라면 אֲחָרִים이 되겠지만 그 대신에 축약된 형태를 취해 אַחֲרֵי의 모양을 취했다. 결론적으로 전치사의 복수형은 단수형이 1음절인 것처럼 가급적 1음절이 되려는 공통점을 가지고 있다고 말할 수 있다.

※ 주의) 전치사 אַחַר과 같은 쎄골명사 형태는 복수형에다 대명사 접미를 붙일 때 원칙적으로 하면 אֲחָרַי의 모양이 되어야 한다. 하지만 일반 쎄골명사와 달리 이 전치사의 복수형은 앞에서 이미 폐음절이 된 상태(후음 밑에는 무성쉐바를 취할 수 없기 때문에 합성쉐바가 나온 것이다)로 변했다. 그래서 이와 같은 변화된 복수형에다 대명사 접미를 붙인 것이다. תַּחַת도 마찬가지다. 한편 또 다른 쎄골형 전치사인 תַּחַת의 경우 폐음절인 1음절로 돌아갈 때 תַּחֲתַי가 되지 않고 תַּחְתַּי가 된다. 원칙적으로 후음문자는 자신 밑에 무성쉐바 대신 합성쉐바를 취하지만 ח와 ה 같은 강한 후음은 종종 자신 밑에 무성쉐바를 취하기도 한다.

3. 변화표

구 분	אֶל (복수형 אֱלֵי)	עַל (עֲלֵי)	תַּחַת (תַּחְתֵּי)	אַחַר (אַחֲרֵי)
1 공 단수	אֵלַי	עָלַי	תַּחְתַּי	אַחֲרַי
2 남 단수	אֵלֶיךָ	עָלֶיךָ	תַּחְתֶּיךָ	אַחֲרֶיךָ
2 여 단수	אֵלַיִךְ	עָלַיִךְ	תַּחְתַּיִךְ	אַחֲרַיִךְ
3 남 단수	אֵלָיו	עָלָיו	תַּחְתָּיו	אַחֲרָיו
3 여 단수	אֵלֶיהָ	עָלֶיהָ	תַּחְתֶּיהָ	אַחֲרֶיהָ
1 공 복수	אֵלֵינוּ	עָלֵינוּ	תַּחְתֵּינוּ	אַחֲרֵינוּ
2 남 복수	אֲלֵיכֶם	עֲלֵיכֶם	תַּחְתֵּיכֶם	אַחֲרֵיכֶם
2 여 복수	אֲלֵיכֶן	עֲלֵיכֶן	תַּחְתֵּיכֶן	אַחֲרֵיכֶן
3 남 복수	אֲלֵיהֶם	עֲלֵיהֶם	תַּחְתֵּיהֶם	אַחֲרֵיהֶם
3 여 복수	אֲלֵיהֶן	עֲלֵיהֶן	תַּחְתֵּיהֶן	אַחֲרֵיהֶן

4. 예문

① אָמַר אֵלָיו מַלְאַךְ־יהוה

여호와의 사자가 그에게 말했다.

② אַחֲרֵי מוֹת־הַמֶּלֶךְ רְשָׁעִים בְּנֵי־יִשְׂרָאֵל

그 왕의 죽음 이후에 이스라엘의 아들들이 악했다.

수사

1. 기수(하나, 둘, 셋 등)

1) 1-19까지의 숫자 형태

	남 성		여 성	
	절대형	연계형	절대형	연계형
1	אֶחָד	אַחַד	אַחַת	אַחַת
2	שְׁנַיִם	שְׁנֵי	שְׁתַּיִם	שְׁתֵּי
3	שְׁלֹשָׁה	שְׁלֹשֶׁת	שָׁלֹשׁ	שְׁלֹשׁ
4	אַרְבָּעָה	אַרְבַּעַת	אַרְבַּע	אַרְבַּע
5	חֲמִשָּׁה	חֲמֵשֶׁת	חָמֵשׁ	חֲמֵשׁ
6	שִׁשָּׁה	שֵׁשֶׁת	שֵׁשׁ	שֵׁשׁ
7	שִׁבְעָה	שִׁבְעַת	שֶׁבַע	שְׁבַע
8	שְׁמֹנָה	שְׁמֹנַת	שְׁמֹנֶה	שְׁמֹנֶה
9	תִּשְׁעָה	תִּשְׁעַת	תֵּשַׁע	תְּשַׁע
10	עֲשָׂרָה	עֲשֶׂרֶת	עֶשֶׂר	עֶשֶׂר
11	אַחַד עָשָׂר/עַשְׁתֵּי עָשָׂר		אַחַת עֶשְׂרֵה/עַשְׁתֵּי עֶשְׂרֵה	
12	שְׁנֵים עָשָׂר/שְׁנֵי עָשָׂר		שְׁתֵּים עֶשְׂרֵה/ שְׁתֵּי עֶשְׂרֵה	
13	שְׁלֹשָׁה עָשָׂר		שְׁלֹשׁ עֶשְׂרֵה	
14	אַרְבָּעָה עָשָׂר		אַרְבַּע עֶשְׂרֵה	

15	חֲמִשָּׁה עָשָׂר	חֲמֵשׁ עֶשְׂרֵה
16	שִׁשָּׁה עָשָׂר	שֵׁשׁ עֶשְׂרֵה
17	שִׁבְעָה עָשָׂר	שְׁבַע עֶשְׂרֵה
18	שְׁמֹנָה עָשָׂר	שְׁמֹנֶה עֶשְׂרֵה
19	תִּשְׁעָה עָשָׂר	תְּשַׁע עֶשְׂרֵה

2) 20 이상의 숫자의 형태

20	עֶשְׂרִים	100	מֵאָה
30	שְׁלֹשִׁים	200	מָאתַיִם a)
40	אַרְבָּעִים	300	שְׁלֹשׁ מֵאוֹת
50	חֲמִשִּׁים	1000	אֶלֶף
60	שִׁשִּׁים	2000	אַלְפַּיִם
70	שִׁבְעִים	3000	שְׁלֹשֶׁת אֲלָפִים
80	שְׁמֹנִים	10000	רְבָבָה
90	תִּשְׁעִים	20000	רִבּוֹתַיִם

a) 이 형태는 원래 מְאָתַיִם 에서 온 것이다. א 자음이 자신 앞에 쉐바가 오고 자기 밑에 모음이 왔을 때, 자음의 기능을 상실하고 침묵함으로써 그 밑에 모음인 ָ 가 앞으로 이동하여 מָ 밑에 놓이게 된 것이다.

3) 용법

① 히브리어 기수는 형용사로 쓸 수 있고, 명사로도 사용될 수 있다. 명사인 경우, 연계형으로 나와서 다른 절대형 명사 앞에 나올 수 있다. 또는 다른 명사 앞 뒤에서 그것의 동격으로 사용될 수도 있다. 또한 형용사로 쓰이는 경우, 명사 뒤에서 명사를 수식하며 이 때 명사의 성과 수가 일치한다.

② 한편 **אִישׁ**(남자), **אִשָּׁה**(여자), **יוֹם**(날), **שָׁנָה**(년), **נֶפֶשׁ**(욕구, 생명), **שֵׁבֶט**(지파, 부족) 등과 같은 단어들은 복수형 숫자와 함께 나와도 복수형을 쓰지 않고 단수형을 쓴다는 특징이 있다.

예) אַחַד עָשָׂר יוֹם → 11개의 날들(11 days)

אַחַת עֶשְׂרֵה שָׁנָה → 11개의 해들(11 years)

אֶחָד וּשְׁלֹשִׁים אִישׁ → 31명의 남자들

שִׁבְעִים וְשָׁלֹשׁ אִשָּׁה → 73명의 여자들

בָּנִים שְׁנַיִם → 두 아들들

שִׁבְעִים וְשִׁבְעָה → 77

חָמֵשׁ מֵאוֹת וּשְׁלֹשָׁה → 503

חֲמֵשֶׁת אֲלָפִים וּמָאתַיִם וְשִׁשָּׁה → 5206

2. 서수(첫 번째, 두 번째 등)

순서를 가리키는 서수는 1-10번째까지는 기수와 다른 형태를 취하지만 11번째부터는 기수와 동일하다. 서수는 형용사로서 명사 뒤에서 수식한다. 따라서 명사의 성과 수, 그리고 관사와 일치한다.

구 분	남 성	여 성
첫째	רִאשׁוֹן/אֶחָד	רִאשׁוֹנָה
둘째	שֵׁנִי	שֵׁנִית
셋째	שְׁלִישִׁי	שְׁלִישִׁית
넷째	רְבִיעִי	רְבִיעִית
다섯째	חֲמִישִׁי	חֲמִישִׁית
여섯째	שִׁשִּׁי	שִׁשִּׁית
일곱째	שְׁבִיעִי	שְׁבִיעִית
여덟째	שְׁמִינִי	שְׁמִינִית
아홉째	תְּשִׁיעִי	תְּשִׁיעִית
열째	עֲשִׂירִי	עֲשִׂירִית

예) שִׁשִּׁים שָׁנָה → 60년

בִּשְׁנַת שִׁשִּׁים → 60 번째 해에

בַּיּוֹם הַשֵּׁנִי → 그 두 번째 날에

제11과

불규칙 명사, Be 동사/분사

불규칙 명사

모든 언어에서 명사가 불규칙적으로 변하는 경우를 볼 수 있다. 히브리어도 예외는 아니다. 다음 불규칙 변화들은 단어의 의미에서 알 수 있듯이 매우 자주 사용되는 낱말이다. 그러므로 여러 번 반복해서 꼭 외워두어야 한다.

단 수			복 수		
단수형	연계형	대명사접미	복수형	연계형	대명사접미
אָב(아버지)	אֲבִי־	אָבִ֫יךָ	אָבוֹת	אֲבוֹת־	אֲבוֹתַי
בֵּן(아들)	בֶּן־	בִּנְךָ	בָּנִים	בְּנֵי־	בָּנַי
בַּת(딸)	בַּת־	בִּתְּךָ	בָּנוֹת	בְּנוֹת־	בְּנוֹתַי
אָח(형제)	אֲחִי־	אָחִ֫יךָ	אַחִים	אֲחֵי־	אַחַי
אִשָּׁה(아내)	אֵשֶׁת־	אִשְׁתְּךָ	נָשִׁים	נְשֵׁי־	נָשַׁי
בַּ֫יִת(집)	בֵּית־	בֵּיתְךָ	בָּתִּים	בָּתֵּי־	בָּתַּי
שֵׁם(이름)	שֶׁם־	שִׁמְךָ	שֵׁמוֹת	שְׁמוֹת	שְׁמוֹתַי
יוֹם(날)	יוֹם־		יָמִים	יְמֵי־	
עִיר(성읍)	עִיר־		עָרִים	עָרֵי־	
רֹאשׁ(머리)	רֹאשׁ־		רָאשִׁים	רָאשֵׁי־	
עַם(백성)	עַם־		עַמִּים	עַמֵּי־	
זָקֵן(노인)	זְקַן־		זְקֵנִים	זִקְנֵי־	
אִישׁ(남자)			אֲנָשִׁים		

1. 주의할 점

1) אָב의 연계형에 ִי 가 추가된다. ִי 는 고대 히브리어에서 막켑의 역할을 했던 것이 남아 있는 형태이다. 단수형에서 대명사 접미를 붙일 때에 ִי 라는 모음으로 끝난 형태에서 대명사 접미를 붙인다. 그래서 1인칭 단수 대명사 접미의 경우 자음으로 시작하는 접미인 י가 붙는데, 이것은 다시 ִי 뒤에서 같은 י 안에 융화되어 사라졌다.

예) י(나의) + אָבִי(아버지의 연계형) > אָבִיי > אָבִי (나의 아버지)

2) אָח의 경우 연계형과 대명사 접미가 אָב처럼 ִי 가 추가되어 있다. 변화는 אָב와 유사하다. אָח의 복수형은 אַחִים이다. 여기서 אַ는 개음절이 아니라 폐음절이다. 다시 말해 ח 안에 표시는 안 되어 있지만 이중점이 있는 셈이다. 후음은 원래 이중점을 찍을 수 없기 때문에 자신 앞의 음절을 개음절로 만들어 그 안에 있는 모음을 장모음으로 만드는 특성이 있다. 하지만 ח는 후음 중에 가장 강한 후음이기 때문에 사실상 이중점이 있는 것처럼 발음할 수 있다.

3) אִשָּׁה와 같은 경우는 연계형에서 쎄골명사처럼 변한다. 쎄골명사는 원래 1음절 명사이기에 연계형에서 아무런 변화가 없다. 이것의 복수형은 נָשִׁים으로서 뜻은 아내들이다. 한편 남자(אִישׁ) 의 복수형은 אֲנָשִׁים이다.

4) בַּיִת의 복수형은 בָּֽתִּים이다. 여기서 ָ 는 장모음 "아"이다. 이것은 메텍이 붙어 있는 것으로도 쉽게 알 수 있다. 메텍이 붙으면 보통 그 모음은 장모음화된다. בָּֽתִּים에서 תּ에 나오는 점은 경강점이다. 앞에 메텍이 있어 한 번 쉬고 발음되기 때문에 마치 단어 초두에서 발음하는 것과 같이 경강점이 찍힌 것이다.

5) שֵׁם 에서 대명사 접미가 붙으면 שִׁמְךָ가 된다. 대명사 접미가 붙어 2음절이 되어도 문제는 없지만, שֵׁם 은 자신의 음절수인 1음절을 유지하기 위해서 앞의 모음을 쉐바시켰다. 이 때 유성쉐바가 두 개가 나와 앞의 유성쉐바를 단모음 ִ 로 바꾼 것이다.

6) רֹאשׁ의 연계형은 그대로 רֹאשׁ가 되었다. 원래 연계형은 악센트가 없기 때문에 악센트가 없는 폐음절은 단모음을 취한다는 규칙에 따라 단모음 "오"를 써서 רָאשׁ가 될 것이라고 생각할 수 있지만, א은 묵음이 되면 앞의 모음을 장모음을 만들어 마치 형태가 순장모음처럼 기능하는 것처럼 보이기 때문에 그냥 רֹאשׁ가 되었다고 설명할 수 있다.

7) 아버지(אָב), 아들(בֵּן), 딸(בַּת), 형제(אָח), 아내(אִשָּׁה) 라는 단어는 상당히 불규칙적으로 변한다. 이 단어들은 남자라는 아버지를 중심으로 친족관계를 부르는 명칭들이라는 공통점이 있다. 아들과 딸은 아버지의 자식이고, 형제는 아버지와 같은 부모에서 나온 남성을 의미하며, 아내는 아버지의 여자이기 때문이다. 이런 친족관계의 명칭들을 유념하고 외우면 도움이 될 것이다.

히브리어의 Be 동사와 There is(are) 동사

1. Be 동사 : 있었다, 있을 것이다.

대체로 הָיָה(이다)의 완료형은 과거의 의미로 "있었다"이고 הָיָה의 미완료는 보통 미래의 의미로 "있을 것이다"라는 의미를 가진다(동사의 완료형과 미완료는 나중에 자세히 배울 것이다).

예) הָיָה לִי בֵּן(나에게 아들이 있었다)
יִהְיֶה לִי בֵּן(나에게 아들이 있을 것이다)

2. There is(are) 동사 : 있다(현재형)

1) יֵשׁ → There is(are).
יֵשׁ אִישׁ → There is a man(한 사람이 있다).

2) אֵין → There is(are) not.
אֵין לִי בָּנִים → There are no sons for me(나에게 아들들이 없다).

3. 예문

① אֵין אֱלֹהִים כַּיהוה
여호와와 같은 하나님은 없다.

② יֵשׁ לָנוּ לֶחֶם וּמַיִם
우리에게 떡과 물이 있다.

분사

분사의 시제는 과거, 현재, 미래 다 될 수 있다. 이것은 문맥에 의해 결정된다.

1. 능동분사

1) 능동분사는 동사에서 파생된 형용사이다. 보통 분사는 지속적인 상황이나 상태를 지칭할 때 사용된다. 나중에 배우겠지만 능동 분사는 일반적으로 הָיָה 동사와 함께 서술적 용법으로 나올 수 있다. 이 때 진행의 의미가 강조된다.

2) 뜻 : "~하는"

예) 동사어근 : שָׁמַר(지키다)
분사형 : שֹׁמֵר(지키고 있는)

구 분	단 수	복 수
남 성	שֹׁמֵר	שֹׁמְרִים
여 성	שֹׁמֶרֶת 또는 שֹׁמְרָה	שֹׁמְרוֹת

① 능동분사의 경우, 어미가 붙어 음절수가 2음절에서 3음절로 늘어날 때 음절수를 줄이기 위해 명사류처럼 단어 맨 앞의 모음이 유성쉐봐가 되는 것이 아니라 악센트 바로 앞의 음절의 모음이 유성쉐봐로 변한다. 이것은 동사의 특징이다(능동분사도 일종의 동사에 속한다). 여기서 예외가 되는 것은 수동태의 분사이다. 이것은 일종의 형용사로 취급하여 명사류 변화를 한다(나중에 다시 배울 때 반복될 것임).

② 여성단수의 경우 두 가지 형태가 있다. 이 중 שֹׁמֶרֶת는 모양이 쎄골명사 형태이다. 이와 같이 여성 단수에서 쎄골명사의 형태를 취하는 것은 발음이 더 용이하기 때문인 것 같다.

3) 능동분사의 용법

① 한정적 용법

뒤에서 명사를 수식한다. 이 때 명사의 성과 수에 일치하며 수식받는 명사가 관사가 있을 때 관사를 동반한다.

예) הָאִישׁ הַשֹּׁמֵר(그 지키고 있는 남자)

② 서술적 용법

히브리어에서는 주어 + 분사 형태도 한 문장을 만들 수 있다. 이 경우 be 동사(הָיָה)가 생략되었다고 말할 수 있다. 히브리어의 기본어순은 서술어가 먼저 오고 그 다음에 주어가 온다. 서술적 용법에서는 분사가 주어의 성과 수에 일치해야 하지만 관사까지 일치할 필요는 없다.

예) שֹׁמֵר אַתָּה (당신은 지키고 있다)

שֹׁמְרִים אֲנַחְנוּ (우리는 지키고 있다)

שֹׁמֶ֫רֶת הָאִשָּׁה (그 여자는 지키고 있다)

→ 여기서 분사는 앞의 주어가 관사를 가지고 있지만 관사를 취하지 않았다.

שֹׁמְרוֹת הַנָּשִׁים (그 여자들이 지키고 있다)

③ 명사적 용법

히브리어의 형용사는 명사로 사용할 수 있다는 규칙에 의거하여 일종의 형용사인 분사도 단독으로 명사로 사용될 수 있다.

예) שָׁפַט → 판단하다 שֹׁפֵט → 판단하는 사람, 사사

2. 수동분사

1) 능동분사와 같이 동사에서 파생된 형용사형이다.

2) 뜻은 수동의 의미로 "~해 지고 있는"이라는 동작 수동의 의미를 가지고 있다. 보

통 수동적으로 이루어지는 어떤 동작의 시작 상태에 초점을 둔다.

예) 동사어근 : שָׁמַר (지키다)
분사형 : שָׁמוּר (지켜지는)

구 분	단 수	복 수
남 성	שָׁמוּר	שְׁמוּרִים
여 성	שְׁמוּרָה	שְׁמוּרוֹת

수동분사는 엄밀한 의미에서 동사에서 파생되었기 때문에 동사취급을 할 수도 있지만 히브리어에서는 능동분사와 달리 형용사처럼 취급한다(영어의 tired가 형용사 취급하는 것처럼). 그 결과 수동분사에 어미가 추가되어 음절수가 2음절에서 3음절로 늘어날 때 음절수를 줄이기 위해 동사처럼 악센트 바로 앞의 음절의 모음을 유성쉐바로 만드는 것이 아니라 명사류처럼 단어 맨 앞의 음절의 모음을 유성쉐바로 만든다.

3) 용법

① 한정적 용법
뒤에서 명사를 수식할 때, 명사의 성과 수, 그리고 관사와 일치한다.

예) הַדָּבָר הַשָּׁמוּר (그 지켜지는 일)

② 서술적 용법

예) הַדָּבָר שָׁמוּר(그 일이 지켜진다)
→ 여기서는 주어와 서술어가 도치되어 있다.

3. 예문

① זִקְנֵי הָעָם זֹכְרִים[26] אֶת אַדְמָתָם

26) זָכַר는 "기억하다" 라는 동사이다.

그 백성의 노인들은 그들의 땅을 기억하고 있다.

② אֲנִי בּוֹטֵחַ[28] בְּשֵׁם יהוה אֱלֹהַי בְּכָל־לִבִּי[27]׃

나는 나의 하나님인 여호와의 이름을 나의 전심으로 의지하고 있다.

③ זֹאת כְּתוּבָה[29] לָךְ

이것이(여성) 너를 위해 쓰여 있다.

④ הַדְּבָרִים כְּתוּבִים בְּסֵפֶר־מַלְכֵי־יִשְׂרָאֵל

그 말씀들이 이스라엘의 열왕들의 책에 기록되어 있다.

---

27) לֵב는 "마음"이라는 명사이다. 여기에 접미가 올 때에 ב안에 이중점이 찍혀 계속 폐음절을 유지한다.

28) 원래는 בֹּטֵחַ 이어야 하지만 때때로 장모음 · 가 순장모음 וֹ와 서로 교환하여 사용되기 때문에 여기서는 순장모음 וֹ가 나왔다.

29) כָּתַב는 "쓰다"(write) 라는 동사이다.

제12과

규칙동사 칼형의 완료형과 미완료형

규칙동사 칼형의 완료형

1. 인칭변화

원래 히브리어는 시제(tense)보다 상(aspect)이 더 중요하다. 히브리동사는 기본적으로 상을 중심으로 한다. 이 상을 나타내는 동사형태로 완료형과 미완료형 두 가지 형태가 있다. 완료형과 미완료형은 각각 과거, 현재, 미래의 의미로 사용될 수 있다. 따라서 이 상의 시제는 문맥을 통해 유추해야 한다. 하지만 나중에 배울 봐브계속법을 통해서 어느 정도 시제를 예측을 할 수 있다. 아래 완료형의 의미는 편의상 완료형에서 자주 사용되는 과거의미로 해석했다. 기본적으로 완료형은 어떤 동작을 멀리서 점으로 바라보는 것인 반면, 미완료형은 어떤 동작을 가까이 보면서 그 동작의 역동적 추이과정(dynamic nature)에 초점을 맞춘 것이다. 보통 완료형은 과거의 의미로 자주 사용된다. 완료형의 인칭변화는 다음과 같다.

3인칭 남성 단수 (그가 지켰다)	שָׁמַר
3인칭 여성 단수 (그녀가 지켰다)	שָֽׁמְרָה
2인칭 남성 단수 (네가(남성) 지켰다)	שָׁמַ֫רְתָּ
2인칭 여성 단수 (네가(여성) 지켰다)	שָׁמַ֫רְתְּ
1인칭 공통 단수 (내가 지켰다)	שָׁמַ֫רְתִּי
3인칭 공통 복수 (그들이(공동) 지켰다)	שָֽׁמְרוּ
2인칭 남성 복수 (너희가(남성) 지켰다)	שְׁמַרְתֶּם
2인칭 여성 복수 (너희가(여성) 지켰다)	שְׁמַרְתֶּן
1인칭 공통 복수 (우리가 지켰다)	שָׁמַ֫רְנוּ

2. 완료형 동사인칭변화의 규칙

1) 동사인칭변화에서 어떤 어미들은 악센트를 가지고 있고, 어떤 어미들은 악센트를 가지고 있지 않다. 여기서 앞에 나온 대명사 접미와 관련된 규칙이 적용된다. 그래서 모음으로 시작하는 어미(ה ָ, וּ)는 악센트를 받고, 자음으로 시작하는 어미(תָּ, תְּ, תִּי, נוּ)는 악센트를 취하지 않는다. 하지만 תֶּם과 תֶּן은 무조건 자기에게 악센트를 취하기 때문에 자음으로 시작해도 이 어미들에게는 악센트가 온다.

※ 주의) 대명사 접미와 동사인칭변화의 어미는 서로 공통점이 있다. 대명사 접미는 사실상 인칭대명사의 소유격이며, 동사인칭변화의 어미는 인칭대명사 주격이 동사에 결합된 경우라고 말할 수 있다.

2) 동사인칭변화에서 악센트가 있는 어미가 붙어 2음절이 3음절이 될 때, 음절수를 맞추기 위해 악센트 바로 앞의 음절의 모음이 유성쉐바가 되어 2음절을 유지한다. 단 여기서 악센트 바로 앞의 음절이 폐음절이거나 그 음절 안의 모음이 순장모음일 때에는 쉐바가 일어날 수 없다. 따라서 부득이 악센트 앞의 음절 모음을 쉐바시킬 수 없을 때 명사류처럼 맨 앞의 음절을 쉐바시킨다.

예) שָׁמַרְתֶּם → 틀림 שְׁמַרְתֶּם → 맞음

3. 주의할 점

1) 악센트 바로 앞의 음절의 모음에 쉐바가 일어날 때, 맨 앞의 음절의 모음이 단모음 ָ ("오")로 혼동할 수 있기 때문에 끊어 읽으라는 뜻으로 메텍 ֽ 을 붙인다. שָֽׁמְרָה

2) שָׁמַרְתְּ에서 תּ 안의 점은 경강점이고 쉐바는 단어끝에 나오기에 무성쉐바이다. 원래 단어 끝 자음 밑에 무성쉐바를 쓰지 않지만 여기서는 תְּ 가 인칭대명사 2인칭 여성 단수인 אַתְּ의 תְּ에서 왔음을 드러내기 위해 사용되었다.

4. 예문

① לֹא שָׁמַר הַמֶּלֶךְ אֶת־הָעָם הָרָשָׁע׃

그 왕은 그 악한 백성을 지키지 않았다.

② גְּדוֹלָה הָאִשָּׁה כִּי פָּקְדָה אֶת־הָאֲדָמָה׃

그 여자는 위대했다. 왜냐하면 그녀가 그 땅을 관리했기 때문이다.

③ נָפְלוּ גִּבּוֹרִים רַבִּים בַּמִּלְחָמָה׃

많은 용사들이 그 전쟁에서 쓰러졌다.

※ 단어연구) פָּקַד "관리하다; 돌보다." מִלְחָמָה "전쟁." מָשַׁל "다스리다."

④ יְרַדְתֶּם אֶל־הַנָּבִיא כִּי רַע הַמֶּלֶךְ׃
너희들이 그 선지자에게로 내려갔다. 왜냐하면 그 왕이 악했기 때문이다.

규칙동사 칼형의 미완료형

3인칭 남성 단수 (그가 지킬 것이다)	יִשְׁמֹר
3인칭 여성 단수 (그녀가 지킬 것이다)	תִּשְׁמֹר
2인칭 남성 단수 (네가(남성) 지킬 것이다)	תִּשְׁמֹר
2인칭 여성 단수 (네가(여성) 지킬 것이다)	תִּשְׁמְרִי
1인칭 공통 단수 (내가 지킬 것이다)	אֶשְׁמֹר
3인칭 남성 복수 (그들이 지킬 것이다)	יִשְׁמְרוּ
3인칭 여성 복수 (그녀들이 지킬 것이다)	תִּשְׁמֹרְנָה
2인칭 남성 복수 (너희가(남성) 지킬 것이다)	תִּשְׁמְרוּ
2인칭 여성 복수 (너희가(여성) 지킬 것이다)	תִּשְׁמֹרְנָה
1인칭 공통 복수 (우리가 지킬 것이다)	נִשְׁמֹר

1. 인칭변화

칼 미완료형은 미래의 의미로 자주 사용되기 때문에 아래에서는 미래 의미로 해석했다.

예) אֶמְשֹׁל בָּעָם הַגָּדוֹל : 나는 그 위대한 백성을 다스릴 것이다.

אַתָּה תִּשְׁפֹּט : 당신은 심판할 것이다.

※ 주의) 규칙동사의 미완료형의 경우는 규칙동사의 완료형과 달리 악센트를 받는 폐음절에서 모음이 장모음으로 길어진다는 특징을 가지고 있다. שָׁמַר(완료형)과 יִשְׁמֹר(미완료형)를 비교하라.

2. 칼 미완료형 동사인칭변화의 규칙

1) 여기서도 자음으로 시작하는 어미에는 악센트가 오지 않는다. 반면 모음으로 시작하는 어미에는 악센트가 온다.

2) 칼 미완료형은 완료형과 달리 동사인칭변화(conjugation)를 할 때, 어미 외에도 א, י, ת, נ과 같은 접두어를 붙인다. 이 접두어는 밑에 유성쉐바를 가지고 동사 앞에 붙는 형태를 취한다.

3) 히브리어 동사의 미완료형은 동사의 원형을 완료형보다 더 잘 간직하고 있다. 구체적으로 칼형의 동사원형은 □□□ 형태이다. 칼 미완료형은 이 동사원형에 주로 접두어를 붙여서 어형변화를 한다. 그래서 앞에서 유성쉐바를 취하는 접두어가 붙게 되면, 유성쉐바가 두 번 연달아 나오게 되어 또 다시 맨 앞의 유성쉐바가 단모음으로 변하게 된다.

예를 들어 יִשְׁמֹר(그가 지킬 것이다)의 경우는 원래 שְׁמֹר 앞에 접두어 יְ 가 붙어 생긴 것이다. 구체적인 변화를 보면 שְׁמֹר + יְ > יִשְׁמֹר(유성쉐바가 연달아 나올 때 앞의 쉐바가 단모음 ִ 으로 변하는 규칙에 의거한 것). 하지만 여기서 יִשְׁ가 시간이 지나면서 폐음절로 굳어져 שׁ 밑에 쉐바 ְ 는 무성쉐바로 변하게 되고 יִשְׁמֹר는 2음절 취급을 받는다.

예 1) יִשְׁפֹּט는 원래 שְׁפֹט + יְ 가 결합한 것이다. 여기서 쉐바들은 원래 유성쉐바이기 때문에 유성쉐바가 연달아 나오면 앞의 유성쉐바가 단모음이 된다는 규칙에 의거하여 יִשְׁפֹט가 되었다. 하지만 시간이 지나면서 שׁ 밑에 유성쉐바가 단모음 뒤에서 무성쉐바로 변하게 되자 그 다음에 나오는 폐음인 פ 안에 경강점이 나오게 되었다. 경강점은 앞에서 배웠듯이 자신 앞에 모음이 없을 때에 폐음(stop sound)에 붙는 점이다.

예 2) אֶשְׁמֹר는 원래 שְׁמֹר + אֱ가 결합한 것이다. 이 때 א밑에 합성쉐봐가 자신의 뒤에 있는 유성쉐봐 앞에서 단모음 ֶ 가 되었다. 그러고 나서 אֶשְׁמֹר는 2음절로 변하게 되었다.

■ 규칙동사 칼형의 복습

1) 칼형에는 완료형과 미완료형이 있다.

구 분		완 료	미 완 료
단수	3인칭 남	שָׁמַר	יִשְׁמֹר
	3인칭 여	שָֽׁמְרָה	תִּשְׁמֹר
	2인칭 남	שָׁמַ֫רְתָּ	תִּשְׁמֹר
	2인칭 여	שָׁמַ֫רְתְּ	תִּשְׁמְרִי
	1인칭 공	שָׁמַ֫רְתִּי	אֶשְׁמֹר
복수	3인칭 남	שָֽׁמְרוּ	יִשְׁמְרוּ
	3인칭 여		תִּשְׁמֹ֫רְנָה
	2인칭 남	שְׁמַרְתֶּם	תִּשְׁמְרוּ
	2인칭 여	שְׁמַרְתֶּן	תִּשְׁמֹ֫רְנָה
	1인칭 공	שָׁמַ֫רְנוּ	נִשְׁמֹר

2) 완료형은 어떤 행동과 상황을 멀리 떨어진 점(point)으로 보는 것이고 미완료는 행동과 상황을 가까이서 보는 것이다. 그래서 동작의 역동적인 변화에 관심을 갖는다.

3. 규칙동사의 칼 완료형과 미완료형의 변화표

※ 단어연구) שָׂרַף "불태우다"(burn). אֵשׁ "불"(fire).

4. 예문

① יִשְׁמֹר יהוה אֹתִי מִכָּל־רָע

여호와가 모든 악에서 나를 지키실 것이다.

② תִּזְכֹּר אֶת־הַדָּבָר הַזֶּה

너는 이 말씀을 기억할 것이다.

③ יִשְׂרְפוּ הַגִּבּוֹרִים הָעִיר בָּאֵשׁ

그 용사들이 그 도시를 그 불로 사를 것이다.

제 13 과

명령형/ 봐브계속법 / 부정사/ 의문사

명령형

1. 뜻

(너는) ~하라

남성 단수	שְׁמֹר(너는 지키라)
여성 단수	שְׁמְרִי(너는 지키라)
남성 복수	שְׁמְרוּ(너희는 지키라)
여성 복수	שְׁמֹרְנָה(너희는 지키라)

1) 명령형은 동사의 미완료의 2인칭 단수, 복수의 형태에서 앞의 접두어를 뺀 형태이다.

2) 명령은 편의상 간결한 것이 좋기 때문에 음절수를 1음절로 유지한다. 그래서 1음절을 유지하기 위해 여성단수와 남성 복수의 경우 앞에 유성쉐바 두 개가 다음처럼 : : 나온다. 이 때 앞의 유성쉐바가 단모음이 된다는 규칙에 따라 단모음 . (“이”)를 취한다. 이때 뒤에 나오는 유성쉐바는 단모음 뒤에 나와 무성쉐바로 읽어야 하나 명령형에서는 그대로 유성쉐바로 읽는다.

예) שְׁמְרִי → 쉽리(x), 쉬메리(o)

2. 부정 명령

1) 형태

2인칭 미완료형 동사 앞에 부정어 לֹא 또는 אַל을 사용한다.

2) לֹא를 사용할 경우 계속적인 금지이고, אַל를 사용한 경우는 일시적인 금지를 나타난다.

예) לֹא תִשְׁמֹר - 절대 지키지 말라(계속적 금지)
אַל תִּשְׁמֹר - 지금은 지키지 말라(일시적 금지)

※ 주의) 일시적인 금지를 나타낼 때 אַל은 동사의 미완료에 단축형이 있으면 그 미완료 단축형을 사용한다. 미완료 단축형에 대해서는 나중에 더 자세히 배우게 될 것이다.

3. 명령을 강조할 때

명령의 동작을 강조할 때 명령형 뒤에 어미 הָ 를 갖다 붙인다.

예) שְׁמֹר(지키라)

שָׁמְרָה(실로 지키라) - 원칙적으로 어미가 붙으면서 앞의 모음이 모두 유성쉐봐가 되고 맨 앞의 유성쉐봐가 단모음 ִ 로 변해 שִׁמְרָה가 되는 것이 정상일 것이다. 하지만 명령형에서는 다른 어미가 붙을 때 항상 ָ ְ 형태를 취한다. 이것은 1음절 형태를 고수하는 부정사 뒤에 접미가 붙을 때에도 마찬가지다. 나중에 동사 접미를 배울 때 자세히 설명할 것이다.

4. 예문

① שְׁמֹר הַדְּבָרִי אֲשֶׁר[30] כָּתוּב בְּסֵפֶר הַתּוֹרָה

그 율법책에 쓰여 있는 나의 말을 지키라.

② קַבְּצוּ[31] אֶת־הָעָם

너희들은(남성) 그 백성을 모으라.

---

30) 이 단어는 영어의 관계대명사 "that"에 해당되는 말이다.

31) קָבַץ는 "모으다"라는 동사이다. 이스라엘의 집단 농장인 키부츠를 생각하면 쉽게 외울 수 있다.

권유(cohortative)와 간접명령(jussive)

1. 권유

1) 영어에 Let me do(내가 ~하게 하라), Let's do(우리가 ~하게 하라)에 해당한다.

2) 형태는 1인칭 미완료 동사에다 ה ָ 를 붙인 모양이다.

예) נִשְׁמֹר (우리가 지킬 것이다)
נִשְׁמְרָה (우리가 지키게 하라, 우리가 지키자: Let us keep)

2. 간접명령

1) 3인칭 명령으로서, 영어로 Let him(her) do에 해당된다. 뜻은 "~하게 하라."

2) 형태는 3인칭 미완료 동사와 동일하다. 그러므로 문맥으로 그것이 간접명령인지 단순히 미완료 동사인지를 구분해야 한다.

예) יִשְׁמֹר(그가 지키게 하라, Let him keep)

3) 간접명령은 가급적 미완료의 단축형을 사용하려고 한다. 즉 미완료에 단축형이 있으면 그 단축형을 사용하여 간접명령을 만드는 것이다. 이런 미완료의 단축형은 간접명령뿐만 아니라 앞으로 배울 봐브계속법의 접속사 봐브(ו)와 연결되는 미완료에서도 사용된다. 또한 미완료의 단축형은 일시적인 금지를 나타날 때 אַל과 함께 사용된다. 미완료의 단축형은 규칙동사 히필형과 약동사에서 나타난다. 히필형 동사와 약동사에 대해서는 나중에 배우게 될 것이다.

※ 단어연구) שָׁפַךְ "쏟다." אַף "노여움." דֶּרֶךְ "길." כָּרַת "자르다."
בְּרִית "언약." שָׁלַח "보내다." שָׁכַב "눕다."

3. 예문

① יִשְׁפֹּךְ יהוה אֶת־אַפּוֹ עַל הַהֹלְכִים בַּדֶּרֶךְ הָרָע׃

여호와가 그의 화를 그 악한 길로 걸어가는 사람들에게 쏟아지게 하라.
(쏟아지게 하기를 원하노라)

② אֶכְרְתָה בְּרִית אִתָּם׃

내가 그들과 언약을 맺도록 하라.

③ נְשַׁלְּחָה אֹתוֹ הַבַּיְתָה וְיִשְׁכַּב שָׁם׃

우리가 그를 집으로 보내도록 하자. 그래서 그가 거기에 눕도록 하라.

봐브계속법 ו

히브리어 동사의 시제에 대해서는 다양한 견해가 있다. 히브리어의 동사는 완료형과 미완료형 두 가지 형태가 있는데, 과연 이 두 가지 형태가 시제(tense)를 나타내는 것인지, 아니면 단순히 동작의 상(aspect)을 나타내는 것인지 많은 논란이 있다.

결론적으로 말해 히브리어 동사는 상을 나타내면서 동시에 봐브계속법의 접속사 ו와 연결될 때 시제를 나타낸다고 말할 수 있다. 하지만 봐브계속법과 연관된 동사가 모두 시제를 나타내는 것은 아니다. 주로 이야기의 주요 흐름 부분(mainline story)에서 봐브계속법의 ו와 연결된 완료나 미완료가 나타나 시제를 암시하는 것이다.

1. 용법

1) 봐브계속법 ו + 미완료 = 과거시제(여기서 미완료는 완료의 의미를 갖는다). 여기서 봐브계속법 ו의 형태는 וַ· 모양을 취한다. 하지만 봐브계속법의 ו가 후음 앞에서 나올 때, 이중점을 찍을 수 없기 때문에 ו밑에 모음 ַ 가 장모음 ָ 로 길어진다.

예) וַיִּשְׁמֹר (그가 지켰다), וָאֶשְׁמֹר (내가 지켰다)

2) 봐브계속법 ו + 완료 = 미래시제(그리고 여기서 완료는 미완료의 의미를 갖는다). 여기서 봐브계속법 ו의 형태는 그대로 וְ이다.

예) וְשָׁמַר (그가 지킬 것이다)

3) 봐브계속법 ו에 연결된 완료는 미완료의 의미를 가지고 있고, 봐브계속법 ו에 연결된 미완료는 완료의 의미를 가진다. 그리고 봐브계속법 ו는 앞의 상황에 대한 논리적인 결과, 또는 시간적으로 후에 일어나는 상황을 나타낸다. 더 나아가서 봐브계속법 ו는 그 앞의 상황에 대한 부연 상황설명(epexegetical situation)을 할 수도 있다.

예) תִּשְׁמַע[32] תּוֹרָה וְשָׁמַרְתָּ אַתָּה

너는 율법을 듣고서 그것을 지키게 될 것이다.

אֵין[34] יִרְאַת־אֱלֹהִים וְהֲרָגוּ[33] אֹתִי

여호와에 대한 두려움 없어서 그들이 나를 죽일 것이다.

2. 봐브계속법과 연결된 동사의 변화

1) 악센트의 변화

동사가 봐브계속법의 ו와 연결될 때, 완료의 경우는 악센트가 가능한 뒤로 이동되고, 미완료의 경우는 가능하다면 악센트가 앞으로 이동된다. 구체적으로 말한다면 봐브계속법 ו + 미완료의 경우 미완료형태(접두어를 포함해서)의 첫 음절이 개음절일 때 악센트가 앞으로 이동한다. 하지만 1인칭 미완료는 악센트가 이동하지 않는다.

예) וְשָׁמַרְתָּ, וַיֵּשֶׁב, וָאָשִׁיב

2) 미완료의 단축형

봐브계속법의 ו는 미완료형과 연결될 때 그 미완료의 단축형이 있으면 그 단축형을

---

32) שָׁמַע(듣다)의 칼 미완료 2인칭 남성 단수이다. 여기서 뜻은 "네가 들을 것이다"이다.

33) הָרַג(죽이다)의 칼 완료 3인칭 공통 복수이다. 여기서 뜻은 "그들이 죽이다"이다.

34) יִרְאָה는 "두려움"(fear)라는 뜻이다.

취하려고 한다. 이것의 대표적인 동사가 약동사 היה동사이다. 이 동사처럼 끝에 ה로 끝나는 동사들은 미완료의 단축형을 가지고 있다. 즉 맨 끝에 나오는 ה가 생략되고 그 앞에 모음도 없어지게 되는 것이다. 그래서 היה의 미완료가 봐브계속법의 ו와 연결될 때 וַיִּהְיֶה가 아니라 וַיְהִי가 된다. 후자의 경우 미완료가 단축형으로 나온 형태이다. 한편 이 단축형에서 처음 י 안에 이중점이 생략된 것은 י 밑에 또 다시 유성쉐봐가 나타나기 때문이다. 만약 이중점이 찍히게 되면 실제적으로 자음을 세 번 연속해서 발음하는 격이 되어 힘들어진다. 그래서 발음을 부드럽게 하기 위해 이중점을 생략한 것이다. 앞에서 이중점에 대해 이야기할 때 라페에 대한 설명 부분을 참조하라.

※ 단어연구) לָכַד "취하다"(take). בֹּקֶר "아침."

3. 예문

① שָׁמַע יהוה אֹתָם וַיִּזְכֹּר בְּרִיתוֹ

여호와가 그들을 들었고 그의 언약을 기억했다.

② יִשְׂרְפוּ הָעִיר וְלָֽכְדוּ אֶת־הָעָם

그들이 그 도시를 태울 것이다. 그리고 그 백성을 사로잡을 것이다.

③ יִלְכֹּד אֹתוֹ וְשָׂרַף אֹתוֹ

그가 그것을 사로잡을 것이고 그것을 태울 것이다.

④ וַיְהִי בַבֹּ֫קֶר וַיִּשְׁמֹר

And it was in the morning and he kept = In the morning he kept

아침에 그가 지켰다.

부정사

1. 부정사의 종류

히브리어 부정사에는 두 가지 종류가 있다.

1) 절대형 : שָׁמוֹר, שָׁפוֹט   2) 연계형 : שְׁמֹר, שְׁפֹט

2. 부정사의 용법

1) 절대형

① 동사(완료형과 미완료형) 앞에서 그 동사의 의미를 강조한다. "실로", "정말로"의 뜻이다.

② 동사 뒤에서 "계속"이라는 뜻을 가진다. 그러나 뒤에 있을 때에도 "실로"라는 뜻을 가질 수도 있다. 더 자세한 설명은 구문론을 참조하라.

예) שָׁמוֹר שָׁמַר : 그는 정말로 지켰다.
שָׁמַר שָׁמוֹר : 그는 계속(또는 정말로) 지켰다.

2) 연계형

① 부정사 연계형은 동사의 원형을 가리킨다. 주로 전치사 לְ와 함께 나타난다. 마치 영어에서 부정사에 전치사 to가 동반하는 것과 마찬가지다. 대체로 전치사 לְ와 동반해서 영어의 to부정사와 비슷한 의미를 갖는다. 그래서 명사, 형용사, 부사로 사용될 수 있다. 하지만 주된 의미는 "~하기 위하여"이다.

예) בָּא שְׁמוּאֵל לִשְׁפֹּט[35] אֶת־הָעָם : 사무엘이 그 백성을 판단하기 위해 왔다(여기서 בָּא는 "오다"라는 완료형 동사이고 שָׁפַט는 "판단하다"라는 동사).

---

35) לִשְׁפֹּט에서 פּ안에 점은 경강점이다. שְׁפֹט(부정사 연계형) + לְ(전치사)의 결합에서 유성쉐봐가 앞에 연달아 나오게 된다. 그래서 לְ의 유성쉐봐가 단모음 .("이")가 되었다. 그리고 שְׁ의 유성쉐봐가 시간이 흐르면서 무성쉐봐로 변하게 되어, 폐음(stop sound)인 פּ안에 경강점이 찍히게 된 것이다.

② 연계형은 다른 전치사의 뒤에 나와 영어의 동명사와 같은 역할을 할 수 있다. 특별히 전치사 בְּ, כְּ와 함께 나와서 "~할 때"라는 시간을 나타낸다.

예) וְהָיָה בִּפְקֹד יהוה אֶת־הָאִשָּׁה : 여호와가 그 여자를 돌보실 때에 있을 것이다(여기서 פָּקַד는 "돌보다"라는 동사이다).

3. 예문

① חָפַ֫צְנוּ לִשְׁמֹר אֶת־תּוֹרוֹת יהוה

우리는 여호와의 율법을 지키는 것을 기뻐했다(여기서는 부정사가 to의 의미를 하는 전치사 לְ와 함께 나와 마치 명사적 용법을 하는 영어의 to 부정사처럼 기능해, 동사의 목적어 역할을 했다. חָפֵץ는 "기뻐하다"라는 상태동사로 나중에 배울 것임).

② הָלְכוּ לִשְׁמֹעַ דְּבָרֶיךָ

그들이 당신의 말씀들을 듣기 위해 갔다(여기서는 to 부정사의 부사적 용법).

③ לָכְדוּ לִשְׂרֹף אֶת־הָעִיר

They captured by burning the city.

그들이 그 도시를 불태우게 하여 (그것을) 함락시켰다.

(여기서 부정사는 영어의 동명사 역할을 하였다. לְ는 영어의 to 부정사의 to의 의미가 아니라 by라는 일반 전치사의 의미이다).

의문문을 이끄는 הֲ

1. 3가지 형태

1) 문장 앞에서 הֲ가 나오면 전체 문장이 단순 의문문이 된다.

   예) הֲשָׁמַרְתָּ : 네가 지켰느냐?

2) 후음 앞에서는 הַ의 형태를 취한다.

   예) הַאַתָּה גֵר : 너는 이방인이냐?

3) 장모음 ָ 를 취하는 후음 앞에서 הֶ의 형태를 취한다.

   예) הֶעָצוּם הוּא : 그는 강한가?

※ 단어연구) גֵּר "나그네, 이방인." עָצוּם "강한"(strong).

제14과

상태동사

상태동사

구분		완료	미완료	완료	미완료
단 수	3인칭 남	כָּבֵד	יִכְבַּד	קָטֹן	יִקְטַן
	3인칭 여	כָּֽבְדָה	תִּכְבַּד	קָֽטְנָה	תִּקְטַן
	2인칭 남	כָּבַ֫דְתָּ	תִּכְבַּד	קָטֹ֫נְתָּ	תִּקְטַן
	2인칭 여	כָּבַדְתְּ	תִּכְבְּדִי	קָטֹנְתְּ	תִּקְטְנִי
	1인칭 공	כָּבַ֫דְתִּי	אֶכְבַּד	קָטֹ֫נְתִּי	אֶקְטַן
복 수	3인칭 남	כָּֽבְדוּ	יִכְבְּדוּ	קָֽטְנוּ	יִקְטְנוּ
	3인칭 여		תִּכְבַּ֫דְנָה		תִּקְטַנָּה
	2인칭 남	כְּבַדְתֶּם	תִּכְבְּדוּ	קְטָנְתֶּם	תִּקְטְנוּ
	2인칭 여	כְּבַדְתֶּן	תִּכְבַּ֫דְנָה	קְטָנְתֶּן	תִּקְטַנָּה
	1인칭 공	כָּבַ֫דְנוּ	נִכְבַּד	a) קָטֹנּוּ	נִקְטַן
1 인칭 권유 (내가 -하게 하라)		אֶכְבְּדָה		אֶקְטְנָה	

구 분		명령형	분 사	명령형	분 사
단 수	남성	כְּבַד	כָּבֵד	קְטַן	קָטֹן
	여성	כִּבְדִי	כְּבֵדָה	קִטְנִי	קְטֹנָה
복 수	남성	כִּבְדוּ	כְּבֵדִים	קִטְנוּ	קְטֹנִים
	여성	כְּבַ֫דְנָה	כְּבֵדוֹת	קְטַנָּה	קְטֹנוֹת

구분	부정사	부정사
절대형	כָּבוֹד	קָטוֹן
연계형	כְּבַד	קְטַן

a) קָטֹנְנוּ이 축약된 형태

1. 정의

상태동사는 상태를 나타내는 동사이다. 이 상태동사는 원래 형용사에서 파생된 동사이기 때문에 일반적인 칼형과 약간 다른 변화를 한다. 그리고 능동분사 변화를 보면 명사류 변화를 따르는 것을 볼 수 있다.

2. 종류

일반적인 칼형은 완료와 미완료에서 마지막 음절에 각각 ַ 와 ֹ 를 취한다(예를 들어 שָׁמַר와 יִשְׁמֹר). 이에 반해 상태동사는 크게 두 종류로 나뉜다. 즉 완료에서 ֵ 를 취하는 "에"형 동사와 ֹ 를 취하는 "오"형 동사가 있는 것이다. 상태동사의 미완료는 마지막 음절에 무조건 ַ ("아") 음을 취한다. 상태동사의 미완료의 경우는 마치 동사 어근의 마지막 자음이 후음일 때 미완료에서 "오" 대신에 "아"를 취하는 것과 흡사하다.

예) 완료 : כָּבֵד(be heavy), קָטֹן(be small).
미완료 : יִכְבַּד, יִקְטַן

3. 특징

1) כָּבֵד의 경우 완료형에서 자음으로 시작하는 어미가 나타날 때 두 번째 모음 ֵ 가 ַ 로 변한다.

예) כָּבֵדְתָּ(x), כָּבַדְתָּ(o)

2) קָטֹן의 경우는 완료형에서자음으로시작하는어미가 나타나도 두 번째 모음 ֹ 가 그대로 사용된다.

예) קָטֹנְתָּ

3) 명령형은 2 인칭 동사 변화에서 앞에 접두어가 생략된 형태이다.

4) קְטָנְתֶּם에서 모음 ָ 는 장모음 "아"가 아니라 단모음 "오"이다. 이것은 תֶּם이라는 접미가 붙으면서 악센트가 뒤로 이동했기 때문에 악센트가 없는 폐음절 안에서 장모음 "오"(ֹ)가 단모음 "오"(ָ)로 바뀌게 된 것이다.

5) 칼형에서 부정사의 연계형은 미완료형에서 접미, 접두를 뺀 형태이다. 그래서 부정사 연계형은 כְּבַד이다.

6) 상태동사의 분사는 따로 다른 형태가 있지 않고 완료형 3인칭 남성 단수형을 그대로 사용한다. 상태동사는 동사이지만 형용사의 성격이 강하기 때문에 분사의 경우 모음 변화에서 동사변화를 따르지 않고 명사류 변화를 따랐다. 즉 음절수를 맞추기 위해 모음을 유성쉐바시킬 때 쉐바가 중간에서 나오는 것이 아니라 앞에서 나온다.

예) כְּבֵדָה → 맞음, כֳּבְדָה → 틀림

7) 1인칭 권유의 경우는 1인칭 미완료 형태 뒤에 הָ 를 붙이면 된다. 그 뜻은 영어로 "Let me~"(내가 ~하게 하라), 또는 "Let us ~"(우리가 ~하게 허락하라)이다.

예) אֶכְבְּדָה는 Let me be heavy(내가 무거워지게 허락하라)

4. 기타

상태동사에 속하지만 완료에서는 일반 칼형과 같이 마지막 음절에 _를 취하고 미완료에서는 상태동사처럼 _를 취하는 동사가 있다.

예) 완료 : שָׁכַב(그는 누웠다), שָׁכַל(그는 잃었다)

미완료 : יִשְׁכַּב(그는 누을 것이다), יִשְׁכַּל(그는 잃을 것이다)

※ 단어연구) כָּבֵד "무거운, 무겁다." עֲבוֹדָה "일"(work). מִשְׁכָּן "거처."

5. 예문

① תִּכְבַּד הָעֲבוֹדָה

그 일이 무거워질 것이다.

② לֹא נִשְׁכַּב בְּמִשְׁכַּן־יהוה

우리는 여호와의 거처에서 눕지 않을 것이다.

제15과

규칙동사/니팔/피엘

규칙동사의 총괄적 설명

1. 동사의 어간

총 7가지 동사 어간형(stem)이 있다 : 칼, 니팔, 피엘, 푸알, 히필, 호팔, 히트파엘

단순형	칼(능동태)	שָׁמַר	지키다(to keep)
	니팔(수동, 재귀)	נִשְׁמַר	지켜지다(to be kept) 자신을 지키다(to keep oneself)
강조형	피엘(능동태)	שִׁמֵּר	강하게 지키다(to keep strongly)
	푸알(수동태)	שֻׁמַּר	강하게 지켜지다(to be kept strongly)
사역형	히필(능동태)	הִשְׁמִיר	지키도록 시키다(to make keep)
	호팔(수동태)	הָשְׁמַר	지키도록 시켜지다(to be made to keep)
	히트파엘(재귀형)	הִתְשַׁמֵּר	스스로 지키도록 하다(to make oneself keep)

※ 참고) 엄밀히 말해 피엘(푸알도 포함)은 강조형이라기보다는 작위형(factitive)이라고 하는 것이 더 정확하다. 즉 "~하게 만들다"라고 해석하는 것이 옳다. 그래서 무슨 상태로 만들다는 의미가 들어가기 때문에 더욱 강조되는 느낌을 주는 것이다. 예를 들어 קָדַשׁ(거룩하다)의 피엘은 קִדֵּשׁ로서 그 뜻은 "거룩하게 만들다" 또는 "거룩한 상태로 놓다"라는 의미가 된다. 그래서 자연히 "매우 거룩하게 하다"와 같은 강조적 의미를 갖는 것이다. 작위형은 "시키다"라는 사역형(causitive)과는 구별된다.

2. 주의할 점

1) 동사의 7가지 어간 형태의 이름은 פָּעַל(그 뜻은 "하다"로서 영어에 do동사에 해당됨)이라는 칼형에서 모음 기호들을 변화시켜 만든 것이다. 예를 들어 니팔은 פָּעַל

에서 자음 נ을 앞에 추가하고 모음 기호 ְ을 붙인 것이다. 그래서 נִפְעַל이 되어 "니팔"로 읽히는 것이다. 니팔은 נ라는 형태소가 접두어로 나타난다는 특징이 있다.

2) 강조형에는 가운데 자음에 이중점이 나온다. 사역형은 형태소인 ה가 접두어로 나타난다.

3) 히트파엘은 형태소인 ה와 ת가 앞에 나오고 동사어근의 가운데 자음에 이중점이 찍힌다. 이런 의미에서 히트파엘은 강조형과 사역형의 혼합이라고 할 수 있다.

3. 동사변화의 특징

1) 칼의 부정사 절대형에서 순장모음 וֹ("오")를 취하고 부정사 연계형에서 장모음 ֹ("오")를 취한다. 예) שָׁמַע의 부정사 연계형 → שְׁמַע(x), שְׁמֹעַ(o).

2) 부정사 절대형은 니팔, 피엘, 푸알에서 순장모음이 아닌 장모음 "오"가 나온다. 그리고 히필, 호팔, 히트파엘에서는 부정사 절대형에 "오"음이 완전히 사라지고 대신 장모음 ֵ("에")가 나타난다.

3) 칼, 니팔, 피엘, 푸알, 히필, 호팔, 히트파엘에서 부정사 연계형은 미완료에서 접두와 접미를 생략한 형태를 취한다. 하지만 שָׁמַע의 경우처럼 후음의 영향으로 칼 미완료형이 יִשְׁמַע일 때, 부정사 연계형은 שְׁמַע가 아니라 שְׁמֹעַ이다. 이는 원래 장모음 "오"가 후음 때문에 나중에 단모음 "아"로 변했기 때문에 부정사 연계형에서는 원래대로 된 것이다.

※ 참고) 원래 부정사 연계형은 동사의 원형으로서 동사의 원형은 미완료에서 접두어와 접미어를 생략한 것이다.

4) 모든 형은(상태동사 제외) 완료에서 자음으로 시작하는 어미가 올 때 어미 앞의 폐음절의 모음은 항상 단모음 ַ("아")이다. 또한 니팔의 미완료의 경우 자음으로 시작하는 어미가 올 때 어미 앞의 폐음절의 모음은 단모음 ַ("아")가 된다.

5) 모든 형의 미완료에서 자음으로 시작하는 어미가 붙을 때 그 앞의 폐음절의 모음

으로 순장모음이 올 수 없다.

예) 히필 미완료 → יַגְדִּיל (3 남단)
תַּגְדִּילְנָה (x)
תַּגְדֵּלְנָה (o)

6) 모음으로 시작하는 어미가 붙을 때, 원래 그 어미에 악센트가 있어야 하지만 그 어미 바로 앞에 순장모음이 있는 경우 악센트가 뒤에 어미에 있지 않고 앞의 순장모음 쪽으로 이동한다. 이 악센트 규칙은 또한 약동사에서 더 자세히 배우게 될 것이다.

예) גָּדַל의 히필 완료 3 인칭 여성 단수 → הִגְדִּ֫ילָה(o), הִגְדִּילָ֫ה(x)

7) 명령형은 2 인칭 단수와 복수에서 접두어를 생략한 형태이다. 그리고 원칙상 수동태에서는 명령형이 없다.

8) 분사는 동사의 어간형(stem)에 따라 여러 형태가 있다. 칼의 경우는 모음 ֹ ֵ를 붙이지만(예를 들면 שֹׁבֵר), 니팔은 완료형 3 남단에서 분사를 만든다. 그 외에 피엘부터 히트파엘형까지는 동사의 원형(즉 미완료에서 접두어와 접미어를 뺀 것)에서 앞에다 מְ를 추가한 형태이다.

예) 피엘 분사 → יְשַׁבֵּר(3 인칭 남성 단수) > שַׁבֵּר(동사 원형) > מְשַׁבֵּר(동사 원형에 מְ를 앞에 추가한 형태)

9) 분사에서 수동의 의미를 가지는 분사, 즉 니팔의 분사, 푸알의 분사, 호팔의 분사는 동사보다는 형용사의 성격이 더 강하기 때문에 음절수를 줄이기 위해 모음을 유성 쉐바로 만들 때, 명사류 변화를 따른다.

예) 니팔 분사 여성 단수 → נִשְׁבְּרָה (x), נִשְׁבָּרָה (o)

칼

뜻: 크게 하다		완 료	미 완 료
단수	3인칭 남	שָׁמַר	יִשְׁמֹר
	3인칭 여	שָֽׁמְרָה	תִּשְׁמֹר
	2인칭 남	שָׁמַ֫רְתָּ	תִּשְׁמֹר
	2인칭 여	שָׁמַ֫רְתְּ	תִּשְׁמְרִי
	1인칭	שָׁמַ֫רְתִּי	אֶשְׁמֹר
복수	3인칭 남	שָֽׁמְרוּ	יִשְׁמְרוּ
	3인칭 여		תִּשְׁמֹ֫רְנָה
	2인칭 남	שְׁמַרְתֶּם	תִּשְׁמְרוּ
	2인칭 여	שְׁמַרְתֶּן	תִּשְׁמֹ֫רְנָה
	1인칭	שָׁמַ֫רְנוּ	נִשְׁמֹר
1인칭 권유 (내가 ~하게 하라)		אֶשְׁמְרָה	

구분		명령형	능동분사	수동분사
단 수	남성	שְׁמֹר	שֹׁמֵר	שָׁמוּר
	여성	שִׁמְרִי	שֹׁמְרָה	שְׁמוּרָה
복 수	남성	שִׁמְרוּ	שֹׁמְרִים	שְׁמוּרִים
	여성	שְׁמֹ֫רְנָה	שֹׁמְרוֹת	שְׁמוּרוֹת

구 분	부정사
절대형	שָׁמוֹר
연계형	שְׁמֹר

니팔

שָׁבַר(부수다)의 니팔: 부서지다		완 료	미 완 료
단수	3인칭 남	נִשְׁבַּר	יִשָּׁבֵר
	3인칭 여	נִשְׁבְּרָה	תִּשָּׁבֵר
	2인칭 남	נִשְׁבַּרְתָּ	תִּשָּׁבֵר
	2인칭 여	נִשְׁבַּרְתְּ	תִּשָּׁבְרִי
	1인칭 공	נִשְׁבַּרְתִּי	אִשָּׁבֵר, אֶשָּׁבֵר
복수	3인칭 남	נִשְׁבְּרוּ	יִשָּׁבְרוּ
	3인칭 여		תִּשָּׁבַרְנָה
	2인칭 남	נִשְׁבַּרְתֶּם	תִּשָּׁבְרוּ
	2인칭 여	נִשְׁבַּרְתֶּן	תִּשָּׁבַרְנָה
	1인칭 공	נִשְׁבַּרְנוּ	נִשָּׁבֵר
1인칭 권유 (내가 ~하게 하라)		אִשָּׁבְרָה	

구분		명령형	분사
단 수	남성	הִשָּׁבֵר	נִשְׁבָּר
	여성	הִשָּׁבְרִי	נִשְׁבָּרָה
복 수	남성	הִשָּׁבְרוּ	נִשְׁבָּרִים
	여성	הִשָּׁבַרְנָה	נִשְׁבָּרוֹת

구 분	부정사
절대형	הִשָּׁבֹר / נִשְׁבֹּר
연계형	הִשָּׁבֵר

피엘

뜻: 부서뜨리다		완 료	미 완 료
단수	3인칭 남	שִׁבֵּר	יְשַׁבֵּר
	3인칭 여	שִׁבְּרָה	תְּשַׁבֵּר
	2인칭 남	שִׁבַּרְתָּ	תְּשַׁבֵּר
	2인칭 여	שִׁבַּרְתְּ	תְּשַׁבְּרִי
	1인칭 공	שִׁבַּרְתִּי	אֲשַׁבֵּר
복수	3인칭 남	שִׁבְּרוּ	יְשַׁבְּרוּ
	3인칭 여		תְּשַׁבֵּרְנָה
	2인칭 남	שִׁבַּרְתֶּם	תְּשַׁבְּרוּ
	2인칭 여	שִׁבַּרְתֶּן	תְּשַׁבֵּרְנָה
	1인칭 공	שִׁבַּרְנוּ	נְשַׁבֵּר
1인칭 권유(내가 ~하게 하라)		אֲשַׁבְּרָה	

구분		명령형	분사
단 수	남성	שַׁבֵּר	מְשַׁבֵּר
	여성	שַׁבְּרִי	מְשַׁבֶּרֶת מְשַׁבְּרָה
복 수	남성	שַׁבְּרוּ	מְשַׁבְּרִים
	여성	שַׁבֵּרְנָה	מְשַׁבְּרוֹת

구 분	부정사
절대형	שַׁבֹּר / שַׁבֵּר
연계형	שַׁבֵּר

니팔과 피엘에서 주의할 점

1. 니팔

1) 완료 נִשְׁבַּר는 다음과 같은 변화를 거쳐 나온 것이다.

변화과정) שְׁבַר + נִ (형태소) > נִשְׁבַר > נִשְׁבַּר

2) 미완료 יִשָּׁבֵר는 שְׁבֵר(שְׁבַר에서 파생) + נְ (형태소) + הְ (형태소) + יְ 이 순서적으로 결합해서 나온 형태이다. 먼저 שְׁ의 쉐바가 악센트 앞에서 장모음이 되어 שָׁבֵר + נְ + הְ + יְ 가 되었다. 이어서 הַנְשָׁבֵר(유성쉐바가 연달아 나올 때 ה 밑의 쉐바가 단모음 "아"가 된다는 규칙) + יְ 가 되고, נ 밑에 쉐바가 무성쉐바로 변하여 뒤에 나오는 שׁ와 동화된 결과 הַשָּׁבֵר가 되었다. 이어서 ה 밑에 단모음 "아"가 단모음 "이"로 변하여 הִשָּׁבֵר + יְ 가 되었다. 그 다음으로 ה가 유성쉐바 뒤에서 생략한다는 법칙에 따라 다시 최종적으로 יִשָּׁבֵר가 된 것이다.

변화과정) הַנְשָׁבֵר + יְ > הַשָּׁבֵר + יְ > הִשָּׁבֵר + יְ > יִשָּׁבֵר

3) 니팔의 1인칭 공통 단수의 경우 אֶשָּׁבֵר와 אִשָּׁבֵר 두 가지 형태가 있다. 원칙적으로 따지면 후자의 형태가 맞지만 칼형에서 1인칭 공통 단수가 א 밑에 ֶ 를 취한다는 사실에 유추해서 니팔에도 모음 ֶ 를 취한 것이다. 니팔의 권유에서는 אִ의 형태가 된다.

예) אִשָּׁבְרָה(내가 부서지도록 하라)

4) 니팔에서 분사형은 동사변화가 아니라 마치 명사변화처럼 변화된다. 수동태의 분사형은 모두 명사변화처럼 변하기 때문이다. 따라서 앞으로 배울 푸알과 호팔의 분사(이것은 모두 수동의 의미를 가진 분사이다)도 명사처럼 변화된다. 명사변화는 폐음절의 모음이 악센트를 받을 때 장모음으로 길어지고, 음절수 조절을 위해 맨 앞에서부터 쉐바를 시킨다.

5) 니팔의 부정사 연계형은 미완료에서 접두와 접미를 뺀 형태이다. 부정사 절대형의 경우에는 모음 (“오”)가 사용되어야 하는데 니팔의 경우 미완료형에서 (“오”)를

붙일 수도 있고 완료형에서 ("오")를 붙일 수도 있다. 즉, נִשְׁבֹּר 또는 הִשָּׁבֵר 두 가지 형태가 나올 수 있다.

6) 니팔의 완료형이든 미완료형이든 자음으로 시작하는 어미가 올 때 그 앞의 음절은 자연스럽게 폐음절이 되며 이 때 그 폐음절 안에 모음은 항상 단모음이다.

2. 피엘

1) 피엘은 완료에서 맨 앞 음절에 모음 . (이)가 나오지만 미완료에서 . (이)가 원래 모음인 _ (아)로 변한다. שִׁבֵּר(완료), שַׁבֵּר(미완료). 이런 점에서 우리는 미완료가 동사의 원형을 유지한다는 것을 알 수 있다. 미완료형의 변화는 원형 שַׁבֵּר에 접두어와 접미어를 붙여서 동사인칭변화를 한 경우이다.

2) 피엘의 분사형은 미완료형의 원형(즉, 접미어와 접두어를 뺀 형태)에 접두어 מְ를 붙여서 변형시킨다. 이 때 쉐바시키는 방법은 동사변화를 따른다.

3) 피엘의 부정사 연계형은 미완료에서 접두어와 접미어를 뺀 것이다. 피엘의 부정사 절대형은 미완료에서 접두어와 접미어를 뺀 상태에서 모음 (오)를 붙일 수도 있고, 모음 ..(에)를 붙일 수도 있다. 그래서 שַׁבֵּר 또는 שַׁבֹּר가 된다.

4) 피엘의 완료형에서 자음으로 시작하는 어미가 붙을 때 그 앞의 폐음절의 모음은 항상 단모음 _ ("아")가 된다.

5) גִּדֵּל(커지도록 만들다)의 경우는 같은 피엘이라고 할지라도 완료형에서 마지막 음절 모음이 ..가 아니라 _가 되었다. 이것은 상태동사에서 피엘형을 만들었다는 흔적이라고 말할 수 있다.

※ 단어연구) עוֹד "다시"(again). קָרָא "부르다." קָבַץ "모으다." בֵּין "~사이."

3. 예문

① בִּדְבַר־יהוה נִבְרְאוּ הַשָּׁמַיִם
여호와의 말씀으로 하늘이 창조되었다.

② לֹא יִקָּרֵא עוֹד שִׁמְךָ יַעֲקֹב כִּי יִשְׂרָאֵל יִקָּרֵא שְׁמֶךָ

너의 이름은 다시는 야곱이라 불려지지 않을 것이다. 왜냐하면 너의 이름은 이스라엘로 불려질 것이기 때문이다.

③ בַּיּוֹם הַהוּא אָמַר יהוה אֲקַבֵּץ אֶתְכֶם אֵלַי מִבֵּין הַגּוֹיִם

저 날에 여호와가 말씀하셨다. “내가 열방으로부터 너희들을 나에게로 모을 것이다.”

제16과

푸알/ 히필/ 호팔/ 히트파엘

푸알

뜻: 부서뜨려지다		완 료	미 완 료
단수	3인칭 남	שֻׁבַּר	יְשֻׁבַּר
	3인칭 여	שֻׁבְּרָה	תְּשֻׁבַּר
	2인칭 남	שֻׁבַּרְתָּ	תְּשֻׁבַּר
	2인칭 여	שֻׁבַּרְתְּ	תְּשֻׁבְּרִי
	1인칭 공	שֻׁבַּרְתִּי	אֲשֻׁבַּר
복수	3인칭 남	שֻׁבְּרוּ	יְשֻׁבְּרוּ
	3인칭 여		תְּשֻׁבַּרְנָה
	2인칭 남	שֻׁבַּרְתֶּם	תְּשֻׁבְּרוּ
	2인칭 여	שֻׁבַּרְתֶּן	תְּשֻׁבַּרְנָה
	1인칭 공	שֻׁבַּרְנוּ	נְשֻׁבַּר
1인칭 권유 (내가 ~하게 하라)		אֲשֻׁבְּרָה	
구분		명령형	분사
단 수	남성	שֻׁבַּר	מְשֻׁבָּר
	여성	שֻׁבְּרִי	מְשֻׁבֶּרֶת מְשֻׁבָּרָה
복 수	남성	שֻׁבְּרוּ	מְשֻׁבָּרִים
	여성	שֻׁבַּרְנָה	מְשֻׁבָּרוֹת
구 분		부정사	
절대형		שֻׁבֹּר	
연계형		שֻׁבַּר	

히필

뜻: 크게 하다		완 료	미 완 료
단수	3인칭 남	הִגְדִּיל	יַגְדִּיל
	3인칭 여	הִגְדִּ֫ילָה	תַּגְדִּיל
	2인칭 남	הִגְדַּלְתָּ	תַּגְדִּיל
	2인칭 여	הִגְדַּלְתְּ	תַּגְדִּ֫ילִי
	1인칭 공	הִגְדַּלְתִּי	אַגְדִּיל
복수	3인칭 남	הִגְדִּ֫ילוּ	יַגְדִּ֫ילוּ
	3인칭 여		תַּגְדֵּלְנָה
	2인칭 남	הִגְדַּלְתֶּם	תַּגְדִּ֫ילוּ
	2인칭 여	הִגְדַּלְתֶּן	תַּגְדֵּלְנָה
	1인칭 공	הִגְדַּלְנוּ	נַגְדִּיל
1인칭 권유 (내가 ~하게 하라)		אַגְדִּ֫ילָה	

구분		명령형	분사
단 수	남성	הַגְדֵּל	מַגְדִּיל
	여성	הַגְדִּ֫ילִי	מַגְדִּילָה
복 수	남성	הַגְדִּ֫ילוּ	מַגְדִּילִים
	여성	הַגְדֵּלְנָה	מַגְדִּילוֹת

구 분	부정사
절대형	הַגְדֵּל
연계형	הַגְדִּיל

푸알과 히필에서 주의할 점

1. 푸알

1) 푸알에 명령은 미완료 2 인칭 단수와 복수에서 접두어(יְ 또는 תְּ)를 뺀 형태이다.

2) 푸알의 분사는 미완료에서 접두어와 접미어를 뺀 형태에서 앞에 מְ를 붙인다. 또한 푸알의 분사는 수동의 의미가 있기 때문에 니팔의 분사처럼 어미를 붙일 때 쉐봐가 되는 모습이 동사변화를 따르지 않고, 명사류 변화를 따른다(수동의 분사는 형용사의 의미에 더 가깝다고 생각하는 것 같다).

예) מְשֻׁבָּר(o), מְשֻׁבַּר(x), מְשֻׁבָּרָה(o), מְשֻׁבְּרָה(x)

3) 푸알의 부정사 연계형은 미완료에서 접두어와 접미어를 뺀 형태이다. 또한 푸알의 부정사 절대형은 모음 ֹ (“오”)를 붙인다. 그래서 שֻׁבֹּר가 된다.

2. 히필

1) 히필형은 동사의 어근에 הְ라는 형태소를 접두시켜 형성된다. 히필의 동사 원형은 미완료형에서 발견된다. 그래서 הַגְדִּיל(גְדִּיל + הְ → הַגְדִּיל) 이 히필의 원형이다.

2) יַגְדִּיל은 הַגְדִּיל + יְ가 합쳐진 것이다. 즉 ה가 유성쉐봐 앞에서 생략되면서 자음 י가 ה의 모음 ַ 를 취한 것이다. 침묵문자 참조.

3) 히필의 가장 큰 특징은 두 번째 모음에 순장모음 ִי 가 나온다는 것이다. 그리고 이 순장모음에 무조건 악센트가 온다는 것이다.

4) 히필 완료형에서 히필의 원형이 약간 변형된다. 우선적으로 맨 앞에 ה에 있는 단모음 ַ (“아”) 가 단모음 ִ (“이”) 로 변한다. 또한 접미어가 모음으로 시작하는 경우 히필에서 나오는 순장모음 ִי 는 변하지 않지만, 접미어가 자음으로 시작하는 경우 순장모음 ִי 가 단모음 ַ 로 변한다.

예) הִגְדַּלְתָּ(o), הִגְדִּילְתָּ(x), הִגְדַּלְתֶּם(o).

5) 히필의 미완료에서 자음으로 시작하는 접미어(נָה)가 나올 경우 순장모음 ִי 가 장모음 ֵ 로 변한다. 이것은 미완료에서 자음으로 시작하는 어미가 올 때 그 앞의 폐음절 안에 순장모음이 올 수 없다는 규칙에 의거한 것이다.

예) תַּגְדֵּלְנָה(o), תַּגְדִּילְנָה(x)

6) 히필의 명령형은 미완료 2인칭 단수와 복수에서 접두어를 뺀 것이다. 이 때 주의할 점은 2인칭 남성 단수에서 명령형이 הַגְדִּיל이 아니라 히필의 단축형 הַגְדֵּל를 쓴다는 것이다. 히필의 경우는 다른 규칙동사의 형태(stem)와 달리 단축형이 있다. 아마도 명령 시 빨리 말할 때 순장모음이 있으면 불편하기 때문에 순장모음 ִי 대신에 축약형 모음인 ֵ를 쓰는 것 같다. 이와 같은 미완료의 단축형은 간접명령, 봐브계속법, 그리고 일시적인 금지를 나타날 때 쓰이는 미완료에서도 나타난다. 이들은 모두 빨리 말해야 한다는 공통점이 있는 것 같다. 그래서 아래의 미완료에서 뒤에 어미가 붙지 않은 순장모음이 올 때 순장모음이 그에 맞먹는 장모음으로 변한다는 특징을 보인다.

예) 간접명령의 미완료 → יַגְדֵּל (그가 크도록 하라)
봐브계속법의 미완료 → וַיַּגְדֵּל (그가 크도록 했다)
일시적 금지의 미완료 → אַל תַּמְלֵךְ (너는 통치하게 하지 마라)

7) 히필의 분사는 미완료에서 접두어와 접미어를 뺀 형태에서 접두어 מְ를 붙인 것이다.

예) הַגְדִּיל + מְ > מַגְדִּיל (ה가 생략되면서 מְ가 ה의 모음 ַ 를 취했음)

8) 히필의 부정사 연계형은 미완료에서 접두어와 접미어를 뺀 형태이다. 그리고 히필의 부정사 절대형에서는 모음 ֵ 를 취한다. 예) הַגְדֵּל

3. 예문

① יְסֻפַּר לַמֶּלֶךְ כִּי הַנָּבִיא פֹּה

그 선지자가 여기 있다는 것이 왕에게 알려질 것이다.

② יַגְדֵּל אֶת־שְׁמוֹ הַבּוֹטֵחַ בּוֹ

그를 의지하는 자는 그의 이름을 크게 하도록 하라.

③ הָלְכוּ הָאֲנָשִׁים לְהַמְלִיךְ אֶת־הַנַּעַר עֲלֵיהֶם

그 소년이 그들 위에서 통치하도록 하기 위해서 그 남자들이 갔다.

※ 단어연구) פֹּה “여기에”(here).

호팔

뜻: 던져지다		완 료	미 완 료
단수	3인칭 남	הָשְׁלַךְ	יָשְׁלַךְ
	3인칭 여	הָשְׁלְכָה	תָּשְׁלַךְ
	2인칭 남	הָשְׁלַ֫כְתָּ	תָּשְׁלַךְ
	2인칭 여	הָשְׁלַ֫כְתְּ	תָּשְׁלְכִי
	1인칭 공	הָשְׁלַ֫כְתִּי	אָשְׁלַךְ
복수	3인칭 남	הָשְׁלְכוּ	יָשְׁלְכוּ
	3인칭 여		תָּשְׁלַ֫כְנָה
	2인칭 남	הָשְׁלַכְתֶּם	תָּשְׁלְכוּ
	2인칭 여	הָשְׁלַכְתֶּן	תָּשְׁלַ֫כְנָה
	1인칭 공	הָשְׁלַכְנוּ	נָשְׁלַךְ
1 인칭 권유		אָשְׁלְכָה	

구분		명령형	분사
단 수	남성	הָשְׁלַךְ	מָשְׁלָךְ
	여성	הָשְׁלְכִי	מָשְׁלָכָה
복 수	남성	הָשְׁלְכוּ	מָשְׁלָכִים
	여성	הָשְׁלַ֫כְנָה	מָשְׁלָכוֹת

구 분	부정사
절대형	הָשְׁלֵךְ
연계형	הָשְׁלַךְ

히트파엘

뜻: 자신을 크게 하다		완 료	미 완 료
단수	3인칭 남	הִתְגַּדֵּל	יִתְגַּדֵּל
	3인칭 여	הִתְגַּדְּלָה	תִּתְגַּדֵּל
	2인칭 남	הִתְגַּדַּלְתָּ	תִּתְגַּדֵּל
	2인칭 여	הִתְגַּדַּלְתְּ	תִּתְגַּדְּלִי
	1인칭	הִתְגַּדַּלְתִּי	אֶתְגַּדֵּל
복수	3인칭 남	הִתְגַּדְּלוּ	יִתְגַּדְּלוּ
	3인칭 여		תִּתְגַּדֵּלְנָה
	2인칭 남	הִתְגַּדַּלְתֶּם	תִּתְגַּדְּלוּ
	2인칭 여	הִתְגַּדַּלְתֶּן	תִּתְגַּדֵּלְנָה
	1인칭	הִתְגַּדַּלְנוּ	נִתְגַּדֵּל
1인칭 권유		אֶתְגַּדְּלָה	

구분		명령형	분사
단 수	남성	הִתְגַּדֵּל	מִתְגַּדֵּל
	여성	הִתְגַּדְּלִי	מִתְגַּדְּלָה, מִתְגַּדֶּלֶת
복 수	남성	הִתְגַּדְּלוּ	מִתְגַּדְּלִים
	여성	הִתְגַּדֵּלְנָה	מִתְגַּדְּלוֹת

구 분	부정사
절대형	הִתְגַּדֵּל
연계형	הִתְגַּדֵּל

호팔과 히트파엘에서 주의할 점

1. 호팔

1) 호팔의 원형은 הָשְׁלַךְ이다.

2) 호팔의 명령은 미완료 2인칭 단수와 복수에서 접두어(יְ 또는 תְּ)를 뺀 것이다.

3) 호팔의 분사는 미완료에서 접두어와 접미어를 뺀 형태에서 앞에 מְ를 붙인다. 이 때 ה가 생략되고 מְ가 ה 밑에 있는 모음 ָ (“오”)를 취하여 מָ의 형태를 갖는다.

예) הָשְׁלַךְ + מְ > מָ+שְׁלַךְ > מָשְׁלַךְ

4) 호팔의 분사는 수동의 의미가 있기 때문에 니팔의 분사처럼 어미를 붙일 때, 모음변화가 동사변화를 따르지 않고 명사류 변화를 따른다(수동의 분사는 형용사의 의미에 더 가깝다고 보기 때문이다). 그래서 מָשְׁלַךְ이 아니라 명사류 변화처럼 מָשְׁלָךְ(명사는 폐음절에 악센트가 올 때 단모음이 장모음이 된다)가 된다. 명사변화를 하기 때문에 음절수가 늘어날 때 유성쉐봐를 동사처럼 중간에서 만들지 않는다.

예) מָשְׁלְכִים(x), מָשְׁלָכִים(o)

5) 호팔의 부정사 절대형은 모음 ֵ 를 붙인다. 부정사 연계형은 미완료에서 접두어와 접미어를 뺀 것이다.

2. 히트파엘

1) 히트파엘의 원형은 הִתְגַּדֵּל이다. 미완료는 이 원형에 접두어(יְ, תְּ 등)를 붙인 것이다. 이 때 ה가 생략된다.

예) הִתְגַּדֵּל + יְ > יִתְגַּדֵּל
(여기서 ה가 생략되면서 י가 ה의 모음 ִ (“이”)를 취함)

2) 히트파엘 완료형에서 자음으로 시작하는 어미가 올 때 어미 바로 앞에 나오는 히트파엘의 모음 ֵ (“에”)가 단모음 ַ (“아”)로 변한다.

예) הִתְגַּדֵּלְתָּ(x), הִתְגַּדַּלְתְּ(o)

3) 히트파엘의 명령은 미완료 2 인칭 단수와 복수에서 접두어를 뺀 것이다.

4) 히트파엘의 분사는 미완료에서 접두어와 접미어를 뺀 형태에서 앞에 מְ를 붙인다. 이 때 ה가 생략되고 מ가 ה 밑에 있는 모음 ִ(이)를 취하여 מִ의 형태를 갖는다.

예) מִתְגַּדֵּל

5) 부정사 절대형은 모음 ֵ를 붙인다. 부정사 연계형은 미완료에서 접두어와 접미어를 뺀 것이다.

※ 단어연구) שָׁלַךְ "던지다." הִתְפַּלֵּל "기도하다."

3. 예문

① יָגְדַּל שֵׁם יהוה
여호와의 이름이 위대해 지게 될 것이다.

② בַּיּוֹם הַהוּא יָשְׁלַךְ הָרָשָׁע מֵהָעִיר
저 날에 그 악인은 그 성읍으로부터 던져지게 될 것이다.

③ הִתְפַּלַּלְתִּי אֵלֶיךָ כָּל־הַיּוֹם
온 종일 나는 당신에게 기도했습니다.

제17과

동사접미

동사접미

1. 정의

동사 뒤에 붙는 인칭대명사의 목적격을 지칭하는 것이다. 이것은 동사의 인칭변화에서 나오는 어미와는 다른 것이다.

예) שְׁמָרַ֫נִי(그는 나를 지켰다) → 여기서 접미 ַנִי 는 인칭대명사의 목적격을 뜻하는 동사접미이다.
שָֽׁמְרָה(그녀가 지켰다) → 여기서 접미 ָה 는 동사인칭변화를 위한 어미다.

1) 대명사 접미와 매우 유사하다. 그러나 동사접미는 동사에 붙고 그 뜻이 목적격이라는 점에서 대명사 접미와 다르다.

2) 동사접미는 완료형과 미완료형에서 약간 형태가 다르게 나타난다.

2. 형태

1) 완료형에 붙는 동사접미는 주로 모음 ַ 계열의 음을 앞에 동반하고 미완료형에 붙는 동사접미는 주로 모음을 ֵ 계열의 음을 동반한다.

2) 동사접미가 붙어 악센트가 뒤로 이동할 때 음절수가 3음절로 늘어나 쉐봐를 시켜야 한다. 이 때 동사접미가 있는 칼형 완료형에서는 악센트 바로 앞의 음절을 쉐봐시키지 않고 명사변화처럼 맨 앞의 음절을 쉐봐시킨다.

3) 동사접미는 두 종류가 있다. 즉 모음으로 시작하는 동사접미와 자음으로 시작하는 동사접미이다. 아래의 예는 모음으로 시작하는 동사접미이다. 하지만 동사인칭변화로 동사가 모음으로 끝나는 경우는 다르다. 만약 거기에 동사접미가 붙게 되면, 자음으로 시작하는 동사접미가 오게 된다. 그 형태들은 다음과 같다.

נִי(나를), ךָ(당신을(남)), ךְ(당신을(여)), הוּ(그를), הָ(그녀를), נוּ(우리를), ם(그들을(남)) ן(그녀들을) 등이다.

구 분	완 료		미 완 료	
나를	ַנִי	שְׁמָרַנִי	ֵנִי ֶנִּי	יִשְׁמְרֵנִי יִשְׁמְרֶנִּי
너를(남)	a) ְךָ	שְׁמָרְךָ	ְךָ ֶךָּ	b)יִשְׁמָרְךָ יִשְׁמְרֶךָּ
너를(여)	ֵךְ	שְׁמָרֵךְ	ֵךְ	יִשְׁמְרֵךְ
그를	וֹ ָהוּ	שְׁמָרוֹ שְׁמָרָהוּ	ֵהוּ ֶנּוּ	יִשְׁמְרֵהוּ יִשְׁמְרֶנּוּ
그녀를	ָהּ	שְׁמָרָהּ	ֶהָ ֶנָּה	יִשְׁמְרֶהָ יִשְׁמְרֶנָּה
우리를	ָנוּ	שְׁמָרָנוּ	ֵנוּ	יִשְׁמְרֵנוּ
너희를(남)		–	כֶם	יִשְׁמָרְכֶם
너희를(여)		–	כֶן	יִשְׁמָרְכֶן
그들을(남)	ָם	שְׁמָרָם	ֵם	יִשְׁמְרֵם
그들을(여)	ָן	שְׁמָרָן	ֵן	יִשְׁמְרֵן

a) 여기서 쉐봐는 무성쉐봐가 아니라 유성쉐봐임을 유념하라.

b) 원래는 יִשְׁמְרְךָ > יִשְׁמִרְךָ가 되어야 하지만 מ 밑에 단모음을 ָ ("오")로 취했다. 그 이유는 자음 מ의 원래 모음인 장모음 ֹ ("오")의 단모음을 취했기 때문이다. 이렇게 동사접미로 인해 유성쉐봐가 연달아 두 번 나올 때에 앞의 쉐봐를 단모음 ִ ("이")가 아니라 원래 모음과 맞먹는 단모음으로 변화시킨다.

4) 미완료형에 붙는 동사접미는 같은 의미로 두 개가 종종 있는 것을 볼 수 있다. 그 특징은 자음 נ을 동사접미에서 처음 시작하는 모음 다음에 추가해서 읽으려는 경향

때문이다. 그리고 그 נ이 다음에 나오는 자음과 동화된다. נ뒤의 자음이 ה인 경우는 ה로 동화되기 힘들기 때문에 오히려 거꾸로 그 ה를 נ으로 동화시킨다. 전체적으로 נ을 추가해서 읽게 되면서 동사접미의 앞 음절이 폐음절이 되어 동사접미의 첫 모음이 단모음으로 변한다.

예) יִשְׁמְרֵנִי > יִשְׁמְרֶנְנִי(자음 נ을 추가) > יִשְׁמְרֶנִּי

5) 미완료에 붙은 3인칭 여성 동사접미(הָ ֶ)에서 모음 ֵ 대신에 ֶ 가 사용된 것은 이미 נ이 삽입되어 동화된 것으로 볼 수 있다. 여기서 후음은 이중점을 찍을 수 없기 때문에 הּ가 아니라 ה로 나온 것이지만 실상은 이중점이 찍힌 것으로 읽는다.

3. 동사접미의 법칙

1) 2음절로 이루어진 동사접미의 경우 맨 뒤의 음절이 아니라 앞의 음절에 악센트가 온다.

예) שְׁמָרַ֫נִי(o, 그가 나를 지켰다), שְׁמָרַנִ֫י(x)

2) 자음으로 시작하는 동사접미에는 악센트가 없고, 모음으로 시작하는 동사접미에는 악센트가 온다. 단 예외로 כֶם과 כֶן은 자음으로 시작하지만 항상 악센트를 취한다.

예) יִשְׁמָרְכֶ֫ם : 그가 너희들을 지킬 것이다.

כֶם + יִשְׁמֹר > כֶם + יִשְׁמָר (앞에 יִשְׁמֹר가 악센트를 잃으면서 폐음절의 모음은 단모음이 되기 때문에 מֹ가 מָ가 되었다) > יִשְׁמָרְכֶם > יִשְׁמָרְכֶם ("이슈 모라 켐" 원래 ר밑에 쉐바가 무성쉐바이지만 כֶם의 악센트의 영향으로 무성쉐바가 유성쉐바로 변하게 된 것임)

3) 동사가 순장모음으로 끝날 때 자음으로 시작하는 동사접미가 붙는다. 그래서 악센트는 순장모음에 오게 된다.

예) שְׁמַרְתִּ֫יךָ : 내가 너를(남성) 지켰다.

נִי + שָׁמַ֫רְתִּי(1인칭 단수) > שְׁמַרְתִּ֫ינִי(이 동사는 칼 완료형이기 때문에 음절 수를 맞추기 위한 쉐바규칙은 명사류 변화를 따른다)

4) 앞의 동사가 모음으로 시작하는 어미를 취해서 이미 악센트가 뒤로 이동된 경우는 무조건 자음으로 시작하는 동사접미를 붙인다. 완료형 3인칭 여성 단수가 이 경우에 해당된다.

예) שְׁמָרַ֫תְנִי : 그녀가 나를 지켰다.

נִי + שָֽׁמְרָה (3인칭 단수 여성) > נִי + שָֽׁמְרַ֫ת(3인칭 단수 여성의 ה는 뒤에 어미가 올 때 원래대로 ת로 변함) > שְׁמָרַ֫תְנִי (칼 완료형에서 동사접미가 붙을 때 쉐봐규칙이 동사변화를 따르지 않고 명사변화를 따르기 때문에 맨 앞의 음절의 모음이 쉐봐가 되었다)

※ 참고) 칼 완료형 3인칭 여성 단수에 동사접미가 붙는 형태

그녀가 지켰다	שָֽׁמְרָה
그녀가 나를 지켰다	שְׁמָרַ֫תְנִי a)
그녀가 당신(남)을 지켰다	שְׁמָרַ֫תְךָ b)
그녀가 당신(여)을 지켰다	שְׁמָרָ֫תֶךְ c)
그녀가 그를 지켰다	שְׁמָרַ֫תְהוּ שְׁמָרַ֫תּוּ d)
그녀가 그녀를 지켰다	שְׁמָרַ֫תָּה e)
그녀가 우리를 지켰다	שְׁמָרַ֫תְנוּ
그녀가 당신들(남)을 지켰다	-
그녀가 당신들(여)을 지켰다	-
그녀가 그들(남)을 지켰다	שְׁמָרָ֫תַם f)
그녀가 그들(여)을 지켰다	שְׁמָרָ֫תַן g)

a) רַ֫תְ에서 악센트를 받았지만 장모음이 아닌 단모음 ַ 를 취한 이유는 완료형 동사에서 자음으로 시작하는 어미(동사접미도 포함)가 붙을 때 앞에 있는 폐음절의 모음은 무조건 단모음이 되어야 한다는 규칙에 따른 것이다.

b) תּ 밑에 쉐봐는 유성쉐봐가 아니라 무성쉐봐이다.

c) 원래는 שְׁמָ֫רַתְךְ 이었다. 하지만 끝에서 자음 두 개를 연속해서 발음해야 하기 때문에 발음상 편의를 위해 תּ 밑에 무성쉐봐가 짧은 단모음 ֶ 로 변했다(원래 동사접미 ךְ는 자신 앞에 모음으로 ֵ 를 취하기를 좋아한다. 그래서 그에 맞는 짧은 모음 ֶ 를 취한 것이다). 그래서 רַ֫가 자연스럽게 개음절이 되어 רָ֫로 길어진 것이다.

d) 이것은 תְה가 서로 동화되어 תּ가 된 것이다.

e) 이것은 원래 שְׁמָ֫רַתְהָ 이었다. 여기서 תְה가 서로 동화되어 תּ가 되면서 일차적으로 שְׁמָ֫רַתָּ 가 되었다. 그러고 나서 3인칭 여성 단수 접미 ה의 모양이 사라지자 음가가 없는 ה를 첨가해서 최종적으로 שְׁמָ֫רַתָּה 가 된 것이다.

f) 이것은 원래 שְׁמָ֫רַתְם 이었다. 하지만 끝에서 자음 두 개를 연속해서 발음해야 하기 때문에 발음상 편의를 위해 תּ 밑에 무성쉐봐가 짧은 모음 ַ 로 변했다(원래 동사접미 ם은 자신 앞에 모음으로 ָ ("아")를 취하기를 좋아한다. 그래서 그에 맞는 짧은 모음 ַ 를 취한 것이다). 그래서 רַ֫가 자연스럽게 개음절이 되어 רָ֫로 길어진 것이다.

g) 앞의 f의 경우와 비슷하다.

4. 완료형에서 동사접미가 붙을 때 주의점

1) 완료형에서 칼형은 동사접미가 붙을 때 음절수를 맞추기 위한 쉐봐변화는 동사변화를 따르지 않고 명사변화를 따른다. 그래서 악센트 앞의 음절의 모음이 쉐봐가 되지 않고 맨 앞의 음절의 모음이 쉐봐가 된다.

예) שָׁמְרַ֫נִי(x), שְׁמָרַ֫נִי(o)

2) 완료형 2인칭 남성 단수에서 접미가 올 때 그 남성 단수의 어미 תָּ는 모음으로 끝났지만 순장모음이 아니기 때문에 ָ 모음이 탈락한다. 그리고 모음으로 시작하는 동사접미가 오게 되어, 악센트는 동사접미로 이동된다.

예) ־ַ֫נִי + שָׁמַרְתָּ > ־ַ֫נִי + שָׁמַרְתּ > שְׁמַרְתַּ֫נִי

3) 2인칭 여성 단수에 접미가 올 때 그 여성 단수의 어미는 תְּ가 아니라 תִּי로 변해서 순장모음으로 끝나는 형태가 된다. 그래서 여기서 동사접미는 자음으로 시작하는 동사접미가 되어, 악센트는 동사접미 앞에 있는 순장모음에 오게 된다.

예) נִי + שָׁמַרְתְּ > נִי + שָׁמַרְתִּי > שְׁמַרְתִּינִי (너(여성)가 나를 지켰다)

4) 2인칭 남성과 여성의 복수형 다음에 동사접미가 올 때 그 복수형의 어미는 각각 원래의 형태인 תּוּ의 모습으로 돌아가고, 거기서 동사접미가 붙는다. 때문에 동사접미는 자음으로 시작하는 동사접미가 온다.

예) נִי + שְׁמַרְתֶּם > נִי + שְׁמַרְתּוּ > שְׁמַרְתּוּנִי (너희들이 나를 지켰다)

5) 칼 완료형 외에 다른 어간형(stem)의 완료형에 동사접미가 붙을 때, 음절수를 맞추기 위한 쉐바 방법은 원래대로 동사변화 규칙을 따라 악센트 앞의 음절의 모음이 쉐바가 된다. 이때 주의할 점은 2인칭 남성 단수의 동사접미(ךָ)가 붙는 경우이다. 이 경우 바로 앞의 음절의 모음이 쉐바가 되면서 유성쉐바가 두 개가 연속 나오게 된다. 그래서 쉐바규칙에 따라 앞의 쉐바를 단모음으로 고칠 때 일반적으로 단모음 . 를 취해야 하지만 여기서는 원래 모음과 맞먹는 단모음을 취한다.

예) ךָ + בִּקֵּשׁ (피엘 완료형, 추구하다) > בִּקֵּשְׁךָ > בִּקְּשְׁךָ > בִּקֶּשְׁךָ(원래 쉐바 되기 전의 모음이 .. 이기 때문에 이것에 맞먹는 단모음 ∴ 가 된 것이다)

5. 미완료형에 동사접미가 붙을 때 주의점

앞에서 언급한 것처럼 유성쉐바로 시작하는 동사접미가 오고 그 동사접미에 악센트가 올 때 동사의 쉐바규칙에 따라 악센트 바로 앞의 음절을 쉐바시킨다. 그래서 자연스럽게 유성쉐바가 연달아 2개가 나오게 되어 앞의 유성쉐바가 단모음으로 변한다. 이 때 단모음은 보통 . ("이") 이지만 동사접미가 붙는 경우에는 단모음이 . 가 아니라 원래 그 자리에 있었던 모음과 같은 음의 단모음을 취한다.

예) ךָ + יִשְׁמֹר > יִשְׁמֹרְךָ > יִשְׁמְרְךָ > יִשְׁמָרְךָ("이쉬-모레카")

6. 명령형과 부정사에 접미가 붙을 때

1) 명령형과 부정사는 미완료형에 가깝기 때문에 동사접미는 미완료형에 붙는 동사접미를 사용한다.

2) 칼 명령형에 동사접미가 붙을 때 동사접미가 붙어 음절수가 늘어나서 맨 앞에 유성쉐봐가 연달아 두 개 일어나게 된다(칼 명령형은 성격상 1음절로 유지하려는 경향이 있기 때문이다). 이때 앞의 유성쉐봐를 단모음으로 바꾸는 규칙에 따라 단모음을 만들 때 단모음 "이"가 아니라 단모음 "오"를 취한다.

예) ֵנִי + שְׁמֹר(명령형) > שְׁמְרֵנִי > שָׁמְרֵנִי : 나를 지키라

3) 부정사의 연계형에 동사접미나 대명사 접미가 붙을 때 칼 명령형처럼 가급적 1음절을 만들기 위해 앞에서 연속해서 유성쉐봐가 두 개 일어난다. 이때 앞의 유성쉐봐를 모음으로 바꿀 때 "이"가 아니라 단모음 "오"를 사용한다.

예) וֹ + שְׁמֹעַ(부정사) + בְּ > שְׁמְעוֹ + בְּ > בְּשָׁמְעוֹ : 그것을 들을 때

7. 예문

① שָׁמְרֵהוּ בָּאָרֶץ
그 땅에서 그를(남성) 지키라.

② זָכְרֵנִי אֱלֹהַי כִּי בְךָ בָטַחְתִּי
나의 하나님이여, 나를 기억하소서. 왜냐하면 내가 당신을 신뢰했기 때문입니다.

③ וְהָיָה אַחֲרֵי שָׁכְנָם בַּמִּדְבָּר וְזָבְחוּ לֵאלֹהֵיהֶם
And it will be after their dwelling in the desert and they will make offerings to their gods = After they dwell in the desert, they will make offerings to their gods. 그들이 그 광야에서 거한 이후에 그들의 신들에게 제사를 드릴 것이다.

④ בְּמָצְאָם אֹתוֹ וַיִּבְחֲרוּ בוֹ לְמֶלֶךְ עֲלֵיהֶם
그들이 그를 찾았을 때 그들은 그를 그들 위에 왕으로 선택했다.

제18과

어순/관계대명사
비교급과 최상급

어 순

1. 히브리어의 어순

1) 동사가 나타나는 절(verbal clause)

기본적으로 동사가 먼저 나온다. 그래서 동사 + (주어) + 목적어 + 부사 순으로 나타난다. 여기서 순서가 도치되면 도치된 부분을 강조하거나 앞의 나온 것과 대조시키기거나 연결시키기 위함이다.

2) 동사가 없는 절(무동사절, nominal clause)

순서는 서술어(형용사나 명사)가 먼저 나타나고 다음에 주어가 나타난다. 만약 순서가 도치되면 도치된 부분을 강조하거나 앞의 어구와 대조하거나 연결시키기 위함이다.

예) טוֹב הָאִישׁ (The man is good)

관계대명사

1. 형태

אֲשֶׁר

2. 용법

1) 영어의 관계대명사와 관계부사의 역할을 하여 형용사절을 이끈다. 또한 영어처럼 생략을 할 수 있다(주로 시문에서).

2) אֲשֶׁר는 형용사절을 이끌기 때문에 그 다음에 (주어) + 동사의 형태가 등장한다.

3) 형용사절로 자신의 앞에 있는 선행사(명사)를 수식한다.

4) 히브리어에서는 영어와 달리 그 선행사가 관계사절 안에 주어나 목적어 형태로 다시 나타날 수 있다.

예) הָאִישׁ אֲשֶׁר מָכַרְתִּי לוֹ סֵפֶר

이것을 영어로 그대로 표현하면 the man who I sold to him a book이다. 하지만 정확한 영어표현은 the man to whom I sold a book이다. 이처럼 히브리어는 영어와 달리 선행사가 다시 형용사절 안에 나타난다.

5) אֲשֶׁר는 앞에 선행사가 나오지 않을 수도 있다. 이때는 단독으로 명사절(명사처럼 사용되는 절)을 이끌거나 형용사절로서 be동사 다음에 나오는 보어 자리에서 나와 보어역할을 한다. 또한 "~하기 위하여"라는 부사절을 이끌 수 있다.

예) הוּא הָיָה אֲשֶׁר טוֹב רֹאשׁוֹ

이것은 한글말로 번역하면 그는 머리가 좋다. 영어로 그대로 표현하면 He is that his head is good이 된다. 이 경우에서 히브리어는 אֲשֶׁר절 이하가 형용사절처럼 쓰여서 보어가 되었다. I am that I am의 경우도 마찬가지다. 이 경우도 형용사절 안에 앞에 주어가 다시 반복되어 나타난다는 특징이 있다.

3. 예문

① אֵין שָׁלוֹם לַגִּבּוֹרִים אֲשֶׁר בַּמַּחֲנֶה הַלָּיְלָה
그 밤에 그 진영에 있는 그 용사들에게 평화가 없었다.

② אֵין יְשׁוּעָה לָעָם אֲשֶׁר הָלַךְ בַּדֶּרֶךְ הָרָשָׁע
그 악한 길로 걸어갔던 그 백성에게 구원이 없었다.

비교급과 최상급

1. 비교급

1) 원급 + מִן의 형태를 취한다. 여기서 מִן은 영어의 than(~보다)을 의미한다.

2) 히브리어에서 형용사의 비교급의 형태는 영어와 달리 따로 없다. 형태는 원급과 동일하지만 그것이 비교급이라는 것은 그 다음에 나오는 מִן을 보고 예측한다.

예) הָאִישׁ טוֹב מֵאִשְׁתּוֹ(The man is better than his wife. 여기서 מ 밑에 단모음 . 가 장모음 .. 로 길어진 것은 נ이 탈락하면서 개음절이 되었기 때문이다).

2. 최상급

1) 최상급에서는 비교급과 달리 מִן 뒤에 복수형이 오고, 형용사 앞에 정관사가 온다.

2) 최상급에서는 מִן 대신에 전치사 בְּ가 나올 수도 있다.

예) דָּוִד הַגָּדוֹל (מֵאֶחָיו)בְּאֶחָיו : 다윗은 그의 형제들 중에서 가장 위대하다.

3. 주의점

연계형 + 절대형으로 이루어진 경우 막켑이 מִן의 역할을 할 수 있다.

예) דָּוִד גְּדוֹל־אֶחָיו : 다윗은 그의 형제들 중에서 가장 위대하다. 연계형에서는 정관사가 나올 수 없기 때문에 최상급에도 불구하고 형용사 גְּדוֹל 앞에 정관사가 나오지 않았다.

※ 단어연구) קָשָׁה "어려운." עֲבוֹדָה "일."

4. 예문

① טוֹבָה חָכְמָה מִזָּהָב
지혜가 금보다 더 좋다.

② גָּדוֹל דָּוִד מִשָּׁאוּל
다윗이 사울보다 더 위대하다.

③ קָשָׁה הָעֲבוֹדָה מֵהַנְּעָרִים
그 일은 그 소년들보다 더 어렵다(그 소년들이 감당하기에는 너무 어렵다).

동사 안에서 일어나는 자음 동화현상

1. 주로 히트파엘에서 잘 일어난다.

2. 치조음 자리(ת, ד, נ, ס, ז 등)와 치조구개음 자리(שׁ, צ, ט)에서 동시에 자음을 연달아 발음하기 힘들기 때문이다. 예를 들면 영어의 starts에서 ts의 발음이 어렵기 때문에 ts를 [tʃ]로 발음하는 경우다.

3. 규칙

① 치조음(또는 치조구개음) 자리에서 연달아 자음이 나타날 때 앞의 자음이 뒤의 자음으로 동화된다.

예) נָבָא(예언하다)의 히트파엘 → הִתְנַבֵּא > הִנַּבֵּא(ת가 뒤에 있는 치조음 נ에 동화되었다)

זָכָה(깨끗하다)의 히트파엘 → הִתְזַכָּה > הִזַּכָּה(ת가 뒤에 있는 치조음 ז에 동화되었다)

② 치조음(또는 치조구개음) 자리에서 폐음 다음에 마찰음이 나올 때, 발음 상 편하기 위해 도치가 일어나 먼저 마찰음을 발음하고 폐음을 발음하는 경향이 있다.

예) צָדַק(의롭다)의 히트파엘 → הִתְצַדֵּק > הִטְצַדֵּק(ת가 치조구개음 צ의 영향으로 치조구개음 ט로 변화됨) > הִצְטַדֵּק(ט가 어느 정도 폐음의 성질을 갖고 있기 때문에 마찰음 צ와 도치됨)

※참고) 된 소리 중에 צ와 ס은 마찰음에 속하고 ט와 ק는 폐음에 속한다.

제19과

약동사의 개요

약동사

1. 약동사의 정의

약동사는 그야말로 약한 동사이다. 그래서 규칙동사(또는 강동사)처럼 규칙적으로 동사변화가 이루어지지 않고 중간에 자음이 생략되거나 다른 모음을 취한다. 그 이유는 동사 어근(세 개의 자음들)을 이루는 자음 중에 생략이 되기 쉬운 자음(예를 들어 נ, י, ו 등)이 있거나 후음문자(ח, ה, ע, א)와 ר 같이 발음하기 힘든 자음이 나올 수 있기 때문이다.

2. 약동사의 분류

약동사의 분류를 알기 위해서는 동사 어근을 이루는 세 개의 자음들에 대한 각각의 명칭을 알아야 한다. 그 이유는 약동사의 분류는 약자음(נ, י, ו)과 후음문자가 어느 위치에 나오느냐에 따라 정해지기 때문이다.

동사의 어근을 이루는 세 개의 자음의 명칭을 위해서 히브리어 동사 פעל("하다," do)이 사용된다. 그래서 어떤 동사이든지 어근의 첫 번째 자음은 פ(페)라고 하고, 두 번째 자음은 ע(아인)이라고 하고, 세 번째 자음은 ל(라메드)라고 명칭을 붙인다.

예) עָזַב : 페-후음 동사(페 자리[첫째 자리]에서 후음 문자가 나온다는 뜻)
בָּחַר : 아인-후음 동사
שָׁמַע : 라메드-후음 동사
נָפַל : 페-눈 동사
נָגַע : 페-눈, 라메드-후음동사. 이런 동사는 이중 약동사이다.

3. 약동사의 종류

1) 페-눈(נ) 동사

2) 페-후음 동사

3) 페-알렙(א) 동사

4) 아인-후음 동사

5) 라메드-후음 동사

6) 라메드-알렙(א) 동사

7) 페-요드(י) 동사와 페-바브(ו) 동사

8) 아인-요드(י) 동사와 아인-바브(ו) 동사

9) 라메드-헤(ה) 동사

10) 이중 약동사

11) 아인-중복 동사(이것은 동사어근의 두 번째 자음과 세 번째 자음 위치에 다시 중복되어 나타나는 것을 뜻한다. 예를 들면 סָבַב가 있다.)

4. 약동사 변화의 일반적 원리

1) 피엘, 푸알, 그리고 히트파엘에서 후음문자와 ר가 아인 위치(동사어근의 두 번째 자음 위치)에 나올 때 이중점을 찍을 수 없기 때문에 후음문자와 ר 앞에 단모음이 장모음으로 길어진다.

예) בָּרַךְ(축복하다)의 피엘은 בִּרֵּךְ가 아니라 בֵּרֵךְ

2) 약자음 נ은 자신 밑에 무성쉐바가 올 때 바로 다음 자음에 동화된다.

예) נָתַן(주다)의 칼 미완료는 יִנְתֵּן이 아니라 יִתֵּן(여기서 ת 안에 있는 점은 경감점이 아니라 이중점이다)

3) 또한 요드(י)와 바브(ו)는 자신이 속한 음절 안에 (즉, 자신 밑이거나 자신 앞에) 쉐바가 올 때, 자신의 자음 성격을 잃고 모음으로 변해 자신 앞뒤의 모음과 이중 모음이 된다. 그 후 그 이중 모음은 다시 순장모음으로 변한다.

4) 요드(י)와 바브(ו)는 모음으로 변할 때 주위에 자신과 맞지 않는 모음이 오면 생략이 된다. 예를 들어 요드는 후설모음(오, 우)이 주위에 있으면 생략이 되고 바브는 전설모음(이, 에)이 오면 생략된다.

예) יָטַב(좋다)의 히필형 הַיְטִיב > הַיטִיב > הֵיטִיב

5) 후음문자는 자신 밑과 자신 앞의 모음을 단모음 ַ ("아")로 취하려고 한다.

예) בָּחַר(선택하다)의 칼 미완료는 יִבְחֹר가 아니라 יִבְחַר이다.

약동사에서 꼭 알아야 할 대규칙 6가지

1. 후음 법칙 I

일반적으로 후음(א, ע, ה, ח)은 자신 앞의 모음과 자신 밑에 나오는 모음을 단모음 ַ ("아")음으로 취하는 경향이 있다.

예) בָּחַר(선택하다)의 칼 미완료 → יִבְחַר
שָׁמַע(듣다)의 칼 미완료 → יִשְׁמַע(여기서 명령형 שְׁמַע가 나옴 "쉐마 이스라엘")

2. 후음 법칙 II

동사의 첫 번째 자음 자리에서 후음이 나타나고, 그 후음 밑에 모음이 쉐봐가 될 때 일반적으로 합성쉐봐 ֲ (약한 "아")를 취한다. 하지만 그 다음 두 번째 자음 밑에 나오는 모음이 원래 "아"음일 때 후음 밑에 합성쉐봐를 같은 계열의 "아"음을 피하고 ֱ("에")를 취한다.

예 1) חָזַק(강하다)의 칼 미완료 → יַחֲזַק > יֶחֱזַק (חָזַק는 상태동사로서 미완료에서 ֹ 대신에 ַ 를 취한다)

예 2) עָבַר(넘어가다)의 히필 완료 → הֶעֱבִיר(히필은 완료형서 원래 둘째자음에 붙는 모음이 ִ 인데 뒤에 자음으로 시작하는 어미가 없을 때 순장모음 י. 로 길어진 것임)

3. 후음 법칙 III

동사의 두 번째 자음 자리에서 후음(א, ע, ה, ח)과 ר는 이중점을 찍을 수 없기 때문에 대신 앞에 있는 모음을 장모음으로 만든다. 하지만 여기서 때때로 ע, ה, ח음은 이중점이 찍히지 않더라도 이중점이 있는 것처럼 여겨져 앞의 모음이 장모음으로 길어지지 않을 수도 있다.

예) בִּרֵךְ(축복하다) > בֵּרֵךְ. 하지만 שִׁחֵת(파괴하다)의 경우는 שׁ 밑에 모음이 장모음으로 길어지지 않았다(ח 안에 이중점이 있다고 간주하는 것이다).

4. 동사의 마지막 자음 자리에서 나오는 ה와 א

1) 동사의 마지막 자음 자리에서 나오는 ה와 א는 자음으로 시작하는 어미가 뒤에 올 때 본성을 드러낸다(영어에서 child와 children의 차이. 어미가 붙을 때 모음 i가 "아이"에서 원래 음가인 "이"로 발음되는 현상과 유사함).

2) 동사의 마지막 자음 자리에서 나오는 ה는 원래 י가 변형된 것이다. 그래서 자음으로 시작하는 어미가 뒤에 붙을 때 원래의 모습으로 돌아가서 다시 י로 변하고 앞의 모음을 ֶ 로 다시 바꾼다. 그러나 이 때 자음 י는 자신 밑에 쉐바가 오기 때문에 발음상 불편하여 모음으로 변하여, 이중모음을 만든 다음 결국 순장모음 ִי. 또는 ֵי 로 변하게 된다.

예) גָּלָה(계시하다)의 칼 완료 2인칭 남성 단수 → גָּלֶיְתָּ > גָּלֵיתָ > גָּלִיתָ

3) 동사의 마지막 자음 자리에 나오는 א은 뒤에 자음으로 시작하는 어미가 붙을 때 원래의 본성을 발휘해서 자신 앞의 모음을 다시 ֶ 로 취한다. 그리고 이때 א은 다시 자신 밑에 쉐바가 있어 발음상 불편하기 때문에 침묵한다. 이렇게 되면 자연스럽게 개음절이 되어 앞의 모음 ֶ 가 장모음 ֵ 로 길어지게 된다.

예) נִמְצָא(מָצָא의 니팔, 찾다)의 완료 2남단 → נִמְצֶאְתָּ > נִמְצֶאתָ > נִמְצֵאתָ
הֶחֱטִיא(חטא의 히필, 죄짓다)의 완료 2남단 → הֶחֱטֵאתָ(여기서 ה 밑에 합성쉐바 ֲ 가 오지 않고 ֱ 가 온 이유는 뒤에 나오는 모음이 원래 단모음 "아"였기 때문이다. א이 자음으로 시작하는 어미가 뒤에 붙게 되자 단모음 "아"를 단모음 ֶ ("에")로 다시 바꾸었고, א의 침묵으로 다시 장모음 ֵ 로 길어졌음)

※ 예외) 단 예외는 칼 완료형에서 나타난다. 칼 완료형에서는 자음으로 시작하는 어미가 붙을 때에 일반 후음의 경우처럼 א은 자신 앞의 모음을 단모음 ַ 로 취한 다음, 스스로 묵음이 되면서 그것을 다시 장모음 ָ 로 바꾼다.

예) מָצָאתָ

4) ה와 א은 단어의 끝에 나타날 때 묵음이 된다. 특별히 א의 경우는 바로 자신 앞에 모음이 있고 자신 밑에 쉐바(이 경우는 무성쉐바임)가 올 때 발음상 불편해서 묵음이 되어 자신이 속한 음절을 개음절로 만들고, 그 결과 자신 앞의 모음을 장모음으로 만든다.

예) מָצָא(찾다), נָשָׂא(나르다, 들다)

5. 자음 י와 ו의 변화

1) י와 ו는 자신이 속한 음절 안에서 자신 앞에 단모음이 있고 자신 밑에 쉐바(유성쉐바이든 무성쉐바이든 상관없음)가 올 때 발음상 불편하기 때문에 각각 모음으로 변한다. 이 때 앞의 모음과 이중모음을 만든 다음 다시 곧바로 순장모음으로 변한다(이중모음이 다시 순장모음으로 변하는 규칙은 앞에서 언급한 규칙을 참조).

예) יָטַב(좋다)의 히필 완료 3남단 → יְטִיב + הֲ > הַיְטִיב > הֵיטִיב
ושב(יָשַׁב 의 원형)의 히필 완료 3남단 → וְשִׁיב + הֲ > הַוְשִׁיב > הוֹשִׁיב

2) י는 자신 밑에 쉐바가 오고 바로 앞에 후설모음("우"나 "오")이 오면 탈락한다. 반대로 ו는 자신 밑에 쉐바가 오고 바로 앞에 전설모음("이"나 "에")이 오면 탈락한다. 이 때 탈락하면서 개음절을 만들어 앞의 모음이 장모음으로 길어진다.

예) יָשַׁב(원래 원형은 ושב)의 칼 미완료 3남단 → וְשֵׁב + יִ > יִוְשֵׁב > יֵשֵׁב

3) י는 자신 앞에 유성쉐바가 오고 자신 바로 다음에 모음이 오면 י가 자음의 기능을 상실하고 모음으로 변화하여 자신 바로 다음에 나오는 모음과 이중모음을 이룬다. 그리고 나서 다시 순장모음 ִי 나 ֵי 로 변한다(그것이 발음상 편리하기 때문이다. 즉 י 앞에 유성쉐바가 온다는 말은 자음 + י + 모음의 형태가 된다는 뜻인데 그렇게 되면 중간에 끼인 י가 발음하기 불편하여 뒤에 나오는 모음과 함께 순장모음을 만드는 것이다).

마찬가지로 ו도 자신 앞에 유성쉐바가 오고 자신 바로 다음에 모음이 오면 자음의 기능을 상실하고 모음으로 변화하여 자신 바로 다음에 나오는 모음과 이중모음을 이룬다. 그리고 나서 다시 순장모음으로 변한다. 그 규칙은 다음과 같다

규칙 1) ‥ + יְ◌ = י◌ֵ

예) שִׂים(놓다)의 칼 미완료 3남단 → שְׂיִם + יְ > שִׂים + יְ > יָשִׂים(악센트 앞에서 י밑에 유성쉐바가 장모음으로 길어진 것임)

규칙 2) ˙ + וְ◌ = וּ◌

예) קוּם(일어나다)의 칼 미완료 3남단 → קְוֻם + יְ > קוּם + יְ > יָקוּם

규칙 3) ֿ + וְ◌ = וֹ◌

예) כּוּן(세우다)의 니팔 완료 3남단 → כְּוַן + נְ > כּוֹן + נְ > נָכוֹן

4) י는 자신 앞에 유성쉐바가 오고 자신 바로 뒤에 후설모음이 오면 탈락한다. 비슷하게 ו는 자신 앞에 유성쉐바가 오고 자신 바로 뒤에 전설모음이 오면 탈락한다. 또한 י와 ו는 뒤에 순장모음이 오면 그것과 함께 이중모음이 될 수 없기 때문에 탈락한다.

예) קוּם의 히필 미완료 3남단 → קְוִים + הַ + יְ > הָקִים + יְ > יָקִים

5) ו는 일반적으로 이중점을 찍을 수 없다(물론 예외는 있음). 그래서 이 자음이 동사의 둘째 자음 자리에 위치하여 중간 자음을 중복시키는 피엘이나 푸알형 안에 나타날 때, 자신의 자음을 중복시키는 대신 마지막 자리에 있는 자음을 중복시킨다.

예) קוּם의 피엘 완료 3인칭 남성 단수 → קִוֵּם이 아니라 קוֹמֵם이다. 이것을 일명 폴렐형이라고 부른다. 그 변화과정은 다음과 같다. קְוְמֵם(원래 피엘형의 원형은 ֿ 음으로 시작하는 것임) > קוֹמֵם(ו 밑에 쉐바가 오고 앞에 모음이 오기 때문에 다시 순장모음 וֹ로 변함)

6. 동사 안에 있는 순장모음과 관련된 규칙

1) 약동사에서는 י와 ו 등이 자음기능을 상실하고 모음으로 변하면서 순장모음이 자주 발생된다. 이 때 순장모음과 관련된 규칙에 유의할 필요가 있다.

2) 자음으로 시작하는 어미가 붙는 경우, 그 어미 바로 앞의 폐음절의 모음에 순장모음이 나오면 안 된다.

예) נָכוֹן(니팔형)의 완료 2인칭 남성 복수 → נְכוֹנְתֶּם가 아니라 נְכוֹנֹתֶם가 된다
(נ 다음에 모음 ֹ를 추가하여 폐음절을 개음절로 만들었음)

※ 참고) 이것은 규칙동사의 히필형에서 어느 정도 예견된 것이다. 규칙동사 גדל의 히필 완료의 경우 הִגְדִּיל에 자음으로 시작하는 어미가 오면 길어졌던 순장모음 ִי 가 원래 단모음 ַ 로 돌아간다. 그래서 한 예로 הִגְדַּלְתֶּם(“너희들(남성)이 위대하게 했다”)이 된다.

3) 모음으로 시작하는 어미가 붙을 때, 그 어미 바로 앞에 순장모음이 있는 경우 악센트가 어미로 이동되지 않고 앞의 순장모음에 계속 있다.

예) יָקוּם(칼 미완료)의 2인칭 여성 단수 → יָקוּמִ֫י가 아니라 יָק֫וּמִי가 된다(악센트가 뒤로 이동하지 않음).

※ 참고) 이것도 규칙동사 히필형에서 어느 정도 예견된 것이다. 규칙동사 גדל의 히필 완료의 경우 הִגְדִּיל에서 악센트를 갖는 모음으로 시작하는 어미가 올 때, 악센트가 어미로 이동하지 않고 앞의 순장모음 쪽에 붙는다. 그래서 הִגְדִּילֽ֫וּ가 아니라 הִגְדִּ֫ילוּ가 된다.

제20과

폐 눈 동사/폐 후음 동사

페 눈 동사

1. נָתַן 특징

נ이 자신 밑에 무성쉐봐가 올 때 뒤따라오는 자음과 동화가 된다.

נָתַן(주다)의 칼 미완료 3남단 → יִנְתֵּן > יִתֵּן이다. 여기서 יִתֹּן이 되지 않은 이유는 미완료형에는 두 번째 자음에 모음 ˙("오")를 붙이는 유형과 모음 ..("에")를 붙이는 두 가지 유형이 있기 때문이다. 주로 어떤 목표(또는 목적지)를 향해 움직이는 동작을 나타내는 동사의 미완료형들이 .. 음을 취한다. 대표적인 동사는 왕래발착의 동사이다.

2. נָתַן 동사의 명령형과 부정사 연계형 (모두 미완료에서 접두어를 뺀 형태)

1) 명령형은 원래 2인칭 미완료에서 접두어를 뺀 형태에서 변화하는 것이다. 예를 들어 נָתַן의 미완료 2인칭 단수는 תִּתֵּן이다. 여기서 앞의 접두어 תִּ를 생략하면 תֵּן만 남게 된다. 이것이 2인칭 단수 명령형의 형태이다.

2) 부정사 연계형

① 미완료에서 접두어와 접미어를 뺀 형태인 תֵּן이 되어야지만 נָתַן의 부정사 연계형은 여기에 ת를 다시 추가한다(ת를 추가하는 이유는 자음 수가 3개에서 2개로 줄어들었기 때문에 보충하는 차원에서 추가하는 것 같음). 그리고 결국 형태는 תֵּת가 된다. 변화과정은 다음과 같다.

תֵּן > תֵּנְת > תֵּתְּ(נ이 뒤에 나오는 ת로 동화) > תֵּת

② 부정사 연계형에 대명사접미나 동사접미가 올 때 형태가 약간 달라진다.

תֵּת → 주는 것, 주기 위하여(to give)

תִּתִּי → 나의 줌(나의 주는 것)

※ 참고) נָגַשׁ(접근하다)의 경우도 왕래발착 동사에 포함되어 부정사 연계형에서 원래 גֵּשׁ의 형태가 되는데 이 형태에 ת를 추가해서 גֵּשְׁת가 된 다음에 다시 쎄골형 명사의 모음을 취하여 גֶּשֶׁת로 변한다.

3. 페 눈 동사처럼 변하는 לָקַח 동사 (칼형에서만 변함)

1) לָקַח(취하다)의 칼 미완료는 יִקַּח이다. 자음 ל가 칼의 미완료에서 נ으로 변하고 이어서 뒤에 나오는 자음 ק에 동화되어 이중점이 나오게 된 것이다. 여기서 ק 다음에 모음 ˙("오")가 오지 않고 단모음 _ ("아")가 온 이유는 뒤에 오는 자음이 후음(ח)이기 때문이다. 동사에서 맨 마지막에 나오는 후음 자음은 자신 앞의 모음을 단모음 _ 로 만드는 경향이 있기 때문이다. 이처럼 칼 미완료에서 ˙("오") 대신에 _("아")가 나오는 또 다른 예는 상태동사이다(14과 상태동사 참조).

2) 이중점이 있는 자음 밑에 쉐바가 있을 때 그 이중점이 생략될 수 있다(p. 31의 라페에 대한 설명 참조). 예) יִקְּחוּ > יִקְחוּ

4. 기타 (원래 단모음 "오"가 이중점 앞에서 단모음 "우"로 변함)

נָגַד(말하다)의 호팔 미완 3 남단 → יָנְגַד > יָגַּד > יֻגַּד

5. 변화표

נָפַל(떨어지다)의 칼형		완 료	미 완 료
단 수	3남	נָפַל	יִפֹּל
	3여	נָפְלָה	תִּפֹּל
	2남	נָפַלְתָּ	תִּפֹּל
	2여	נָפַלְתְּ	תִּפְּלִי
	1공	נָפַלְתִּי	אֶפֹּל
복 수	3남	נָפְלוּ	יִפְּלוּ
	3여		תִּפֹּלְנָה

6. 예문

① יִפְּלוּ הַגִּבּוֹרִים עַל־פְּנֵיהֶם בְּגֶשֶׁת הַמֶּלֶךְ אֲלֵיהֶם

그 왕이 그들에게 가까이 왔을 때 용사들이 그들 앞에서 떨어질 것이다.

② שְׂאוּ[36] שְׁעָרִים רָאשֵׁיכֶם

문들아 너희들의 머리들을 들라.

페 후음 동사

1. 특징

1) 동사의 어근의 첫 번째 자음 자리에 후음이 나온다. 이 때 후음 밑에 오는 쉐바는 합성쉐바이다.

예) עָזַב(버리다)의 칼 미완료 3남단 → עֲזֹב + יְ > יְעֲזֹב > יַעֲזֹב

2) 페 후음 밑에 합성쉐바가 오고 그 앞에 또다시 쉐바가 올 때 원래는 유성쉐바가 연속해서 두 번 나와 ◌ְ◌ֲ 가 ◌ַ◌ֲ 형태(앞의 모음이 단모음화됨)로 변하지만 페 후음 동사의 두 번째 자음 자리에 나오는 모음이 ◌ַ 음이면, 형태가 ◌ֶ◌ֱ 로 바뀐다. 그 이유는 그렇지 않으면 ◌ַ◌ֲ◌ַ 가 되어 세 번 연속 "아"계열의 음을 발음하기 때문이다. 이것은 확실히 불편하다.

예) עָזַב의 니팔 완료 3남단 → עֲזַב + נְ > נַעֲזַב > נֶעֱזַב

2. 페음 자리에 있는 후음이 히필 완료에서 합성쉐바를 취할 때 주의할 점

1) הֶעֱבִיר라는 히필 완료에서 후음은 자신 밑에 합성쉐바를 취할 때 그 뒤에 ◌ַ 음이 나오지 않았음에도 불구하고 ◌ֲ 대신에 ◌ֱ를 취했다. 이것은 히필 완료는 원래 두 번째 모음이 ◌ַ ("아")음이었는데 그것이 ◌ִי 로 길어진 것이었기 때문이다. 원래 모음

36) נָשָׂא로서 그 뜻은 "들다, 나르다"라는 의미이다. 참고로 שַׁעַר는 "문"(gate)이라는 쎄골명사이다.

ַ 음을 취하는 히필 완료의 본 모습은 자음으로 시작하는 어미가 붙을 때 잘 나타난다. 한 예로 히필 완료 2남단에서 ַ 음이 나온다: הֶעֱבַרְתָּ(당신이 지나가도록 했다).

※ 변화과정) הַעֲבַר > הֶעֱבַר > הֶעֱבִיר

2) הֶעֱבִיר의 히필 미완료 3남단은 יַעֲבִיר이다. 여기서 모음 ִי 는 ֵ 에서 길어진 것이기 때문에 페 후음은 자신 밑에 합성쉐바로 ֲ 를 취하게 된 것이다. 모음 ֵ 를 취하는 미완료의 본모습은 자음으로 시작하는 어미가 붙을 때 다시 나타난다.

예) יַעֲבֵרְנָה

3. 페 후음 동사의 명령형

1) 기본적으로 명령형은 앞에 유성쉐바를 취한다. 따라서 페후음동사의 경우, 명령형은 첫 자음 후음 밑에 유성쉐바로 합성쉐바인 ֲ 음을 취한다.

예) חֲזַק("강하라") → חזק는 상태동사이기 때문에 미완료에서 마지막 모음이 ַ 이다.

2) 명령형은 앞에서 유성쉐바가 두 개 연달아 나와 앞의 쉐바를 단모음으로 만들 때 짧은 단모음 ִ 를 취한다. 이것은 페 후음에서도 동일하게 적용한다. 명령형은 유성쉐바가 앞에서 두 개 나올 때 ְ ִ 형태를 선호하기 때문이다.

예) חֲזְקִי > חַזְקִי > חִזְקִי("강하라", 여성)

명령형) חֲזַק (남성 단수)
חִזְקִי (여성 단수)
חִזְקוּ (남성 복수)
חֲזַקְנָה (여성 복수)

4. 변화표

עָזַב(버리다)의 칼형		완 료	미 완 료
단 수	3인칭 남	עָזַב	יַעֲזֹב
	3인칭 여	עָזְבָה	תַּעֲזֹב
	2인칭 남	עָזַבְתָּ	תַּעֲזֹב
	2인칭 여	עָזַבְתְּ	תַּעַזְבִי
	1인칭 공	עָזַבְתִּי	אֶעֱזֹב
복 수	3인칭 남	עָזְבוּ	יַעַזְבוּ
	3인칭 여		תַּעֲזֹבְנָה

5. 예문

① יַעֲזֹב הָאִישׁ אֶת־בֵּיתוֹ וְאֶת־כָּל־אֲשֶׁר לוֹ

그 사람은 그의 집과 그에게 속한 모든 것을 버릴 것이다.

② וַיַּחְשְׁבֶהָ[37] יְהוָה לוֹ צְדָקָה׃

여호와께서 그것(여성)을 그를 위해 의로 여기셨다.

37) חשב의 히필형으로 "생각하다"라는 뜻이다. 끝에 הָ ֶ 는 여성 3인칭 단수 동사접미이다.

제21과

페 א동사/아인 후음동사/ 라메드 후음동사와 라메드 א동사

페 א동사

1. 특징

1) א은 칼 미완료에서 밑에 쉐봐가 오면 대규칙(자신 앞에 모음이 오고 자신 밑에 쉐봐가 오면 א이 묵음화 되는 규칙)에 따라 묵음이 된다. 그리고 묵음이 되면서 자신 앞의 모음을 무조건 장모음으로 만든다. 그런데 이때 이 앞의 장모음으로 두 번째 모음인 장모음 ֹ(“오”)를 취한다는 특징이 있다. 이것은 아마도 도치현상으로 설명될 수 있을 것 같다.

예) אֱכֹל + יְ > יַאֱכֹל > יַאכֹל > יֹאכַל (여기서 모음이 서로 도치가 됨)

2) אָכַל(먹다, eat)의 미완료 1인칭 단수형은 다음과 같다.
אֹאכַל > אֹכַל(여기서 א이 중첩되면서 묵음인 뒤의 א이 생략되었음)

3) אָמַר(말한다)라는 동사의 경우 봐브계속법에 연결된 미완료로 나타날 때, 두 가지 형태를 취한다.

① וַיֹּאמַר → 일반적인 형태

② וַיֹּאמֶר → 말의 내용이 그 뒤에 따라올 때

※ 참고) 봐브계속법에서 나오는 미완료는 앞의 첫 음절이 개음절 일 때 가능한 악센트를 음절 앞으로 보내려는 경향이 있음을 기억하라.

2. 페 א동사의 명령형과 부정사(연계형)에서 주의할 점

1) 명령형

남성단수 : אֱכֹל(이것은 אֱכֹל에서 א 밑에 합성쉐봐 ֲ 가 ֱ 로 변한 것이다)*)

여성단수 : אִכְלִי(명령형은 유성쉐봐가 연속 나올 때 ִ ְ 의 형태를 선호함)

---

*) 원래는 אֲכֹל 이지만 뒤에 어미가 나오지 않자 자연스럽게 אֱכֹל로 변했다고 설명할 수 있다.

남성복수 : אִכְלוּ
여성복수 : אֲכֹלְנָה(다시 א 밑에 원래 합성쉐바 ֲ 를 붙인 것이다)

※ 주의) 여성단수와 남성 복수에서 א 밑에 단모음 “이”를 취한 이유는 유성쉐바가 연속해서 나와 앞의 유성쉐바를 단모음으로 만들 때 명령형은 그 특성상 짧게 발음하기 위해 후음과 상관없이 무조건 짧은 모음인 ִ 를 취하기 때문이다.

2) 부정사 연계형
אֱכֹל (이것은 마찬가지로 אֲכֹל 에서 א 밑에 합성쉐바 ֲ 가 ֱ 로 변한 것이다)

3. 변화표

אָמַר(말하다)의 칼형		미 완 료
단 수	3인칭 남	יֹאמַר
	3인칭 여	תֹּאמַר
	2인칭 남	תֹּאמַר
	2인칭 여	תֹּאמְרִי
	1인칭 공	אֹמַר
복 수	3인칭 남	יֹאמְרוּ
	3인칭 여	תֹּאמַרְנָה
명령형	남성 단수	אֱמֹר
	여성 단수	אִמְרִי
	남성 복수	אִמְרוּ
	여성 복수	אֱמֹרְנָה

4. 예문

① וַיֹּאמֶר אֱלֹהִים אָכֹל תֹּאכַל מִכָּל־עֵץ הַגָּן
하나님이 다음과 같이 말씀하셨다. "동산의 모든 나무들을 너는 실로 먹을 것이다."

② וְהֶאֱמִין[38] בַּיהוה
그가 여호와를 믿을 것이다.

아인 후음동사

1. 아인 후음동사의 특징

1) 칼 미완료에서 후음 밑에 단모음 ַ 을 취한다. 후음은 자기 앞의 모음과 뒤에 나오는 모음을 단모음 ַ 로 바꾸는 경향이 있기 때문이다. 하지만 칼형 외에 다른 형에서 동사 두번 째 자음 자리의 후음인 아인 후음은 자신 밑에 억지로 단모음 ַ 를 취하지 않고 규칙적으로 변한다. 반면 나중에 배울 라메드 후음은 다른 모든 어간형(니팔, 피엘 등)에서 자신 앞의 모음을 단모음 ַ 로 바꾼다.

예) בָּחַר(선택하다) 칼 미완료 3남단 → יִבְחֹר가 아니라 יִבְחַר.

בָּחַר의 니팔 미완료 3남단 → יִבָּחֵר(ח 밑에 ַ 음이 아니라 ֵ 가 된 것에 주목하라. 이래서 칼형 외에는 아인 후음 밑에 단모음 "아"음을 취하지 않는다)

2) 아인 자리에 있는 후음과 ר는 기본적으로 이중점을 찍을 수 없다. 이것은 피엘, 푸알, 히트파엘에서 동사 어근의 중간 자음 자리에서 후음(또는 ר)이 두 개가 연달아 반복해서 나올 수 없다는 뜻이다. 그래서 이 두 개 중 처음에 있는 것이 탈락하면서 앞의 음절이 개음절이 되어 그 앞의 음절 안에 있는 모음이 길어진다.

예) ברךְ(축복하다)의 피엘 완료 3남단 → בִּרֵּךְ가 아니라 בֵּרֵךְ(בִּרֵּךְ > בֵּרֵךְ)

ברךְ의 피엘 미완료 3남단 → יְבָרֵךְ(o), יְבַרֵּךְ(x)

---

38) אמן의 히필형으로 그 뜻은 "믿다"이다.

ברך의 피엘 미완료가 봐브계속법과 함께 나올 때 → וַיְבַרֵךְ > וַיְבָרֵךְ > וַיְבָ֫רֶךְ(봐브계속법 미완료에서는 첫음절이 개음절이 될 때 악센트가 앞으로 이동한다. 그래서 끝의 음절이 악센트 없는 폐음절이 되어 단모음이 됨)

2. 푸알에서 아인 후음 동사의 주의할 점

동사 어근의 두 번째 자음 자리에 나오는 후음에 이중점(두 개의 자음이라는 의미)을 찍을 수 없어 앞의 모음이 장모음이 될 때 푸알의 경우 단모음 ֻ ("우")는 그에 맞먹는 장모음 "우"가 없기 때문에 장모음 ֹ ("오")로 변한다.

예) ברך의 푸알 완료 3남단 → בֻּרַךְ > בֹּרַךְ

3. 변화표

מאן의 피엘형(거절하다)		완 료	미 완 료
단수	3인칭 남	מֵאֵן	יְמָאֵן
	3인칭 여	מֵאֲנָה	תְּמָאֵן
	2인칭 남	מֵאַנְתָּ	תְּמָאֵן
	2인칭 여	מֵאַנְתְּ	תְּמָאֲנִי
	1인칭 공	מֵאַנְתִּי	אֲמָאֵן
복수	3인칭 남	מֵאֲנוּ	יְמָאֲנוּ
	3인칭 여		תְּמָאֵ֫נָּה
명령형	남단	מָאֵן	
	여단	מָאֲנִי	
	남복	מָאֲנוּ	
	여복	מָאֵ֫נָּה	

4. 예문

① מֵאֲנוּ לְשָׁרֵת[40] בַּהֵיכָל[39] כִּי לֹא הֶאֱמִינוּ בַּיהוה

그들은 그 궁전에서 섬기기를 거절했다. 왜냐하면 그들이 여호와를 믿지 않았기 때문이었다.

② מַהֵר[42] הִמָּלֵט[41] אֶל־הָהָר

서둘러 그 산으로 도망가라.

라메드 후음동사와 라메드 א 동사

1. 라메드 후음 동사의 특징

라메드 자리에 나오는 후음은 모든 어간 형에서 자신 앞에 있는 모음(순장모음은 제외)을 단모음 ַ ("아")로 바꾼다.

예) שָׁמַע(듣다)의 칼 미완료 3남단 → יִשְׁמַע

שָׁמַע의 니팔 미완료 3남단 → יִשָּׁמֵע가 아니라 יִשָּׁמַע

שָׁמַע의 히필 명령 남성 단수 → הַשְׁמֵע가 아니라 הַשְׁמַע

בָּקַע(쪼개다)의 피엘 미완료 3남단 → יְבַקֵּע가 아니라 יְבַקַּע

2. 라메드 א 동사의 특징

1) א은 자신 앞에 모음이 오고 자신 밑에 쉐바(유성쉐바든 무성쉐바든 상관없음)가

---

39) הֵיכָל 은 "성전, 궁전" 이라는 뜻이다.

40) שֵׁרֵת 는 שׁרת 의 피엘형으로서 "섬기다"라는 뜻을 가진다.

41) מלט 의 니팔형으로 "도망하다"라는 뜻이다.

42) מהר 의 피엘형으로 "서두르다" 라는 뜻이다. 여기서는 명령형이다. .

올 때(즉 א이 속한 음절에 쉐바가 나타날 때) 묵음이 되면서 앞의 모음을 장모음으로 바꾼다. 그러므로 동사 끝에 나타나는 א은 묵음이다.

예) מָצָא(찾다) → 이 동사는 원래 מָצַא에서 나온 것인데 א이 바로 앞에 모음이 오고 자신 밑에 무성쉐바를 취하면서 묵음이 되어 앞의 모음 ַ 를 장모음 ָ 로 길게 만들었다.

2) 라메드 א도 후음의 일종이기 때문에 칼형에서 자신 앞에 있는 모음을 억지로 단모음 ַ 로 취하려고 한다. 그렇지만 칼형 외에 다른 어간형, 즉 니팔, 피엘, 히필 등에서는 단모음 ַ 를 억지로 취하지는 않는다. 또한 라메드 א은 자신 앞의 모음을 ֶ 로 취하는 본성이 있다. 이 본성은 자신 뒤에 자음으로 시작하는 어미가 붙을 때 그대로 나타난다. 칼 완료에서는 적용되지 않지만 칼 미완료와 다른 어간형(니팔, 피엘, 히필 등)에서는 자음으로 시작하는 어미가 올 때 א은 자신 앞의 모음을 다시 ֶ 음으로 바꾼다. 그런 다음 א은 묵음이 되어 앞의 모음인 ֶ 가 장모음 ֵ 로 길어진다.

예) מָצָא의 칼 완료 → מָצַא > מָצָא(3남단), מָצַאְתָּ > מָצָאתָ(2남단)
מָצָא의 칼 미완료 → יִמְצָא(3남단), תִּמְצֶאְנָה > תִּמְצֶאנָה(2여복)
מָצָא의 니팔 완료 → נִמְצָא(3남단), נִמְצֶאְתִּי > נִמְצֵאתִי(1남단)

3) 칼 완료형을 제외한 다른 어간 형태(칼 미완료도 포함)에서 א은 뒤에 자음으로 시작하는 어미가 올 때 자신 앞의 모음을 ֶ 로 취하지만, 자신 밑에 무성쉐바가 오기 때문에 결과적으로 묵음이 된다. 이 때 보통 단모음 ֶ 가 장모음 ֵ 로 길어지지만 이상하게도 נָה라는 어미 앞에서는 장모음으로 올라가지 않는다. 아마도 נָה라는 자음으로 시작하는 어미 앞에서는 א이 원래의 음가를 그대로 유지하려는 것 같다.

예) תִּמְצֶאנָה (מָצָא의 칼 미완료 3여복)

4) 라메드 א은 약한 후음이기에 칼형에서만 자신 앞의 모음을 ַ 로 억지로 취한다. 하지만 원래 "에"음을 좋아하기 때문에 칼형에서 앞의 모음이 "에"음 계열이라면 그것을 억지로 ַ 로 바꾸지 않는다. 예) יָרֵא(두려워하다, 칼 완료 3남단).

3. 라메드 א 동사의 칼형 명령형과 부정사(연계형)

1) 명령형

남성단수 : מְצָא
여성단수 : מִצְאִי
남성복수 : מִצְאוּ
여성복수 : מְצֶאנָה

2) 부정사 연계형

מְצָא가 아니라 מְצֹא이다(부정사 연계형은 접두어와 접미어를 뺀 미완료형인데, 원래 미완료는 יִמְצֹא였는데 후음인 א의 영향으로 יִמְצָא가 되었다. 따라서 원형인 부정사 연계형은 원래 형태에서 접두어와 접미어를 뺀 것이다).

4. 라메드 א과 다른 약자음(후음, ו, י, נ)이 혼합된 약동사의 경우

1) חָטָא(죄짓다)의 히필 완료형 → הֶחֱטֵאתָ(2남단) 이다. א 앞의 모음이 원래 단모음 ַ였는데 א이 자음으로 시작하는 어미가 붙을 때 앞의 모음을 다시 단모음 ֶ로 바꾸고 자신이 묵음이 되면서 장모음 ֵ로 변화시킨 것이다. 따라서 ה 밑에 합성쉐봐는 자신 뒤에 원래 ַ음이 있었기에 ֲ를 취하지 않고 ֱ를 취했다(약동사 대규칙 참조).

※ 변화과정) הַחֲטַאְתָ > הֶחֱטַאְתָ > הֶחֱטֶאְתָ > הֶחֱטֵאתָ

2) נָשָׂא(들다; 나르다) 의 칼 미완료 3남단 → יִשָּׂא이다(페 눈 동사 참조).
נָשָׂא의 칼 명령형 → שָׂא(항상 명령형은 미완료에서 접두어를 생략한 것임)
נָשָׂא의 칼 부정사 연계형 → נְשֹׂא / שְׂאֵת라는 두 가지 형태가 있음.

칼 부정사의 변화과정 → שָׂא > שָׂאְת(ת가 뒤에서 삽입) > שֶׂאֶת > שְׂאֵת
נָשָׂא의 칼 부정사 연계형이 전치사 לְ(영어로 "to")에 연결될 때 → לָשֵׂאת이다.
이것의 변화과정 → שְׂאֵת + לְ > שֶׂאֶת + לְ > לְשֶׂאֶת > לְשֵׂאת > לָשֵׂאת

5. 기타

מָצָא의 히필 → הִמְצִאתָ(완료 3남단), הִמְצִ֫ינוּ(완료 1공복, 변화표 참조)
מָצָא의 니팔 → נִמְצָא(완료 3남단), נִמְצֵאתָ(완료 2남단), יִמָּצֵא(미완료 3남단)

6. 변화표

חָטָא의 칼형		완료	미완료	חָטָא의 히필형		완료	미완료
단수	3남	חָטָא	יֶחֱטָא	단수	3남	הֶחֱטִיא	יַחֲטִיא
	3여	חָטְאָה	תֶּחֱטָא		3여	הֶחֱטִיאָה	תַּחֲטִיא
	2남	חָטָאתָ	תֶּחֱטָא		2남	הֶחֱטֵאתָ	תַּחֲטִיא
	2여	חָטָאת	תֶּחֶטְאִי		2여	הֶחֱטֵאת	תַּחֲטִ֫יאִי
	1공	חָטָאתִי	אֶחֱטָא		1공	הֶחֱטֵאתִי	אַחֲטִיא

שָׁלַח (보내다)의 니팔형		완료	미완료	קָרָא (부르다)의 니팔형		완료	미완료
단수	3남	נִשְׁלַח	יִשָּׁלַח	단수	3남	נִקְרָא	יִקָּרֵא
	3여	נִשְׁלְחָה	תִּשָּׁלַח		3여	נִקְרְאָה	תִּקָּרֵא
	2남	נִשְׁלַחְתָּ	תִּשָּׁלַח		2남	נִקְרֵאתָ	תִּקָּרֵא
	2여	נִשְׁלַחְתְּ	תִּשָּׁלְחִי		2여	נִקְרֵאת	תִּקָּרְאִי
	1공	נִשְׁלַחְתִּי	אֶשָּׁלַח		1공	נִקְרֵאתִי	אֶקָּרֵא
복수	3남	נִשְׁלְחוּ	יִשָּׁלְחוּ	복수	3남	נִקְרְאוּ	יִקָּרְאוּ
	3여		תִּשָּׁלַחְנָה		3여		תִּקָּרֶ֫אנָה

מָצָא의 히필형		완 료	미 완 료
단수	3남	הִמְצִיא	יַמְצִיא
	3여	הִמְצִ֫יאָה	תַּמְצִיא
	2남	הִמְצֵ֫אתָ	תַּמְצִיא
	2여	הִמְצֵאת	תַּמְצִ֫יאִי
	1공	הִמְצֵ֫אתִי	אַמְצִיא
복수	3남	הִמְצִ֫יאוּ	יַמְצִ֫יאוּ
	3여		תַּמְצֶ֫אנָה
	2남	הִמְצֵאתֶם	תַּמְצִ֫יאוּ
	2여	הִמְצֵאתֶן	תַּמְצֶ֫אנָה
	1공	הִמְצִ֫ינוּ [43]	נַמְצִיא
명령형	남단	הַמְצֵא	
	여단	הַמְצִ֫יאִי	
	남북	הַמְצִ֫יאוּ	
	여복	הַמְצֶ֫אנָה	

43) 원래 형태는 הִמְצֵאנוּ이다. 여기서 א은 묵음이기 때문에 마지막 어미 נוּ 앞에는 장모음 ֵ ("에")로 끝나는 개음절이다. 그런데 어미에 있는 모음 וּ음은 혀의 위치가 높은 모음(high vowel)이기 때문에 이 영향으로 아마도 장모음 "에"가 더 높은 모음인 "이"로 길어져서 순장모음 ִי 로 변화된 것으로 추측할 수 있다. 그래서 형태가 הִמְצִינוּ가 되었다고 볼 수 있다. 순장모음이 ִי 로 변하면서 א은 아주 글자까지 사라졌다.

7. 예문

① אֶשְׁמַע אֶת־קוֹל־עַמִּי בְּקָרְאָם אֵלָי[44] ׃

그들이 나에게 부르짖을 때 나는 나의 백성의 소리를 들을 것이다.

② וְאֶסְלַח[46] לְחַטָּאתָם וְאֶרְפָּא[45] אֶת־אַרְצָם

그리고 나는 그들의 죄를 용서하고 그들의 땅을 고칠 것이다.

---

44) אֵלָי는 "나를 향해" 라는 뜻이다. 원래는 אֵלַי 이지만 문장의 마지막 단어에서는 강한 악센트가 오기 때문에 강한 악센트의 영향으로 ל 밑에 단모음 ַ 가 장모음 ָ 로 길어졌다. 참고로 ׃ 기호는 히브리어에서 문장을 끝맺는 마침표 기호이다.

45) רָפָא는 "고치다"라는 뜻이다.

46) סָלַח는 "용서하다" 라는 뜻이다.

제22과

페 א 동사와 페 י 동사
/아인 א 동사와 아인 י 동사

페 י 동사

1. 특징

페 י 동사와 페 ו 동사는 칼 완료형에서는 י로 동일하게 나타나기 때문에 서로 구별되지 않는다. 하지만 그 밖의 형태에서는 본 모습을 드러낸다. 일반적으로 י와 ו는 주위의 모음이 자신과 같은 계열이 아닌 모음(י는 후설모음, ו는 전설모음)일 때 생략된다. 따라서 미완료에서 ו로 시작하는 동사는 앞에, 접두어 י 밑에 단모음 "이"(전설모음 계열) 때문에 생략이 된다.

1) יָשַׁב(앉다, 원래 וָשַׁב에서 나옴)의 칼 미완료 3남단 → יִוְשֵׁב > יִושֵׁב > יִשֵׁב > יֵשֵׁב (ו는 앞에 . 모음이 전설모음이기 때문에 탈락하고, ו가 탈락하면서 앞의 음절이 개음절이 되어 그 음절의 모음 . 가 장모음 .. 로 길어짐)

2) יָרַשׁ(상속하다)의 칼 미완료 3남단 → יְרַשׁ + יְ > יִיְרַשׁ > יִירַשׁ (ר밑에 모음 _가 온 것은 ר가 마치 후음처럼 자신 밑에 단모음 _를 취했기 때문이다)

3) יָרַשׁ의 히필 완료 3남단 → יְרִישׁ + הֲ > הֲיְרִישׁ > הַירִישׁ > הֵירִישׁ

4) יָטַב(좋다)의 히필 완료 3남단 → יְטִיב + הֲ > הֲיְטִיב > הַיטִיב > הֵיטִיב

5) יָטַב의 히필 미완료 3여복 → תֵּיטַבְנָה (תֵּיטֵבְנָה가 되지 않고 ט 밑에 _ 음을 취한 이유는 연속적으로 장모음을 세 번 발음하기기 힘들기 때문인 것 같다)

6) יָצָא(나가다, 원래 וצא에서 나옴)의 칼 미완료 3남단 → וְצֵא + יְ > יִוְצֵא > יִצֵא (ו가 모음 . 뒤에서 탈락함) > יֵצֵא (יִ의 모음이 개음절에서 장모음 "에"가 됨)

2. יָשַׁב에서 주의할 점

1) 칼 완료형 יָשַׁב는 원래 וָשַׁב에서 나온 것이다. 그래서 칼 미완료와 다른 어간형에서는 원래대로 י 대신에 ו가 등장한다. 예를 들면, יָשַׁב의 니팔 완 3남단 → נִוְשַׁב > נַוְשַׁב(이중모음) > נוֹשַׁב(이 경우는 ו가 생략되는 것을 막기 위해 ו가 순장모음

וֹ으로 변했음).*)

2) יָשַׁב의 칼 미완료 3남단 → יֵשַׁב가 아니라 יֵשֵׁב이다. 두 번째 모음 자리에서 모음 ˙ 대신에 .. 가 나온 이유는 왕래발착의 동사(어떤 목표를 가지고 움직이는 동사)의 공통적인 특징 때문이다. 미완료에 모음 .. 를 취하는 대표적인 동사는 יָשַׁב 외에도 נָתַן, יָצָא, הָלַךְ(걷다), יָרַד(내려가다), נָגַשׁ(접근하다) 등이 있다.

예) 칼 미완료 3남단 → יִתֵּן(주다) יֵרֵד(내려가다) יֵלֵךְ(걷다) יֵצֵא(나가다)

3) יָשַׁב의 호팔 완료 3남단 → הָוְשַׁב > הָושַׁב > הוּשַׁב

4) יָשַׁב의 칼 봐브계속법 미완료 → וַיֵּשֵׁב > וַיֵּשֵׁ֫ב > וַיֵּ֫שֶׁב가 된다(미완료는 봐브계속법과 연결될 때 악센트를 앞으로 옮긴다. 하지만 1인칭 단수 미완료는 예외가 된다. 그래서 악센트가 앞으로 이동되지 않는다. 예를 들면 וָאֵשֵׁב).

5) יָשַׁב의 칼 명령형

남성단수 : שֵׁב
여성단수 : שְׁבִי
남성복수 : שְׁבוּ
여성복수 : שֵׁבְנָה

6) יָשַׁב의 칼 부정사 연계형 → לָשֶׁבֶת이다. 원래대로 하면 칼의 미완료 יֵשֵׁב에서 접두어를 생략한 שֵׁב가 되어야 하지만 이렇게 되면 자음이 두 개밖에 나오지 않기 때문에 보상적 차원에서 ת를 뒤에 붙인 것이다. ת + שֵׁב > שֵׁבְת > שֶׁ֫בֶת

3. 원래 페 ו동사인 הָלַךְ 동사

הָלַךְ(가다)는 원래는 וָלַךְ로서 페 ו 동사이지만 칼 완료에서 앞 자음 ו가 ה로 변해, 페 후음 동사처럼 행동한다. 하지만 그 외에서는(칼 미완료, 니팔, 피엘, 푸알, 히필 등) ו가 나타난다. 칼 미완료형을 기초로 해서 형성되는 명령형과 부정사 연계형도 모두 페 ו동

---

*) 원래 ו가 순장모음 וּ로 변했다가 뒤에 나오는 모음 _ 의 영향으로 וֹ로 변한 것이다. 하지만 이런 변화는 규칙이 아니기 때문에 וּ는 뒤에 모음 _ 가 있어도 대부분 וּ로 그대로 있다.

사처럼 변한다.

예 1) הָלַךְ의 칼 미완료 3남단 → וְלֵךְ + יְ > יִוְלֵךְ > יוֹלֵךְ > יֵלֵךְ(두번 째 자음 ל밑에 모음 ˙ 대신 .. 를 취한 것은 왕래발착 동사이기 때문이다.)

예 2) הָלַךְ의 히필 완료 3남단 → וְלִיךְ + הִ > הִוְלִיךְ > הוֹלִיךְ (그가 가도록 했다)

4. 기타 예외

1) יָכֹל(할 수 있다, 원래 וָכֹל이다)의 칼 미완료 3남단 → וְכַל + יְ (상태동사는 미완료에서 모음 _ 를 취함) > יִוְכַל > יִוּכַל > יוּכַל이다(여기서 ו가 י 밑에 나오는 단모음 "이"다음에 생략되지 않기 위해서 순장모음으로 변하고, 거꾸로 이 순장모음 때문에 단모음 "이"가 생략되었다. 한편 יָכֹל의 부정사 연계형은 יְכֹלֶת로서 불규칙변화이다).

2) 페 י와 페 ו는 동사 어근의 두 번째 자음 자리에서 마찰음(구체적으로 치조음과 치조구개음에서 나는 마찰음)이 나올 때 페 נ 동사처럼 변하여, 그 다음 자음에 동화되어 이중점을 만들어 주고 생략된다.

예) יָצַק(쏟아 붓다, pour out)의 칼 미완료 3남단 → יְצֹק + יְ > נְצֹק + יְ > יִנְצֹק > יִצֹּק

יָסַר(가르치다)의 칼 미완료 3남단 → יְסֹר + יְ > נְסֹר + יְ > יִנְסֹר > יִסֹּר

※ 정리) 칼 미완료 원형 모음은 다음 세 가지 종류가 있다.

① "오"형 : יִשְׁמֹר (대부분이 장모음 ˙("오")를 취함)

② "아"형 : יִבְחַר (후음이 있는 동사나 상태동사는 _("아")를 취함)

③ "에"형 : יֵצֵא (몇 개의 왕래발착 동사는 ..("에")를 취함, 또한 다음에 배울 아인 י동사도 칼 미완료에서 .. 를 취함)

5. 변화표

יָשַׁב(앉다)의 칼형		미완료	יָרַשׁ(상속하다)의 칼형		미완료
단수	3남	יֵשֵׁב	단수	3남	יִירַשׁ
	3여	תֵּשֵׁב		3여	תִּירַשׁ
	2남	תֵּשֵׁב		2남	תִּירַשׁ
	2여	תֵּשְׁבִי		2여	תִּירְשִׁי
	1공	אֵשֵׁב		1공	אִירַשׁ
복수	3남	יֵשְׁבוּ	복수	3남	יִירְשׁוּ
	3여	47) תֵּשַׁבְנָה		3여	תִּירַשְׁנָה
명령	남단	שֵׁב	명령	남단	48) רַשׁ
	여단	שְׁבִי		여단	רְשִׁי
	남복	שְׁבוּ		남복	רְשׁוּ
	여복	שֵׁבְנָה		여복	רַשְׁנָה
부정사연계형		שֶׁבֶת	부정사연계형		רֶשֶׁת

47) 원래 תֵּשֵׁבְנָה인데 그렇게 되면 계속 장모음이 나오기 때문에 שׁ 밑에서 ‥ 를 단모음 ַ 로 바꾸어 תֵּשַׁבְנָה가 되었다고 설명할 수 있다.

48) 명령형은 미완료형 2인칭에서 접두와 접미를 생략한 것이다. 그래서 명령형 남성 단수는 미완료형 2인칭 남성 단수인 תִּירַשׁ에서 앞에 접두어인 ת를 생략해서 나온 형이다. 이 때 ת를 생략하면 모음으로 시작하는 음절이 되어 앞의 모음 ִי. 도 생략된다. 그 결과 지금의 רַשׁ가 나온 것이다.

הָלַךְ(가다)의 칼형		완 료	미완료
단수	3남	הָלַךְ	יֵלֵךְ
	3여	הָלְכָה	תֵּלֵךְ
	2남	הָלַכְתָּ	תֵּלֵךְ
	2여	הָלַכְתְּ	תֵּלְכִי
	1공	הָלַכְתִּי	אֵלֵךְ
복수	3남	הָלְכוּ	יֵלְכוּ
	3여		תֵּלַכְנָה
명령	남단	לֵךְ	
	여단	לְכִי	
	남복	לְכוּ	
	여복	לֵכְנָה	
부정사연계형		לֶכֶת	

6. 예문

① אֵדַע כִּי הוּא חָפֵץ לָשֶׁבֶת עַל־כִּסְאוֹ וְלִשְׁפֹּט אֶת־עַמּוֹ

나는 그가 그의 보좌에 앉아서 그의 백성을 판단하기를 기뻐한다는 것을 안다.

② הוֹלִיךְ הַמֶּלֶךְ הָרַע אֶת־הָעָם בַהַטָּאת

그 악한 왕은 그 백성을 그 죄악으로 걸어가도록 했다.

아인 י 동사와 아인 ו 동사

1. 특징

1) 아인 י와 아인 ו는 칼 완료형에서 모습을 나타내지 않는다. 하지만 칼 미완료와 다른 어간형에서는 모습을 드러낸다.

예) קוּם(일어나다)의 칼 완료 3남단 → קָוַם(קָוַם의 원래 형태) > קָם(ו가 모음으로 변하는 대신 탈락; ַ가 ָ로 길어지고 ָ는 순장모음 역할)

שִׂים(놓다)의 칼 완료 3남단 → שַׂיַם > שָׂם(י가 탈락; ָ는 순장모음 역할)

2) י와 ו는 자신 앞에 모음과 자신 밑에 쉐바가 올 때, 또는 자신 앞에 유성쉐바가 오고 자신 뒤에 모음이 올 때 모음으로 변화하여 주위에 있는 모음과 함께 이중모음으로 변했다가 다시 순장모음으로 변한다. 하지만 이 때 주위의 모음이 자신과 같은 계열이 아닌 모음(י는 후설모음, ו는 전설모음) 일 때 생략된다.

예) קוּם(일어나다)의 칼 완료 → קָם(3남단), קָ֫מָה(3여단; 아래 변화표 참조)

קוּם의 칼 미완료 3남단 → קְוֹם + יְ > קוּם + יְ (ו가 뒤에 오는 모음 ֹ와 이중모음이 된 후 다시 순장모음 וּ가 됨) > יְקוּם > יָקוּם (י의 쉐바는 악센트 앞에서 장모음 ָ로 길어짐)

קוּם의 칼 분사 → קָם(남단), קָ֫מָה(여단), קָ֫מִים(남복), קָ֫מוֹת(여복). 칼 분사는 칼 완료 3남단의 형태를 차용한 것이다. 즉, 분사 קָם은 קוּם의 완료 3남단의 모양을 그대로 사용한 것으로, 여기서 주의할 점은 분사에서는 악센트가 뒤로 간다는 것이다.

שִׂים(놓다)의 칼 미완료 3남단 → שְׂיֵם(아인 י동사의 칼 미완료 모음은 ֵ 임) + יְ > יְשִׂים(י는 모음 ֵ 와 함께 이중모음이 되었다가 다시 순장모음 ִי 가 됨) > יָשִׂים

כּוּן(세우다)의 니팔 완료 3남단 → כְּוַן + נְ > כּוֹן + נְ > נָכוֹן

כּוּן의 니팔 미완료 3남단 → הִכְּוֵן + יְ > הִכּוֹן + יְ > יִכּוֹן

קוּם의 히필 완료 3남단 → קְוִים + הִ > קִים + הִ (ו는 모음 "우"로 변한 다음 뒤에 모음 י. (전설모음)가 오자 탈락) > הֲקִים > הֵקִים

קוּם의 히필 미완료 3남단 → קְוִים + הִ + יְ > קִים + הִ + יְ > הָקִים + יְ > יָקִים

קוּם의 히필 분사 → הָקִים + מְ > מָקִים > מֵקִים (מ 밑에 모음 ָ 가 ֵ 로 변함)

קוּם의 호팔 완료 3남단 → הָקְוַם > הָוְקַם (ו와 ק이 도치됨) > הוּקַם

בּוֹא(오다)의 칼 완료 3남단 → בְּוַא > בָּא (ו가 생략됨)

בּוֹא(오다)의 칼 미완료 3남단 → בְּוַא + יְ > בּוֹא + יְ > יָבוֹא

2. 아인 י와 아인 ו 동사에서 악센트 주의사항

1) 악센트를 가진 모음으로 시작하는 어미가 붙을 때 그 앞에 순장모음이 있으면 악센트가 순장모음 쪽으로 이동한다.

예) קוּם의 칼 미완료 2여단 → תָּקוּמִ֫י가 아니라 תָּק֫וּמִי이다.

2) 동사에 자음으로 시작하는 어미가 붙을 때 그 어미 앞의 폐음절 안의 모음에 순장모음이 오면 안 된다는 동사의 규칙 때문에 자음으로 시작하는 어미 앞에 모음(완료에서는 순장모음 וֹ 또는 장모음 ֹ ("오"), 미완료에서는 이중모음 ֶי 또는 모음 ֶ)을 추가하여 개음절을 만든다. 이 때 추가한 모음 쪽으로 악센트가 이동한다.

예) כּוּן의 니팔 완료 2남단 → נְכוּנ֫וֹתָ 또는 נְכוֹנ֫וֹתָ (원래는 נְכוֹנ֫תָּ가 되어야 하지만 כּוֹ의 순장모음 וֹ가 악센트 앞에서 וּ로 변했다. 한편 נְכוֹנֹתֶ֫ם 참조)

קוּם의 히필 미완료 3여복 → תָּקֵמ֫(י)נָה

3) 아인 י동사와 아인 ו동사는 칼 완료에서 악센트는 맨 앞 음절에 있다(תַּ֫ם이나 תֵּ֫ן

으로 끝나는 동사변화는 예외이다. 이 어미는 무조건 악센트를 가진다). 악센트가 앞 음절에 있는 것은 그 음절의 모음이 순장모음과 같은 역할을 하기 때문이다.

예) קוּם의 칼 완료 3남단 → קָם(3남단), קָ֫מָה(3여단), קַמְתֶּם(2남복)

3. 단축형

1) 아인 ׳ 동사와 아인 ו 동사는 주위의 모음과 함께 순장모음을 만들기 때문에 순장모음이 자주 등장한다. 하지만 이 동사들의 미완료가 봐브계속법에 연결될 때 순장모음을 취할 수 없다(봐브계속법은 짧게 말하는 특징이 있기 때문에 순장모음은 피한다). 그래서 그 순장모음들은 그에 해당되는 장모음으로 다시 바꾸어진다.

예) יָקוּם의 봐브계속법 → וַיָּקֹם > וַיָּ֫קָם (봐브계속법에 붙은 미완료는 악센트가 앞으로 이동한다. 마지막 폐음절은 악센트가 없어 단모음 ָ ("오") 가 된다)

※ 예외) 미완료 1인칭인 경우에는 봐브계속법에 연결될 때 단축형을 잘 사용하지 않는다. וָאָקוּם, וָאָשִׂים

2) 간접명령의 경우도 규칙동사 히필의 경우에서 알 수 있듯이 순장모음을 사용할 수 없다. 그래서 순장모음과 같은 음을 내는 장모음을 대신 사용한다.

예) יָקוּם의 간접명령형 → יָקֹם(그가 일어나도록 하라)

[주의사항]

아인 ו 동사는 피엘과 푸알형에서 중간 자음 자리에서 가급적 이중점을 찍으려 하지 않는다. 일반적으로 ו가 두 번 중복해서 나오는 것을 싫어하기 때문이다. 그래서 중복하지 못하는 대신 맨 끝에 나오는 자음을 한 번 더 사용한다.

1) קוּם의 피엘 완료 3남단 → קִוֵּם이 아니라 קוֹמֵם이다. 그 변화과정은 다음과 같다. קַוֵּם(원래 피엘형의 원형은 ַ 음으로 시작)> קַמֵּם > קוֹמֵם. 이런 형태를 폴렐형(Polel) 이라고 부른다.

2) קוּם의 푸알 3남단 → קֻוַּם > קֻמַּם > קוֹמַם(아마도 ו 음이 다음에 나오는

모음 ַ 의 영향으로 וֹ로 변한 것 같다). 이런 형태를 폴랄형(Polal)이라고 부른다.

3) 그렇지만 무조건 ר에 이중점을 찍을 수 없는 것은 아니다.

예) יִוָּשֵׁב(יָשַׁב의 니팔 미완료 3남단), אִוָּה(אוה의 피엘 완료, 원하다, want. 라메드 헤 동사의 피엘형은 일반 피엘형과 다르다. 다음 과에서 배울 것임)

4. 기타

1) בּוֹשׁ(창피하다)의 칼형 완료 3남단과 미완료 3남단은 각각 בּ(וֹ)שׁ와 יֵבוֹשׁ이다. בּוֹשׁ는 상태동사이기 때문에 완료에서 모음 ˙("오"), 미완료에서 모음 ַ ("아")를 취했다(앞에 상태동사 참조). 변화과정은 다음과 같다.

칼 완료 3남단 → בְּוֹשׁ > בֹּשׁ(ו가 탈락, ˙ 는 순장모음 역할) 또는 בּוֹשׁ

칼 완료 → בּ֫וֹשָׁה(3여단), בֹּ֫שְׁתִּי(1공단), בֹּ֫(וֹ)שׁוּ(3공복)

칼 미완료 3남단 → בְּוַשׁ + יְ > בּוֹשׁ + יְ > יֵבוֹשׁ

2) שׁוּב(돌아오다)의 칼형 → שָׁב(완료 3남단), יָשׁוּב(미완료 3남단), שׁוּב(명령형)

※ 정리)

칼 완료형은 원래 □□ַ□ְ 형태에서 나온 것으로 악센트 앞에서 ְ 가 장모음 ָ 로 길어져 □□ַ□ָ 형태가 된 것이다. 이런 점에서 아인 י동사와 아인 ו동사의 칼 완료형도 □□ַ□ְ 형태에서 변화되고 있음을 알 수 있다.

5. 변화표

		קוּם(일어나다)의 칼형		שִׂים(놓다)의 칼형	
		완료	미완료	완료	미완료
단수	3남	קָם	יָקוּם	שָׂם	יָשִׂים
	3여	קָמָה	תָּקוּם	שָׂמָה	תָּשִׂים
	2남	קַמְתָּ	תָּקוּם	שַׂמְתָּ	תָּשִׂים
	2여	קַמְתְּ	תָּקוּמִי	שַׂמְתְּ	תָּשִׂימִי
	1공	קַמְתִּי	אָקוּם	שַׂמְתִּי	אָשִׂים
복수	3남	קָמוּ	יָקוּמוּ	שָׂמוּ	יָשִׂימוּ
	3여		תְּקוּמֶנָה		תְּשִׂימֶנָה
	2남	קַמְתֶּם	תָּקוּמוּ	שַׂמְתֶּם	תָּשִׂימוּ
	2여	קַמְתֶּן	תְּקוּמֶנָה	שַׂמְתֶּן	תְּשִׂימֶנָה
	1공	קַמְנוּ	נָקוּם	שַׂמְנוּ	נָשִׂים
권 유		אָקוּמָה		אָשִׂימָה	
간접명령		יָקֹם (단축형)		יָשֵׂם (단축형)	
구분		명령	분사	명령	분사
단수	남성	קוּם	קָם	שִׂים	שָׂם
	여성	קוּמִי	קָמָה	שִׂימִי	שָׂמָה
복수	남성	קוּמוּ	קָמִים	שִׂימוּ	שָׂמִים
	여성	קֹמְנָה[49]	קָמוֹת	שֵׂמְנָה	שָׂמוֹת
부정사	절대형	קוֹם		שׂוֹם	
	연계형	קוּם		שִׂים	
바브계속+미완		וַיָּקָם		וַיָּשֶׂם	

שׁוּב(돌아오다)의 히필형		완 료	미완료
단수	3남	הֵשִׁיב	יָשִׁיב
	3여	הֵשִׁ֫יבָה	תָּשִׁיב
	2남	הֲשִׁיב֫וֹתָ	תָּשִׁיב
	2여	הֲשִׁיב֫וֹת	תָּשִׁ֫יבִי
	1공	הֲשִׁיב֫וֹתִי	אָשִׁיב
복수	3남	הֵשִׁ֫יבוּ	יָשִׁ֫יבוּ
	3여		תְּשִׁיבֶ֫ינָה
	2남	הֲשִׁיבוֹתֶם	תָּשִׁ֫יבוּ
	2여	הֲשִׁיבוֹתֶן	תְּשִׁיבֶ֫ינָה
	1공	הֲשִׁיב֫וֹנוּ	נָשִׁיב
명령형	남단	הָשֵׁב	
	여단	הָשִׁ֫יבִי	
	남복	הָשִׁ֫יבוּ	
	여복	הָשֵׁבְנָה	
부정사	절대형	הָשֵׁב	
	연계형	הָשִׁיב	
봐브 계속법/간접명령		יָשֵׁב/וַיָּ֫שֶׁב	
분사		מֵשִׁיב	

כון(세우다)의 니팔형		완 료	미완료
단수	3남	נָכוֹן	יִכּוֹן
	3여	נָכֹ֫ונָה	תִּכּוֹן
	2남	נְכוּנֹ֫תָ	תִּכּוֹן
	2여	נְכוּנֹ֫ת	תִּכֹּ֫ונִי
	1공	נְכוּנֹ֫תִי	אֶכֹּון
복수	3남	נָכֹ֫ונוּ	יִכֹּ֫ונוּ
	3여		תִּכּוֹנֶּ(י)נָה
	2남	נְכוּנֹתֶ֫ם	תִּכֹּ֫ונוּ
	2여	נְכוּנֹתֶ֫ן	תִּכּוֹנֶּ(י)נָה
	1공	נְכוּנֹ֫נוּ	נִכּוֹן

6. 예문

① וָאָקוּם וָאָנוּס[50] מֵהַמִּלְחָמָה

나는 일어나서 그 전쟁으로부터 도망쳤다.

② וַיֹּאמֶר יהוה קוּם לֵךְ אֶל הָעִיר הַגְּדוֹלָה הַהִיא

여호와가 말씀했다. "너는 일어나 저 큰 도성으로 가라."

---

49) 원래대로 한다면 קוּמְנָה이 되어야 했을 것이다. 하지만 명령형은 히필의 경우에서 알 수 있듯이 가급적 간단하게 말해야 하기 때문에 자구책으로 וּ를 그에 맞먹는 장모음 ֹ 로 바꾼 것이다. 그렇게 되면 נָה에 순장모음이 오지 않기 때문에 굳이 ֵ 를 추가할 필요가 없게 되어 קֹמְנָה의 형태가 되었다.

50) נוס의 칼 미완료형이다. 그 뜻은 "도망치다"이다.

제23과

라메드 ה 동사 / 아인 중복동사

라메드 ה 동사

라메드 ה는 모든 동사 어간(stem)의 완료형에서 자신 앞의 모음을 ָ 로 취하고 모든 동사 어간의 미완료형에서는 자신 앞의 모음을 ֶ 로 취한다.

예) גלה(계시하다)의 칼 완료와 미완료는 각각 גָּלָה와 יִגְלֶה이다.

동사의 마지막 자음 자리에서 나오는 ה는 원래 י가 변형된 것이다. 그래서 자음으로 시작하는 어미가 뒤에 붙을 때 원래의 모습으로 돌아가서 י로 변하고 앞의 모음을 ֶ 로 다시 바꾼다. 그러나 이 때 다시 자음 י는 자신 밑에 쉐봐가 오기 때문에 발음상 불편하여 모음으로 변하여 이중모음을 만든 다음 다시 순장모음 ִי 또는 ֵי 로 변하게 된다. 단 어미 נָה 앞에서는 순장모음으로 변하지 않고 이중모음 ֶי 형태를 유지한다.

예) גָּלָה의 칼 완료 2남단 → גָּלַיְתָ > גָּלֶיְתָ > גָּלֵיתָ > גָּלִיתָ
גָּלָה의 칼 미완료 3여복 → תִּגְלֶיְנָה > תִּגְלֶינָה

1. 라메드 ה 뒤에 모음으로 시작한 어미가 붙을 때 주의할 점

1) 라메드 ה 동사는 모음으로 시작하는 어미(주로 וּ나 ִי 와 같은 순장모음)가 오면, 그 끝에 ה가 י로 변한 다음 생략된다(이 때 י 앞에 있는 쉐봐도 생략됨).

예) גָּלָה의 칼 완료 3공복 → גָּלְהוּ > גָּלְיוּ > גָּליוּ > גָּלוּ
גָּלָה의 칼 미완료 2여단 → תִּגְלְהִי > תִּגְלְיִי > תִּגְליִי > תִּגְלִי

2) 모든 어간형에 완료 3인칭 여성 단수는 예외이다. 이 때에는 라메드 ה가 י로 변하지 않고 ת로 변하기 때문이다.

예) גָּלָה의 칼 완료 3인칭 여성 단수 → גָּלְתָה

3) 모음으로 시작하는 어미가 붙더라도, 라메드 ה가 י로 변한 후에 생략되지 않는 경우가 있다. 칼 수동형 분사가 이 경우다.

예) גָּלָה의 칼형 수동분사(여기서 ה는 처음부터 י로 변환)

남성단수 : גָּלוּי

여성단수 : גְּלוּיָה

남성복수 : גְּלוּיִם

여성복수 : גְּלוּיוֹת

2. 라메드 ה 동사의 명령형(모든 어간형에서 ֵה 로 끝남)

남성단수 : גְּלֵה

여성단수 : גְּלִי (모음 ִי 가 뒤에 오면서 ה의 원래 י가 생략됨)

남성복수 : גְּלוּ

여성복수 : גְּלֶינָה

3. 라메드 ה 동사의 분사형과 부정사

1) 분사형(모든 어간형에서 ֶה 로 끝남)

남성단수 : גֹּלֶה

여성단수 : גֹּלָה (모음으로 시작하는 어미 ָה 가 뒤에 오면서 י가 탈락)

남성복수 : גֹּלִים

여성복수 : גֹּלוֹת

2) 부정사(모든 어간형에서 절대형과 연계형의 끝은 모두 동일)

절대형 : גָּלֹה

연계형 : גְּלוֹת

4. 라메드 ה 동사의 단축형 미완료형

히브리어는 봐브계속법과 간접명령(jussive, Let him ~)에서 단축형 미완료를 사용하려고 한다. 라메드 ה 동사는 단축형 미완료형을 가지고 있는데, 형태는 ה와 그 앞의 모음인 ְ 가 탈락한 것이다. 이 때 자연스럽게 1음절이 되는데 보통 그것을 다시 2음절로 만들기 위해서 쎄골형 명사의 모음류를 사용하고, 악센트는 앞으로 이동한다.

예) גָּלָה의 간접명령 → יִגְלֶה > יִגְל > יֶגֶל(쎄골명사처럼 변함, י는 자신밑에 .를 선호)

גָּלָה의 칼 봐브계속법 미완료 → וַיֶּגֶל

יַעֲלֶה(그가 올라갈 것이다)의 간접명령 → יַעַל > יַעַל

הָיָה의 칼 봐브계속법 미완료 3남단 → וַיִּהְיֶה וַיִּהְי(발음상 불편) > וַיְהִי(편한 발음을 위해 모음 .["이"]와 쉐봐 [ְ]가 서로 도치되었음)

5. 라메드 ה 동사에서 주의사항

עָשָׂה(하다)의 칼 → עָשְׂתָה(완료 3여단), יַעֲשֶׂה (미완료 3남단)

니팔 → נַעֲשָׂה(완료 3남단)[51] נֶעֶשְׂתָה(완료 3여단)

히필 → הֶעֱשָׂה(완료 3남단), יַעֲשֶׂה (미완료 3남단)

נָכָה(치다)의 히필 → הִכָּה(완료 3남단), יַכֶּה(미완료 3남단), יַךְ (간접명령)

וַיַּךְ(봐브계속법 미완료 3남단)

6. 예문

① וַיַּךְ[53] אֹיְבֵנוּ אֹתָנוּ וַיֶּגֶל[52] אֶת־יוֹשְׁבֵי עָרֵינוּ

우리의 적이 우리를 쳐서 우리의 도시들의 거민들을 포로로 잡아갔다.

② אֵת אוּרִיָּה הַחִתִּי הִכִּיתָ בַחֶרֶב

너는 헷 족속의 우리아를 칼로 쳤다.

---

51) ע 밑에 합성쉐봐가 ֱ ("에")를 사용하지 않고 ֲ ("아")를 사용하였다. 이렇듯 니팔 완료의 경우에 한해서 불규칙적으로 변하는 것 같다.

52) גלה는 히필형으로 나올 때 뜻은 "포로로 잡아가다"라는 뜻이다. וַיַּגְלֶה > וַיַּגְל > וַיֶּגֶל

53) נכה의 히필형으로 뜻은 "치다"이다. 이 라메드 ה동사는 페 נ 동사이기도 하기 때문에 히필 미완료에서 נ이 뒤의 자음인 כ에 동화되었고, 봐브계속법과 함께 사용하면서 단축형으로 나온 것이다.

7. גָּלָה(계시하다)의 칼형과 רָבָה(크다)의 히필형 변화표

칼		완료	미완료	히필	완료	미완료
단수	3남	גָּלָה	יִגְלֶה		הִרְבָּה	יַרְבֶּה
	3여	גָּלְתָה	תִּגְלֶה		הִרְבְּתָה	תַּרְבֶּה
	2남	גָּלִיתָ	תִּגְלֶה		הִרְבִּיתָ	תַּרְבֶּה
	2여	גָּלִית	תִּגְלִי		הִרְבִּית	תַּרְבִּי
	1공	גָּלִיתִי	אֶגְלֶה		הִרְבִּיתִי	אַרְבֶּה
복수	3남	גָּלוּ	יִגְלוּ		הִרְבּוּ	יַרְבּוּ
	3여		תִּגְלֶינָה			תַּרְבֶּינָה
	2남	גְּלִיתֶם	תִּגְלוּ		הִרְבִּיתֶם	תַּרְבּוּ
	2여	גְּלִיתֶן	תִּגְלֶינָה		הִרְבִּיתֶן	תַּרְבֶּינָה
	1공	גָּלִינוּ	נִגְלֶה		הִרְבִּינוּ	נַרְבֶּה
간접명령		יִגֶל			יֶרֶב(< יַרְב)	
구분		명령	분사		명령	분사
단수	남단	גְּלֵה	גֹּלֶה		הַרְבֵּה	מַרְבֶּה
	여단	גְּלִי	גֹּלָה		הַרְבִּי	מַרְבָּה
복수	남복	גְּלוּ	גֹּלִים		הַרְבּוּ	מַרְבִּים
	여복	גְּלֶינָה	גֹּלוֹת		הַרְבֶּינָה	מַרְבּוֹת
부정사	절대형		גָּלֹה		הַרְבֵּה	
	연계형		גְּלוֹת		הַרְבּוֹת	
봐브계속법 + 미완료			וַיִּגֶל		וַיֶּרֶב	

아인 중복 동사

1. 형태

칼 완료 → סָבַב, סַב(surround, go round. 전자는 타동사, 후자는 자동사)
칼 미완료 → יָסֹב 또는 יִסֹּב

2. 특징

아인 중복 동사가 두개의 자음만을 사용하여 한 음절을 이룰 때, 그 음절의 모음은 3인칭 남성 단수의 마지막 음절 모음을 취한다. 또한 뒤에 어미가 나올 때, 어근을 이루는 마지막 자음을 중복시켜 이중점을 만들고(3개의 자음이 되는 셈), 가급적 악센트는 그대로 유지한다. 접두어가 올 때는 앞의 자음을 중복시킬 수도 있다.

예) סַב(둘러가다, 둘러싸다)의 칼 완료 3여단 → סָבָה가 아니라 סַבָּה이다.
סַב의 칼 미완료 2여단 → תָּסֹבִּי. סַב의 니팔 → נָסַב(완3남단), יִסַּב(미3남단)
סַב의 히필 완료 → הֵסֵב(3남단), הֲסִבּוֹתָ(2남단), הֵסֵבּוּ(3공복)(원래 규칙동사 히필에서는 히필의 모음이 순장모음 ִי. 이지만 아인 중복 동사에는 순장모음이 올 수 없기 때문에 그에 상응하는 장모음 ..를 취했다)
סַב의 히필 미완료 → יָסֵב(3남단), תָּסֵבִּי(2여단), מֵסֵב(분사), מְסִבָּה(분사여단)

3. 상태동사 קַל(가볍다)의 변화

예) קַל의 칼 미완료 3여단 → יֵקַל(상태동사는 미완료에서 마지막 모음을 _ 로 취한다. 한편 י 밑에 원래 ָ (“아”)가 와야 하지만 .. 를 선호하는 것 같다. 상태동사 יֵבוֹשׁ(בוֹשׁ의 칼 미완료 3남단, 그가 부끄러워할 것이다) 참조.

4. 주의할 점

자음으로 시작하는 어미가 붙을 때 그 어미 앞에 이중점이 있는 자음이 오면 안 된다. 만약 그렇게 되면 자음 세 개가 연달아 오는 셈이 되기 때문이다. 따라서 아인 중복 동사는 자음으로 시작하는 어미 앞에 완료형의 경우에서는 순장모음 וֹ나 장모음 ֹ (“오”)를, 미완료에서는 (י) .. 를 추가한다. 이 때 추가된 모음 쪽으로 악센트가 이동한다.

예) סַב의 칼 완료 → סַבּ֫וֹתָ(2남단), סַבּ֫וֹת(2여단), סַבּ֫וֹתִי(1공단)
סַב의 칼 미완료 3여복 → תְּסֻבֶּ֫נָה. קַל의 칼 미완료 3여복 → תְּקַלֶּ֫נָה

5. 변화표

סַב의 칼형		완료	미완료	
단수	3남	סַב	יָסֹב	יִסֹּב
	3여	סַ֫בָּה	תָּסֹב	תִּסֹּב
	2남	סַבּ֫וֹתָ	תָּסֹב	תִּסֹּב
	2여	סַבּ֫וֹת	תָּסֹ֫בִּי	תִּסְּבִי
	1공	סַבּ֫וֹתִי	אָסוֹב	אֶסּוֹב
복수	3남	סַ֫בּוּ	יָסֹ֫בּוּ	יִסְּבוּ
	3여		תְּסֻבֶּ֫נָה	תִּסֹּ֫בְנָה
	2남	סַבּוֹתֶם	תָּסֹ֫בּוּ	תִּסְּבוּ
	2여	סַבּוֹתֶן	תְּסֻבֶּ֫נָה	תִּסֹּ֫בְנָה
	1공	סַבּ֫וֹנוּ	נָסֹב	נִסֹּב
구분		명령	분사	
단수	남성	סֹב	סֹבֵב	
	여성	סֹ֫בִּי	סֹבְבָה	
복수	남성	סֹ֫בּוּ	סֹבְבִים	
	여성	סֹ֫בְנָה[54]	סֹבְבוֹת	
부정사		절대형	סָבוֹב	
		연계형	סֹב	
봐브계속법 + 미완료			וַיָּ֫סָב	וַיִּסֹּב

חלל의 히필 (시작하다)		완료	미완료	
단수	3남	הֵחֵל	יָחֵל	יַחֵל
	3여	הֵחֵ֫לָּה	תָּחֵל	תַּחֵל
	2남	הֲחִלּ֫וֹתָ	תָּחֵל	תַּחֵל
	2여	הֲחִלּ֫וֹת	תָּחֵ֫לִּי	תַּחְלִי
	1공	הֲחִלּ֫וֹתִי	אָחֵל	אַחֵל
복수	3남	הֵחֵ֫לּוּ	יָחֵ֫לּוּ	יַחְלוּ
	3여		תְּחִלֶּ֫ינָה	תַּחֵ֫לְנָה
	2남	הֲחִלּוֹתֶם	תָּחֵ֫לּוּ	תַּחְלוּ
	2여	הֲחִלּוֹתֶן	תְּחִלֶּ֫ינָה	תַּחֵ֫לְנָה
	1공	הֲחִלּ֫וֹנוּ	נָחֵל	נַחֵל
분사		מֵחֵל, מְחִלָּ֫ה (여단)	부정사 연계형	הָחֵל, הֲחִלָּ֫ם (대명사접미)

[주의사항]

아인 중복동사의 피엘과 푸알은 ו를 삽입할 수 있다. 이를 각각 포엘과 포알이라 한다.

예) סַבֵּב > סַוְבֵב > סוֹבֵב(포엘), סֻבַּב > סֻוְבַב > סוּבַב > סוֹבַב(포알)

6. 예문

① וַיָּסֹ֫בּוּ כָּל־נְבִיאֵי־אֱלֹהִים הַמִּזְבֵּחַ[55]

하나님의 모든 선지자들이 제단 주위를 둘러쌌다.

② אָאֹר[56] אֶת־הָעָם הַזֶּה כִּי עֲזָבוּנִי

나는 이 백성을 저주할 것이다. 왜냐하면 그들이 나를 버렸기 때문이다.

---

54) 원래대로 하면 סְבֶינָה가 되어야 하지만 명령형에서는 가급적 순장모음이 나오지 않고 짧게 발음하기 때문에 이와 같은 형태가 되었다.

55) מִזְבֵּחַ는 "제단"이라는 뜻이다.

56) אָרַר의 칼형은 "저주하다"라는 뜻이다.

제24과

히브리어 구문론 I

(동사와 절)

동사

1. 동사의 시제(tense)

히브리어 동사는 상(aspect)을 나타내면서 동시에 스토리의 주 흐름(main line of story)에서 봐브계속법 ו와 연결될 때 시제를 나타낸다고 말할 수 있다.[57]

1) 봐브계속법 ו + 미완료 = 과거시제. 봐브계속법 ו의 형태는 ·וַ 모양을 취한다.
   예) וַיִּקְרָא אֱלֹהִים לָאוֹר יוֹם : 하나님이 그 빛을 낮이라 불렀다.

2) 봐브계속법 ו + 완료 = 미래시제. 봐브계속법 ו의 형태는 그대로 וְ이다.
   예) וְחָרָה אַף־יהוה בָּכֶם : 하나님의 분노가 너희들에게 불타오를 것이다.

2. 동사의 상(aspect)

1) 단독으로 나타난 완료

이것은 문맥에 따라 과거, 현재, 미래일 수 있다. 여기서의 초점은 시제가 아니라 시상이다. 결론적으로 말해서 완료는 어떤 상황이나 동작을 거시적인 시각에서 하나의 점으로 바라보는 것이다. 구체적으로 히브리어 동사 완료형은 어떤 완성된 상황이나 동작을 가리키는 것이 아니라 완성되어 있는 상황이나 동작 자체를 약간 멀리서서 묘사하는 것이다("a complete situation, not a completed situation"). 이래서 완료형은 사건(event)에 초점을 둔다고 한다면, 미완료는 그 사건의 동작과 관련된 과정(process)에 초점을 둔다고 말할 수 있다. 주로 완료형은 과거의 의미로 자주 나타나지만 때로는 미래의 의미로도 사용된다. 미래의 의미인 경우는 다른 행동에 구애받지 않는 독립적인 행동을 뜻한다. Joüon은 이것을 "독특하고 즉흥적인 행동"이라고 주장한다. 완료는 다음과 같은 의미로 나온다.

---

57) 본서의 구문론은 많은 부분 다음의 책을 참고해서 나름대로 정리했음을 밝히는 바이다. Bruce K. Waltke and M. O'Connor, *An Introduction to Biblical Hebrew Syntax* (Winona Lake, Ind.: Eisenbrauns, 1990).

① 대과거(과거완료) : 영어로 had + p.p.

예) וַיַּחְפֹּר אֶת־בְּאֵרֹת הַמַּיִם אֲשֶׁר חָפְרוּ בִּימֵי אַבְרָהָם (창 26:18)
그가 아브라함 때에 사람들이 팠었던 우물을 팠다.

② 단순과거 : 완료가 과거를 나타날 때 단순한 과거 행동뿐만 아니라, 어떤 과거 행동의 시작점, 어느 정도 지속되었던 과거 행동, 또는 과거 행동의 끝부분을 강조할 수 있다.

예) שְׁתֵּים עֶשְׂרֵה שָׁנָה עָבְדוּ אֶת־כְּדָרְלָעֹמֶר (창 14:4)
12년 동안 그들이 그돌라오멜을 섬겼다.

③ 현재완료(결과용법) : 과거의 행동으로 현재 일어난 결과에 초점을 맞춤.

예) הַיּוֹם הַזֶּה רָאִינוּ (신 5:24) : 오늘날 우리가 보았다(Today, we have seen)

예) אֱלֹהִים זְנַחְתָּנוּ (시 60:3)
하나님이여 당신이 우리를 버렸습니다(God, you have rejected us)

④ 현재완료(경험, 계속용법) : 과거부터 현재까지 계속 행한 행동들과 상태를 가리킬 때.

예) לְטוֹבָה כֹּל אֲשֶׁר־עָשִׂיתִי (느 5:19)
내가 해왔던 모든 선한 일들을 위해 (For all the good that I have done)

⑤ 현재의 말과 동시에 바로 일어나는 상황(instantaneous perfective): 그 말로 인해 발생된 사건에 초점을 맞춤

예) כֹּה־אָמַר יְהוָה (렘 33:2)
하나님이 이렇게 말씀하신다(Thus Yahweh says).

예) הֲרִימֹתִי יָדִי אֶל־יְהוָה (창 14:22)
나는 여호와께 나의 손을 들어 맹세한다.

⑥ 현재에 지속적인 행동이나 상태(완성되어 있는 상황으로 인식): 그리하여 현재 특징으로 고착된 상황을 가리킬 때

예) בְּצֻרוֹת לֹא יְדַעְתָּם (렘 33:3) : 너희들이 알지 못하는 이해할 수 없는 일들 (the incomprensible things that you do not know)

⑦ 불변의 진리(gnomic perfective)

예) יָבֵשׁ חָצִיר נָבֵל צִיץ (사 40:7) : 풀은 시들고 꽃은 진다.

⑧ 미래완료

예) וְהִצְלִיחַ עַד־כָּלָה זַעַם (단 11:36) : 분노가 채워질 때까지 그가 성공할 것이다(He will be successful until wrath has been completed).

⑨ 절대미래(선지자의 미래의 예언들)

예) דָּרַךְ כּוֹכָב מִיַּעֲקֹב (민 24:17) : 야곱에게서 한 별이 나올 것이다.

⑩ 사실과 반대되는 상황이나 행동(조건을 나타내는 접속사와 함께 주로 나타남) : 영어에서 말하는 가정법 과거가 이에 속한다.

예) לוּ חָפֵץ יְהוָה לַהֲמִיתֵנוּ לֹא־לָקַח מִיָּדֵנוּ עֹלָה (삿 13:23)

여호와가 우리를 죽이시기를 기뻐했다면 우리의 손에서 번제를 받지 않았을 것이다.

2) 단독으로 나타나는 미완료

완성된 상황이나 행동에 초점을 두기 보다는 그 상황과 행동이 일어나는 과정에 초점을 둔다. 그래서 완성보다는 행동과 상황 안에서의 동작의 역동적 변화추이에 관심을 둔다. 또한 미래시제를 의미할 때는 독립적으로 나타나는 미래행동이나 상황보다는 어떤 상황에 의존해서 일어나는 미래상황이나 행동을 묘사한다.

① 과거의 습관적인 행동이나 과거에 진행되고 있는 상황(과거시제)

예) וְכֵן יַעֲשֶׂה שָׁנָה בְשָׁנָה (삼상 1:7)

그는 매년 그렇게 행동하였다.

② 현재 진행적인 동작이나 상황(progressive non-perfective form)

예) לָמָּה תַעֲמֹד בַּחוּץ (창 24:31)

왜 당신은 바깥에 서 있습니까?(Why are you standing outside?)

③ 현재 지속적인 행동이나 상태(완성되어 있는 상황으로 보지는 않음)

예) לֹא יָדְעוּ וְלֹא יָבִינוּ (시 82:5) : 그들은 알지 못하고 이해하지 못한다.

(They do not know and do not understand)

④ 현재의 습관적 행동이나 경향(habitual non-perfective), 또는 일반적 진리

예) בֵּן חָכָם יְשַׂמַּח־אָב (잠 10:1)

지혜로운 아들은 아버지를 기쁘게 하는 경향이 있다.

עַל־כֵּן יַעֲזָב־אִישׁ אֶת־אָבִיו וְאֶת־אִמּוֹ וְדָבַק בְּאִשְׁתּוֹ (창 2:24)

이러므로 남자는 부모를 떠나 그 아내와 한 몸이 될 것이다.

⑤ 다른 상황에 의존해서 부수적으로 일어나는 미래의 상황(미래 시제)

예) כִּי בְּיוֹם אֲכָלְךָ מִמֶּנּוּ מוֹת תָּמוּת (창 2:17)

네가 이것으로부터 먹는 날에 실로 너는 죽게 될 것이다.

⑥ 단순한 조건적 상황을 나타날 때 : 주로 조건을 나타내는 접속사가 함께 나타남.

예) לֹא אֶעֱשֶׂה אִם־אֶמְצָא שָׁם שְׁלֹשִׁים (창 18:30)

내가 거기서 삼십 인을 찾으면 멸하지 아니하리라.

⑦ 가능이나 능력, 의무, 의지(소원) 등을 타나날 때 : 영어의 can, may, should, must, be willing to에 해당.

예) לָמָה אֶשְׁכַּל גַּם־שְׁנֵיכֶם (창 27:45) : 왜 내가 너의 둘을 잃어야 하는가?

וְאֶל־אִישֵׁךְ תְּשׁוּקָתֵךְ וְהוּא יִמְשָׁל־בָּךְ׃ (창 3:16)

너의 소원이 너의 남자를 향해 있지만 그가 너를 다스리려고 할 것이다.

⑧ 미완료형이 단독으로 명령의 의미를 나타낼 수 있다

예) הַט אָזְנְךָ וּשְׁמַע דִּבְרֵי חֲכָמִים וְלִבְּךָ תָּשִׁית לְדַעְתִּי׃ (잠 22:17)

너의 귀를 기울이고 지혜자들의 말을 들으라. 나의 지식에 너의 마음을 두어라.

3. 봐브계속법 ו와 결합된 완료나 미완료: 시제와 상을 나타냄

1) X + 봐브계속법의 ו + 완료 = 앞의 상황(X)과 관련해서 시간적으로 후에 일어나는 상황이나 논리적 결과(consequential-logical or temporal-situation)를 나타내거나 또는 앞의 상황에 부연 설명(epexegetical situation)을 한다. 여기서 완료는 거꾸로 미완료의 의미를 가진다. 또한 이야기의 주흐름에서 미래시제를 나타낸다. 여기서 X는 (1) 부사절(시간, 원인, 조건) (2) 부사구(시간, 장소), (3) 문장, (4) 명사(구)나 명사절(일명 casus pendens라고 함, "~인 경우"로 해석)이다.

① 명령 다음에 나타나는 봐브계속법 ו + 완료 : 이 때 완료는 앞의 명령에 종속해서 일어나는 또 다른 명령의 의미를 가진다.

예) לֵךְ וְאָמַרְתָּ אֶל־עַבְדִּי (삼하 7:5): 가서 나의 종에게 말하라

② 봐브계속법 ו + 완료가 앞의 상황과 어구와 관련해서 논리적인 결과를 나타낸다.

예) כִּי יְהוָה אֱלֹהֵיכֶם הוּא אֱלֹהֵי הָאֱלֹהִים … וַאֲהַבְתֶּם אֶת־הַגֵּר (신 10:17-19)

하나님 여호와 그 분은 하나님 중의 하나님(최고의 하나님)이시기 때문에 … 너희들은 나그네를 사랑해야 한다.

예) כִּי כָּל־אֹכֵל חָמֵץ וְנִכְרְתָה הַנֶּפֶשׁ הַהִוא (출 12:15)

왜냐하면 유교병을 먹는 모든 사람의 경우, 그 생명은 끊어질 것이기 때문이다.

③ 앞의 상황에 종속해서 시간적으로 후에 일어나는 상황을 나타낸다.

예) אַף־יַשִּׂיק וְאָפָה לָחֶם (사 44:15) : 그가 불을 피우고 빵을 굽는다.

④ 앞의 상황에 대해 부연 설명(epexegetical situation)을 한다. 앞의 상황과 관련된 동시상황을 나타낼 수 있다. 또한 이유와 방법(~함으로써), 구체적 설명을 제시할 수 있다.

예) וַיִּשְׁפֹּט שְׁמוּאֵל אֶת־יִשְׂרָאֵל ... וְהָלַךְ (삼상 7:15-16)
사무엘이 이스라엘을 다스렸다. (매년) 규칙적으로 순회하는 방식으로

2) X + 봐브계속법의 ו + 미완료 = 앞의 상황(X)과 관련해서 그것에 논리적 결과나 시간적으로 후에 일어나는 상황을 나타내거나 또는 그것의 부연 설명을 한다. 여기서 미완료는 완료의 의미를 가진다. 또한 이야기의 주흐름에서 과거시제를 나타낸다. 여기서 X는 (1) 단독문장, 또는 (2) 명사(구)나 명사절(일명 casus pendens라고 함; "~인 경우"로 해석), (3) 부사구와 부사절이 나온다.

① 봐브계속법 ו + 미완료가 부연 설명을 할 수 있다.

a. 앞의 상황(X)에 대해 동시상황을 표시

예) וּפִילַגְשׁוֹ ... וַתֵּלֶד (창 22:24)
그의 첩의 경우··· 그녀도 아이를 낳았다.
(As for his concubine··· she also bore)

b. 부연설명은 동시상황외에도 이전 상황(대과거), 이유(왜냐하면), 방법(~함으로써), 구체적 설명(구체적으로 말하면)을 제시할 수 있다.

예) וְהַלְוִיִּם לְמַטֵּה אֲבֹתָם לֹא הָתְפָּקְדוּ בְּתוֹכָם וַיְדַבֵּר יְהוָה אֶל־מֹשֶׁה
(민 1:47-48) : 레위 지파는 그들 사이에서 그들의 조상의 지파대로 계수되지 않았다. 전에 여호와께서 그렇게 말씀하셨기 때문이다(대과거).

② 앞의 상황에 종속해서 논리적 결과나 시간적으로 후에 일어나는 상황을 나타낸다.

예) וְלֹא־מָצְאָה הַיּוֹנָה מָנוֹחַ לְכַף־רַגְלָהּ וַתָּשָׁב אֵלָיו (창 8:9)
비둘기는 자신의 발바닥에 쉴 곳을 찾지 못했다. 그래서 그에게로 돌아왔다

예) לֹא־מָצְאוּ מַעֲנֶה וַיַּרְשִׁיעוּ אֶת־אִיּוֹב (욥 32:3)
그들은 대답을 찾지 못했다. 그럼에도 그들은 욥을 비난했다.

4. 등위접속사 וְ와 결합된 동사

1) 명령(간접명령, 또는 1인칭 권유) + 등위접속사 וְ + 간접명령(또는 권유)

이 경우는 무조건 목적을 나타난다. 영어로 말하면 so that ~may(~하기 위하여).

예) הוֹצֵא אֶת־בִּנְךָ וְיָמֹת (삿 6:30)

Bring out your son so that he might die.

2) 등위접속사 וְ + 완료의 경우

וְ 가 단순히 등위접속사의 역할을 해서, 등위절을 서로 연결시키는 의미로 사용될 수 있다. 또한 여기서 사용되는 완료는 미완료의 의미가 아니라 완료의 의미를 유지한다. 등위접속사 ו 의 용법은 크게 세 가지로 나뉜다. 첫째는 conjunctive(순접) ו, 둘째, disjunctive(역접) ו, 마지막 셋째는 epexegetical(부연설명) ו 이다. 뜻은 주로 "그리고"와 "그러나, 그런데" 이다. 나중에 등위접속사 וְ에 대한 자세한 설명이 있을 것이다.

① conjunctive ו

예) וַיִּסְגֹּר דַּלְתוֹת הָעֲלִיָּה בַּעֲדוֹ וְנָעָל׃ (삿 3:23c)

He shut the doors of the upper room behind him and locked.

(보충설명) Chisholm은 여기서 사용되는 봐브+완료형의 형태는 문맥에서 "행동의 절정"을 나타낼 때 주로 사용된다고 주장한다.[58)]

② וְ + 완료는 시간적 흐름 밖에서 이야기를 할 때 사용할 수 있으며, 주로 대과거(과거의 과거)를 나타낸다. 또한 여기서 사용되는 완료는 봐브계속법의 완료가 아니기 때문에 미완료의 의미가 아니라 완료의 의미를 가진다. 이 ו는 disjunctive ו이다.

예) וְאֶלֶף אִישׁ עִמּוֹ מִבִּנְיָמִן ... וְצָלְחוּ הַיַּרְדֵּן לִפְנֵי הַמֶּלֶךְ׃
(삼하 19:17-18)

---

58) Robert B. Chisholm, Jr., 『구약원어성경: 주석에서 강해까지』(서울 : 크리스챤출판사, 2003), 202.

There were with him one thousand Benjaminites… and they had rushed to the Jordan before the king. 그와 함께 천 명의 베냐민 사람들이 있었다. … 이미 그들은 왕 앞으로 요단에 달려 갔었다.

3) 등위접속사 וְ + 미완료의 경우

이 미완료 앞의 ו는 וַ 형태를 취하지 않고 וְ의 형태를 취한다.

예) תַּעְתִּיר אֵלָיו וְיִשְׁמָעֶךָּ (욥 22:27)

너는 그에게 기도할 것이고 그는 너를 들을 것이다.

절(clause)

1. 등위절

1) 등위접속사 וְ

① conjunctive ו : 앞에 나오는 절과 연결해서 계속 말할 때 사용한다. 우리말로 "그리고", "그래서," "또는"으로 해석된다.

예) עֲלֵה אֱכֹל וּשְׁתֵה (왕상 18:41) : 가서 먹고 마셔라.

② disjunctive ו : 앞에 나오는 절을 말한 후 그것과 관련해서 부연설명을 하거나, 새로운 에피소드를 도입하려고 할 때 사용된다. 부연설명의 경우 반대상황(그러나), 이유(왜냐하면), 방법(~함으로써), 비슷한 상황(~처럼, 그처럼), 동시 상황, 이전 상황을 나타낼 수 있다.

예) נִבְנֶה־לָּנוּ עִיר … וְרֹאשׁוֹ בַשָּׁמַיִם (창 11:4)

Let us build a city… with its top reaching into the sky.

우리를 위해 성을 쌓자. (그리고) 그 꼭대기가 하늘에 닿게 하면서.

הַהֵימִיר גּוֹי אֱלֹהִים וְהֵמָּה לֹא אֱלֹהִים (렘 2:11)

어떤 민족이 신을 바꾼 적이 있는가? 그런데 그 신들은 하나님이 아닌 상황에서(즉 이방민족은 자신의 신들이 가짜임에도 신들을 함부로 바꾸지 않는다는 뜻).

וְגֵר לֹא תִלְחָץ וְאַתֶּם יְדַעְתֶּם אֶת־נֶפֶשׁ הַגֵּר (출 23:9)

너는 나그네를 괴롭히지 말아야 한다. 왜냐하면 너희들 자신도 나그네의 심정을 알기 때문이다.

※ 참고) disjunctive ו가 이끄는 절은 주어 동사가 도치되는 경향이 있다.

③ epexegetical ו : 앞에 나오는 절의 의미를 더욱 명확하게 하기 위해 같은 말을 다른 식으로 반복하는 절을 이끈다. 우리말로 "즉" "구체적으로 말하면" 또는 "확실히, 실로"로 해석될 수 있다. 또는 이 접속사를 해석하지 않는 것이 자연스런 경우도 있다. 히브리어 평행법에서 나오는 접속사 וְ가 이에 해당된다.

예) יַעַבְדוּךָ עַמִּים וְיִשְׁתַּחֲווּ לְךָ לְאֻמִּים (창 27:29)

열방들이 너를 섬기게 하라. 즉 민족들이 너에게 경배하도록 하게 하라.

2) 접속사 אִם과 אוֹ : "또는"의 의미를 가진다(영어 or에 해당).

예) ~ אִם ~ הֲ(Do you ~ or do you ~ ?)

וַיֹּאמֶר לוֹ הֲלָנוּ אַתָּה אִם־לְצָרֵינוּ (수 5:13)

그는 그에게 말했다, "당신은 우리의 편이냐 아니면 우리의 적의 편이냐?"

3) 접속사 (אִם) כִּי(but rather)와 **אֶפֶס כִּי**(except, however,):

"그러나"(but)의 뜻을 가질 수 있다. 특별히 (אִם) כִּי의 경우는 앞에 부정어가 온다.

예) לֹא־תִקְרָא אֶת־שְׁמָהּ שָׂרָי כִּי שָׂרָה שְׁמָהּ (창 17:15)

너는 그녀의 이름을 사래라고 부르지 말고, 그녀의 이름을 사라라고 하라.

וּלְחַנָּה יִתֵּן מָנָה אַחַת (אַפָּיִם כִּי) אֶפֶס כִּי אֶת־חַנָּה אָהֵב (삼상 1:5)
그런데 한나에게 그는 한 분깃을 주었지만(규칙적으로), 한나를 사랑했다.

2. 종속절

참고로 종속절을 이끄는 접속사는 히브리어에서 종종 생략될 수 있다(주로 명사절과 형용사절에서).

1) 형용사절

형용사절을 이끄는 요소 : 관계대명사와 관계부사로서 אֲשֶׁר, הַ(관사도 때때로 관계대명사의 역할을 함), כִּי, 접속사 ו 즉, 명사(casus pendens) 다음에 오는 봐브계속법의 וְ, 그리고 명사 다음에 나오는 disjuntive ו가 형용사절을 이끌 수 있다.

① 명사 수식
וַיְהִי הַיּוֹם וַיִּזְבַּח אֶלְקָנָה וְנָתַן לִפְנִנָּה אִשְׁתּוֹ (삼상 1:4)
It was that in the day when Elqanah offered sacrifices, he used to give

וְהִשְׁאַרְתִּי בְקִרְבֵּךְ עַם עָנִי וָדָל וְחָסוּ בְּשֵׁם יְהוָה (습 3:12)
I will leave within you the humble and poor who seek refuge in the name of Yahweh.

כִּימוֹת (אֲשֶׁר) עִנִּיתָנוּ (시 90:15) : 당신이 우리를 괴롭혔던 날 수대로

※ 참고) 히브리어 관계대명사 אֲשֶׁר는 선행사 뒤에서 생략될 수 있다.

② 보어의 역할(주격 보어와 목적격 보어)
הוּא הָיָה כִּי טוֹב לִבּוֹ
그는 마음이 좋다.

וַיַּרְא מְנֻחָה כִּי טוֹב (창 49:15)
He saw rest (it was) good.

2) 부사절

① 조건의 부사절을 이끄는 접속사 :
כִּי(if), אִם(if), לוּ(if only, oh that), לוּלֵי / לוּלֵא(if not), אֲשֶׁר(if), הֵן(if), כִּי אִם(unless), בִּלְתִּי אִם / בִּלְתִּי (unless).

예) וְאִם לֹא תֵיטִיב לַפֶּתַח חַטָּאת רֹבֵץ (창 4:7)
네가 선하게 행하지 않는다면 죄가 문 앞에 엎드려져 있을 것이다.

※ 참고) 접속사 וְ가 조건과 시간의 부사절을 이끌 수도 있다
וְעָזַב אֶת־אָבִיו וָמֵת (창 44:22):
그가 아버지를 떠나면 (아버지가) 죽을 것이다

② 시간의 부사절을 이끄는 접속사 : כִּי(when), טֶרֶם / בְּטֶרֶם(before), עַד / עַד כִּי / עַד אֲשֶׁר / עַד אֲשֶׁר אִם / עַד אִם (until), אִם(~때 마다; whenever), מִדֵּי(as often as, whenver), כְּ(מוֹ)(when, as soon as), כַּאֲשֶׁר(as soon as, when), בְּעוֹד(as long as, ~하는 동안).

예) כַּאֲשֶׁר כִּלּוּ הַגְּמַלִּים לִשְׁתּוֹת וַיִּקַּח הָאִישׁ נֶזֶם זָהָב (창 24:22)
낙타들이 물마시기를 그쳤을 때, 그 남자는 금반지를 취했다.

③ 원인의 부사절을 이끄는 접속사 : כִּי, אֲשֶׁר, יַעַן, תַּחַת אֲשֶׁר, עֵקֶב אֲשֶׁר, ב / בַּאֲשֶׁר, כַּאֲשֶׁר, מֵאֲשֶׁר/מִן(because).

예) אֲשֶׁר שָׁכְבָה עָלָיו׃ (왕상 3:19) : 그녀가 그 위에 누워 있었기 때문에

④ 양보의 부사절을 이끄는 접속사 : כִּי(though), אִם(even if), גַּם, עַל(though).

예) גַּם כִּי־תַרְבּוּ תְפִלָּה אֵינֶנִּי שֹׁמֵעַ (사 1:15)
너희들이 기도를 많이 할지라도 나는 듣지 않을 것이다.

⑤ 목적(결과)의 부사절을 이끄는 접속사 : אֲשֶׁר(so that), לְמַעַן(in order that), בַּעֲבוּר(so that), פֶּן(~하지 않기 위하여, lest), לְבִלְתִּי(in order that ~not)

예) אֲשֶׁר יִשְׁמְעוּן שִׁמְעֲךָ וְרָגְזוּ (신 2:25)
그들이 너에 대한 소식을 듣고 떨기 위하여.

⑥ 이유의 부사절을 이끄는 접속사 : כִּי(~하다니)

예) מָה־אֱנוֹשׁ כִּי־תִזְכְּרֶנּוּ (시 8:5)

당신이 그를 기억하다니 사람이 무엇입니까?

⑦ 상황절 : 접속사 וְ 다음에 도치가 일어난다. 이때 וְ는 disjunctive ו이다.

예) וַיֵּלֶךְ אֵלִיָּהוּ לְהֵרָאוֹת אֶל־אַחְאָב וְהָרָעָב חָזָק בְּשֹׁמְרוֹן׃

(왕상 18:2)

엘리야가 아합에게 나타나기 위해 갔다. 기근이 사마리아에서 심한 상황에서 (Elisha went to be seen to Ahab, while the famine was great in Samaria)

⑧ 제한절(restrictive clause)을 이끄는 접속사 : כִּי אִם(except that, but rather)

예) וַיֹּאמְרוּ לֹּא כִּי אִם־מֶלֶךְ יִהְיֶה עָלֵינוּ׃ (삼상 8:19)

그들은 다음과 같이 말했다. 아니다. 우리 위에 왕이 있는 것을 제외하고는 (아니다. 오히려 우리 위에 왕이 있게 하라)

3) 명사절

① 주어 역할 : 접속사로는 כִּי(~하는 것, that), אֲשֶׁר(관계대명사 what의 의미)

예) וּלְשָׁאוּל הֻגַּד כִּי־נִמְלַט דָּוִד מִקְּעִילָה (삼상 23:13)

다윗이 그일라를 떠났다는 것이 사울에게 알려졌다.

② 목적어 역할(동사의 목적어로서 또는 전치사의 목적어로서 역할을 한다)

접속사로는 כִּי(~하는 것, that), אֲשֶׁר(~하는 것, that), וְאִם לֹא ~ הֲ(~인지 아닌지, whether ~or not), אִם לֹא(~인지 아닌지, whether or not), הֲ(~인지, if)

예) וַיַּרְא יְהוָה כִּי רַבָּה רָעַת הָאָדָם (창 6:5)

하나님이 인간의 악이 크다는 것을 보셨다.

וַיַּרְא שָׁאוּל אֲשֶׁר־הוּא מַשְׂכִּיל (삼상 18:15)

사울은 그가 성공한 것을 보았다.

③ 보어 역할 : אֲשֶׁר(선행사가 생략된 관계대명사, 또는 관계부사)

예) וְזֶה אֲשֶׁר תַּעֲשֶׂה אֹתָהּ (창 6:15)
This is how you are to build it.

הִיא אֲשֶׁר מוֹדַע לְאִישָׁהּ
She is (a woman) whose husband has a relative.

④ 동격 역할 : 앞에 나오는 명사와 같은 동격의 절이다. 여기서 동격을 나타내는 접속사는 보통 생략된다. 이렇게 접속사가 생략되는 절을 asyndetic 이라고 한다.

예) : הֲתַחַת זֹאת לֹא יוּמַת שִׁמְעִי כִּי קִלֵּל אֶת־מְשִׁיחַ יְהוָה (삼하 19:21)
시므이가 이것, 즉 그가 여호와의 기름부은 받은 자를 업신여겼다는 것 때문에 죽임을 당하지 말아야 하는가

הִנֵּה אֱמֶת נָכוֹן הַדָּבָר (כִּי) נֶעֶשְׂתָה הַתּוֹעֵבָה הַזֹּאת (신 13:15)
보라, 이 가증한 일이 행해졌다는 말이 사실로 드러났다.

※ 참고) 명사절을 이끄는 접속사 כִּי는 영어의 that 처럼 종종 생략된다.

⑤ 전치사의 목적어 역할 : אֲשֶׁר, כִּי

예) אַחֲרֵי אֲשֶׁר־הֵנִיחַ יְהוָה לְיִשְׂרָאֵל (수 23:1)
여호와가 이스라엘에게 안식을 주신 후에,

3. 주절을 이끄는 접속사 ו

1) 부사절(조건, 시간, 원인 등) 다음에 주절 앞에 접속사 ו가 올 수 있다. 이 때 ו는 자신 뒤에 따라 나오는 절이 주절임을 가리켜 준다. 한편으로 이것은 앞에서 언급한, 부사절(구) + 봐브계속법 ו + 완료(또는 미완료) 의 한 형태라고도 말할 수 있다. 이렇게 되면 ו는 단순히 앞의 부사절과 관련해서 그것의 결과로 일어나는 상황을 나타내는 기능을 한다고 말할 수 있다(IBHS, p. 539 참조).

예) אִם לֹא תַגִּידוּ … וְהָיָה (수 2:14)

If you do not tell… then it will be.

2) 절(구) + וְ + X + 동사 : 앞부분은 비교절(비교구)이고, 뒷절은 주절의 의미를 가질 수 있다. 여기서 ו 의 의미는 so ("그렇게")의 뜻으로 disjuntive이다(IBHS, p. 651 참조).

예) הַדֶּלֶת תִּסּוֹב עַל־צִירָהּ וְעָצֵל עַל־מִטָּתוֹ (잠 26:14)
(As) the door turns on its hinges, so a sluggard (turns) on his bed.

4. 기타

1) 문장 속에 맹세와 관련된 인용절을 삽입할 때, 그 맹세의 내용이 긍정적이면 긍정임을 말하기 위해 접속사 כִּי("확실히"), אִם לֹא, 또는 כִּי אִם("확실히")(여기서 אִם은 형식적으로 나온 것) 등이 나온다. 그래서 그 뜻은 "실로," "확실히"(surely)라는 의미를 갖는다. 반면에 맹세의 내용이 부정적일 때에는 אִם이 사용된다. אִם(~한다면)이 부정적 맹세에 사용되는 이유는 "~한다면 저주를 받겠다"는 의미가 내포되어, 결과적으로 그렇게 하지 않겠다는 부정적 맹세의 의미를 갖기 때문이다. 반면 אִם לֹא의 경우는 "~하지 않는다면 저주를 받겠다"라는 의미가 내포되어 결과적으로 그렇게 하겠다는 긍정적 맹세의 의미를 갖는다.

예) נִשְׁבַּע יְהוָה צְבָאוֹת לֵאמֹר אִם־לֹא כַּאֲשֶׁר דִּמִּיתִי כֵּן הָיָתָה (사 14:24)
만군의 여호와가 맹세했다; "실로 내가 작정한 대로 그렇게 될 것이다."

נִשְׁבַּע יְהוָה צְבָאוֹת בְּנַפְשׁוֹ כִּי אִם־מִלֵּאתִיךְ אָדָם (렘 51:14)
만군의 여호와가 맹세했다: "확실히 내가 너를 사람으로 채울 것이다."

2) הִנֵּה가 시간, 조건, 양보를 나타내는 부사절을 이끌 수 있다.

예) וְהִנֵּה יְהוָה עֹשֶׂה אֲרֻבּוֹת בַּשָּׁמַיִם הֲיִהְיֶה כַּדָּבָר הַזֶּה (왕하 7:19)
여호와가 하늘에 창을 만든다고 할지라도 이와 같은 것이 있을 수 있겠는가?

제25과

히브리어 구문론 Ⅱ

(어순/단락구조/부정사/분사)

어순(語順)

1. 기본 어순

1) 동사가 있는 절(verbal clause)

동사가 먼저 나오고 그 다음에 주어, 목적어, 보어, 부사의 순으로 나온다.

V + S + (목적어) + (보어) + (부사)

V + S + 간접목적어 + 직접목적어

예) וַיָּבֵא יוֹסֵף אֶת־דִּבָּתָם רָעָה אֶל־אֲבִיהֶם (창 37:2)

요셉은 그들의 나쁜 소문을 그들의 아버지에게 가져왔다

2) 동사가 없는 절(nominal clause)

마찬가지로 보어가 먼저 오고 주어가 온다.

보어 + 주어

예) נָבִיא אֲנִי : 나는 선지자이다.

2. 도치

1) 전치(앞으로 도치)

기본 어순에서 어떤 부분이 앞으로 도치가 일어날 때 앞으로 나오는 요소는 일반적으로 화자가 강조하는 경우이다. 그 의미는 다음과 같다. 주로 동사 앞으로 주어나 목적어가 도치가 된다. 하지만 부사도 동사 앞으로 또는 주어 앞으로 도치가 일어날 수 있다. 전치할 때 그 용법은 다음과 같다.

① 초점의 대상을 앞으로 도치: 예를 들면 에스더 7:6-10절을 보면 이 단락에서 하만이 동사 앞으로 도치되어 연속적으로 나타나는 것을 볼 수 있다.

예) וַתֹּאמֶר־אֶסְתֵּר אִישׁ צַר וְאוֹיֵב הָמָן הָרָע הַזֶּה <u>וְהָמָן</u> נִבְעַת מִלִּפְנֵי הַמֶּלֶךְ (에 7:6)

에스더는 이 악한 하만이 대적자이자 적이라고 말했다. 그러자 그 하만은 왕 앞에서 두려워했다.

② 새로운 주제를 제시할 때: 이렇게 해서 새로운 단락이 시작됨을 표시한다.
앞으로 도치된 부분이 그 이전의 문맥과 다른 새로운 정보임을 알리기 위해서. 주로 새로운 단락을 소개할 때 자주 나타난다(new unit). 이 경우 보통 동사 앞으로 주어나 부사가 도치된다.

예) וְהִנֵּה־אַיִל אַחַר נֶאֱחַז בַּסְּבַךְ (창 22:13)
보라: 한 숫양이 수풀에 잡혀 있다.

הָאֱלֹהִים נִסָּה אֶת־אַבְרָהָם (창 22:1)
하나님이 아브라함을 시험하셨다.

③ Dramatic Pause : 이것은 청중으로 하여금 묘사되는 인물이 무엇을 보고 있는지 직접 체험할 수 있도록 극적인 효과를 주기 위한 것이다.[59]

예) וַיַּחֲלֹם וְהִנֵּה סֻלָּם מֻצָּב אַרְצָה וְרֹאשׁוֹ מַגִּיעַ הַשָּׁמָיְמָה (창 28:12)
그는 꿈을 꾸었는데 보라 사닥다리가 땅으로 놓여있었다. 그리고 그 꼭대기는 하늘을 닿은 채로 있었다.

④ 앞으로 도치된 부분이 그 이전의 특정 어구나 문맥과 대조됨을 보여 주기 위해서(contrast).[60]

예) וַיִּקַּח אַבְרָהָם אֶת־עֲצֵי הָעֹלָה וַיָּשֶׂם עַל־יִצְחָק בְּנוֹ וַיִּקַּח בְּיָדוֹ
אֶת־הָאֵשׁ׃ (창 22:6)

아브라함은 번제를 위한 나무들을 취하여 이삭, 즉 그의 아들에게 주었다: 그리고 그는 자신의 손에 불을 취했다.

⑤ 앞으로 도치된 부분이 그 이전의 특정 어구나 문맥과 연속성이 있음을 강조하기 위해서(continuity). 주로 소단락(literary unit)의 경계를 가로질러 도치된 부분이 이전의 unit에 있는 내용과 연속성이 있음을 알린다.

예) וַיִּקְרָא אֵלָיו מַלְאַךְ יְהוָה מִן־הַשָּׁמַיִם (창 22:11)
여호와의 사자가 하늘로부터 그를 향해 불렀다.

---

59) Robert B. Chisholm, Jr., *From Exegesis to Exposition*, 127.
60) Barry L. Bandstra, *Word Order in Linguistics and Biblical Hebrew*, 109-123.

히브리어의 단락구조

저자가 히브리어의 글을 단락으로 구분하려고 할 때 사용하는 수사학적-구조적 특징들은 다음과 같다.

1. 단락의 시작

1) 화자(speaker)가 바뀔 때
2) 청중(audience)이 바뀔 때
3) 시간이 바뀔 때
4) 주제가 전환될 때(어순의 도치가 일어남)
   예) וְהָאָדָם יָדַע אֶת־חַוָּה אִשְׁתּוֹ (창 4:1)
   아담은 자기의 아내 하와를 알았다.
5) anaphora(연속적으로 단락 초두에 나오는 키워드나 문구) : 호 2:16
6) 연결어(לָכֵן[그 결과], כִּי[실로], הִנֵּה[보라] 등과 같은 단어)로 시작할 때
7) 감탄조의 말(exclamatory utterance)로 시작할 때(주로 명령형 동반) : 호 4:1, 5:1
8) 수사의문문으로 시작할 때 : 호 6:4
9) 접속사 없는 문장으로 시작할 때(asyndeton)
   예) גֶּפֶן בּוֹקֵק יִשְׂרָאֵל (호 10:1)
   이스라엘은 풍성하게 자라난 포도나무였다.
10) 사자공식(messenger formula)이 사용될 때
   예) כֹּה אָמַר יְהוָה (렘 31:2)
   여호와가 이렇게 말씀한다.

2. 단락의 끝

1) 인클루지오(inclusio, 단락의 시작과 단락의 끝에 유사한 어구나 모티프가 반복될 때) : 아모스 3장에서 פָּקַד(보응하다)가 서두와 말미에서 나타남
2) epiphora(연속적으로 단락 말미에 나오는 키워드나 문구) : 호 2:23

3) 많은 수사적 기법(현란한 이미지 등)의 사용(단락의 클라이맥스를 암시)

4) 도치

5) 명백한 평행법 사용[61)]

예) יִזְכּוֹר עֲוֹנָם יִפְקוֹד חַטֹּאותָם (호 9:9)

하나님은 그들의 죄악을 기억할 것이다; 그분이 그들의 죄를 보응할 것이다.

부정사 절대형

어떤 동작이나 상태를 추상적으로 추정해 보는 것이다. 기본적으로 부사로 사용되나, 명사, 동사(일반동사, 명령형, 간접 명령, 부정사 연계형, 분사 포함)를 대신해서 사용될 수 있다.

1. 부사적 용법

1) 본동사와 그 본동사와 같은 어근을 가진 부정사 절대형이 함께 나오는 경우.

① 본동사와 같은 어근을 가진 부정사 절대형이 본동사 앞, 또는 뒤에 위치하여 동사의 의미를 강조할 수 있다.

a. 본동사 앞에 나올 때 해석은 "실로" "확실히" 이다.

예) בְּיוֹם אֲכָלְךָ מִמֶּנּוּ מוֹת תָּמוּת (창 2:17)

네가 그것을 먹는 날에 너는 확실히 죽을 것이다.

b. 본동사 뒤에 나올 때 종종 해석은 "심지어" 이다. 이 경우는 주로 상황의 클라이맥스를 표현하며 부사 גַּם("심지어")을 동반한다.

예) וַיֹּאכַל גַּם־אָכוֹל אֶת־כַּסְפֵּנוּ (창 31:15)

그가 심지어 우리의 돈을 다 먹었다.

---

61) Ernst R. Wendland, *The Discourse Analysis of Hebrew Prophetic Literature: Determining the Larger Textual Units of Hosea and Joel*, Millen Biblical Press Series 40 (Lewiston, N.Y.: Edwin Mellen, 1995), 30-63.

② 본동사와 같은 어근을 가진 부정사 절대형이 의문문, 조건문에서 단순히 등장할 수 있다. 특별히 의문문의 경우는 화자가 부정적인 답을 유도하기 위해 사용된다.

예) אִם־אָמֹר אֹמַר לַנַּעַר הִנֵּה הַחִצִּים מִמְּךָ ... כִּי־שָׁלוֹם לְךָ

(삼상 20:21)

만약 내가 그 소년에게 보라! 화살들이 네 옆에 있다고 말한다면 … 그것은 너에게 평화가 있기 때문이다.

2) 부정사 절대형이 단독으로 나와 부사적으로 사용되는 경우

① 본동사의 방법을 나타낸다. 명사는 부사로서 시간, 장소, 방법, 결과, 특정화(~와 관련해서, ~인 경우) 등의 의미를 가질 수 있기 때문에 명사역할을 하는 부정사 절대형이 방법을 의미할 수 있는 것이다.

예) מוֹת יוּמַת הָאִישׁ רָגוֹם אֹתוֹ בָאֲבָנִים כָּל־הָעֵדָה מִחוּץ לַמַּחֲנֶה

(민 15:35)

그 사람은 진 밖에서 온 회중이 돌로 그를 치게 함으로써 확실히 죽어야 한다.

② 일반부사처럼 행동.

예) הַרְבֵּה → "much"

מַהֵר → "quickly"

סָרוּ מַהֵר מִן־הַדֶּרֶךְ אֲשֶׁר צִוִּיתִם (출 32:8)

그들은 내가 그들에게 명했던 길에서 빠르게 벗어났다.

3) 부정사 절대형이 연속적으로 두 번 나오는 경우

(두 개의 부정사 절대형 중 하나는 본동사의 어근과 같은 부정사 절대형이다.)

① 본동사 어근과 같은 부정사 절대형은 본동사의 행위가 "계속적으로 반복되는 동작"임을 나타내고, 그 나머지 부정사 절대형은 그 행위와 관련된 "부대상황"이나 "방법"을 나타낸다.

예) וָאֲדַבֵּר אֲלֵיכֶם הַשְׁכֵּם וְדַבֵּר (렘 7:13)

내가 계속해서 열심히 말하는 방식으로 너희들에게 말했다.

② 본동사의 어근과 같은 부정사 절대형은 아무런 의미가 없고, 대신 뒤에 나오는 부정사 절대형이 본동사의 동작의 "결과"임을 가리키는 구실을 한다.

예) וַיַּכֵּהוּ הָאִישׁ הַכֵּה וּפָצֹעַ (왕상 20:37)
그 사람은 그를 쳐서 상하게 했다.

2. 명사적 용법

주격, 소유격, 목적격(동사의 목적어, 전치사의 목적어)에서 나타난다.

예) אָכֹל דְּבַשׁ הַרְבּוֹת לֹא־טוֹב (잠 25:27)
꿀을 많이 먹는 것이 좋지 않다.

לָקַחַת מוּסַר הַשְׂכֵּל (잠 1:3)
신중함의 (신중함을 위한) 훈계를 얻기 위하여

3. 동사의 대용

1) 단순히 일반동사, 명령, 간접명령, 부정사 연계형, 분사 등을 대신해서 사용될 수 있다. 이처럼 동사대용으로 사용되는 부정사 절대형은 동작이 일어날 확률이 반반인 규정, 가정, 예언, 추측, 의문문, 명령에서 주로 사용된다.

예) הָרֹה עָמָל וְיָלֹד אָוֶן (욥 15:35)
그들은 재앙을 품고 불의를 낳는다.

2) 동사를 대신해서 사용하는 부정사 절대형은 때때로 화자가 감정을 실어 강조적 표현을 하려고 할 때 사용된다.

예) הֲגָנֹב רָצֹחַ וְנָאֹף (렘 7:9)
너는 도적질하고 살인하고 간음을 할 것이냐?

3) 일반동사 다음에 접속사 וְ가 오고 부정사 절대형이 나타날 때, 부정사 절대형은 그 앞에 나오는 동사에 종속해서 일어나는 동작을 묘사한다.

예) כִּי־צַמְתֶּם וְסָפוֹד (슥 7:5)
네가 금식하며 애통할 때

부정사 연계형

1. 특징

1) 영어처럼 명사적, 형용사적, 부사적 용법을 한다.

2) 히브리어 부정사 연계형은 영어의 동명사와 to 부정사를 혼합한 것이다.

2. 영어의 동명사의 역할

1) 형태는 to의 의미를 가진 전치사 לְ가 생략된다: 일반적인 행동(상황)을 가리킨다.

2) 명사적 용법

① 주격, 소유격(연계형 명사 뒤에 나오는 절대형 명사)

예) לֹא־טוֹב הֱיוֹת הָאָדָם לְבַדּוֹ (창 2:18)

사람이 홀로 있는 것이 좋지 않다.

בִּן הַכּוֹת הָרָשָׁע׃ (신 25:2)

그 악인은 침을 위한 아들이다. (즉, 그 악인은 쳐짐을 당해야 한다.)

② 목적격

a. 동사의 목적격

예) הַיּוֹם הַזֶּה אָחֵל תֵּת פַּחְדְּךָ וְיִרְאָתְךָ עַל־פְּנֵי הָעַמִּים (신 2:25)

이 날에 나는 열국 백성들에게 너에 대한 두려움과 무서움을 주기 시작할 것이다.

예) וּמָה־יְהוָה דּוֹרֵשׁ מִמְּךָ כִּי אִם־עֲשׂוֹת מִשְׁפָּט וְאַהֲבַת חֶסֶד
וְהַצְנֵעַ לֶכֶת׃ (미 6:8)

여호와께서 너에게 무엇을 구하시냐? 오히려 공의를 행하고 인애를 사랑하며 신중하게 동행하는 것을 구하시지 않느냐?

b. 전치사의 목적격

특별히 전치사와 함께 사용해서 시간(כְּ, בְּ), 양보(עַל), 원인(יַעַן), 목적(לְמַעַן) 등의 의미를 나타낸다. 이 때 사용되는 부정사는 영어의 동명사에 가깝다고 볼 수 있다. 한편 히브리어 부정사 연계형은 전치사 לְ(영어에 by에 해당)와 함께 사용되어 본동사의 동작의 의미를 구체적으로 보여준다(gerundive, explanatory, epexegetical). 여기서 전치사 לְ는 to 부정사를 만드는 전치사 לְ와는 다른 것이다.

예) שָׁמוֹר אֶת־יוֹם הַשַּׁבָּת לְקַדְּשׁוֹ (신 5:12)
안식을 거룩하게 함으로써 지키라.

예) עַד־בּוֹא אֲדֹנָיו אֶל־בֵּיתוֹ (창 39:16)
그의 주인이 그의 집에 오기까지.

예) וַיְהִי כְשָׁמְעוֹ כִּי־הֲרִימֹתִי קוֹלִי וָאֶקְרָא וַיַּעֲזֹב בִּגְדוֹ אֶצְלִי (창 39:15)
내가 나의 목소리를 크게 높여 부르는 것을 그가 들을 때 그는 자신의 옷을 내 옆에 남겼다.

3) 부사적 용법

특정한 부분(영역)을 나타낸다. 주로 뜻은 "~와 관련해서, ~에서"로 번역된다.

예) מַדּוּעַ מִהַרְתֶּן בֹּא הַיּוֹם (출 2:18) :
오늘은 오는 데 있어서 왜 너희들은 서둘렀느냐?.

3. 영어의 to 부정사 역할

1) 형태는 부정사 연계형 앞에 전치사 לְ가 오는 형태이다. 그 의미는 동명사와 달리 미래 지향적으로 앞으로 일어날 일을 제시한다. 참고로 여기서 부정(not)을 할 때에는 לְבִלְתִּי(not to ~)를 사용한다.

2) 용법

① 명사적 용법

a. 주어

예) לֹא לָכֶם לְהִלָּחֵם בָּזֹאת (대하 20:17)
이것에서(이 전쟁에서) 싸우는 것은 너희를 위해 있지 않다(너희는 이 전쟁을 싸울 필요가 없다).

b. 동사의 목적어

예) יוֹדֵעַ לַעֲשׂוֹת בַּזָּהָב־וּבַכֶּסֶף (대하 2:14)

금과 은을 다루는 것을 아는 자.

② 형용사적 용법

a. 명사 수식

예) גַּם־מָקוֹם לָלוּן (창 24:25)

실로 유숙할 곳도

b. 주격보어 : "막 ~할 예정이다" 라고 해석 된다(be about to).

예) וַיְהִי הַשֶּׁמֶשׁ לָבוֹא (창 15:12)

태양이 막 떠오를 예정이었다.

c. 목적격보어

예) אֲשֶׁר צִוִּיתִיךָ לְבִלְתִּי אֲכָל־מִמֶּנּוּ (창 3:11)

내가 너에게 먹지 말라고 명령했던 것.

※ 참고) 여기서 부정사 연계형 앞에 לְ가 오지 않는 이유는 부정어(בִּלְתִּי)가 끼어 있기 때문이다. 이 부정어 앞에 전치사 לְ가 있는 것을 볼 수 있다.

③ 부사적 용법

a. 목적(결과) : "하기 위하여"

예) לִשְׁמֹעַ אֵת חָכְמַת שְׁלֹמֹה (왕상 5:14)

솔로몬의 지혜를 듣기 위하여

b. 정도 : "~할 정도로"

예) וַאדֹנִי חָכָם ... לָדַעַת אֶת־כָּל־אֲשֶׁר בָּאָרֶץ׃ (삼하 14:20)

나의 주는 이 땅에 있는 모든 것을 알 정도로 지혜롭다.

④ 동사 대용

일반동사나 분사를 대신해서 사용될 수 있다.

예) וְרַבִּים מֵהַכֹּהֲנִים ... בֹּכִים וְרַבִּים ... לְהָרִים קוֹל (스 3:12)

그 제사장들의 많은 이들이 … 울었고 많은 이들이 … 목소리를 높였다.

분사

반복이나 계속적인 동작, 또는 지속적인 상태를 지칭할 때 주로 사용된다. 이외에도 분사는 부사적 용법으로 동시상황(부대상황)을 나타낼 수 있다. 분사의 시제는 문맥에 따라 결정되기 때문에 미래, 현재, 과거, 대과거도 될 수 있다. 특별히 미래시제를 나타날 때 "~할 예정이다"의 의미를 가진다. 분사에는 능동분사와 수동분사가 있다.

1. 형용사적 용법(relative participle)

1) 명사를 수식

a. 관사가 없을 때

예) כִּי יְהוָה אֱלֹהֶיךָ אֵשׁ אֹכְלָה הוּא (신 4:24)

여호와 너의 하나님의 경우 그분은 삼키는 불이시다(과거, 현재, 미래 시제 모두 포함).

b. 관사가 있을 때

예) יְהוָה הַנִּרְאֶה אֵלָיו (창 12:7)

그에게 나타나셨던 여호와(과거에서 현재까지의 시제)

2) 보어

예) הֵמָּה עֹלִים (삼상 9:11) : 그들이 올라가고 있었다. (과거시제)

עֲזֻבוֹת עָרֵי עֲרֹעֵר (사 17:2) : 아로엘의 성읍들이 버려졌다. (과거시제)

※ 참고 1) הֹלֵךְ가 보어로 사용될 때 그 다음 서술어와 함께 상황이 오래 지속되어 점점 심화되는 모습을 나타낸다.

예) וְדָוִד הֹלֵךְ וְחָזֵק (삼하 3:1) : 다윗은 점점 강하여져 갔다.

※ 참고 2) 분사가 היה 동사와 함께 서술어로 나올 때 확실하게 진행형의 의미("하는 중")를 가진다. 때로 진행의 동작이라도 처음 발단에 일어나는 동작에 초점을 맞출 수 있다(inchoative sense).

3) 수동 분사에서 주의할 점

① 수동분사는 능동분사처럼 명사를 뒤에서 수식하는 한정적 용법(이 때 명사의 성과 수, 그리고 관사에 일치한다)과 서술적 용법이 있다.

② 수동분사의 수동의 의미는 동작 수동(수동의 동작으로, 수동의 동작의 결과에 이르기까지의 과정을 가리킴)이며 상태 수동(어떤 동작이 이루어져서 이제 그 상태에 있는 것을 의미)은 아니다. 또한 수동의 동작에서 처음 발단에 일어난 동작에 초점을 맞춘다. 영어로는 inchoative sense이다.

예) The door is shut ("그 문이 닫혀진다," 동작 수동)
The door is always shut ("그 문은 항상 닫혀 있다," 상태 수동)
מְקוֹם אֲשֶׁר יוֹסֵף אָסוּר שָׁם (창 40:3)
요셉이 거기서 갇혀 있던 장소.

③ 종종 수동분사는 그 뜻이 "~할 수 있는," "~되어야 하는"의 의미로 해석될 수 있다(영어로 말하면 to be p.p).

예) לְעַם נוֹלָד (시 22:32) : 태어날 수 있는 민족에게.
כִּי־יְהוָה עֶלְיוֹן נוֹרָא (시 47:3)
지극히 높으신 여호와는 경외되어야 하기 때문에.

2. 명사적 용법(relative use)

히브리어에서 형용사는 명사의 역할을 할 수 있다.

1) 앞에 관사가 없는 경우
예) יֹדְעָיו (욥 42:11) : 그를 아는 사람들.

2) 앞에 관사가 있는 경우
예) מִי הָאֹמֵר שָׁאוּל (삼상 11:12) : 사울이라고 말한 자가 누구냐?
וַיֹּאמֶר הַמֶּלֶךְ הַמְדַבֵּר אֵלַיִךְ (삼하 14:10)
그리고 그 왕은 말했다. "누구든지 네게 말하는 자는"

3. 부사적 용법(분사구문)

부대상황(동시상황)을 나타낸다.
예) הֲלוֹא לָכֶם לָדַעַת אֶת־הַמִּשְׁפָּט שֹׂנְאֵי טוֹב (미 3:1a-2)
(너희가) 선을 미워하고 있는데 너희들이 공의를 아는 것이 미땅하지 않는가?

부록 1

각 과별 단어장 & 연습문제

1과 단어

번호	히브리어 단어	단어의 뜻	
		음역	우리말
1	מִן	[민]	전치사 : ~로부터(from)
2	[62] בֵּן	[벤]	아들(son)
3	[63] מֶ֫לֶךְ	[멜- 레크]	왕(king)
4	[64] שָׁמַע	[샤- 마]	칼 완 : 그가 들었다(listen)
5	מֹשֶׁה	[모- 쉐]	모세(Moses)
6	חָכָם	[하- 캄]	지혜로운(wise)
7	שָׁם	[샴]	거기에(there)
8	אוֹר	[오르]	빛(light)
9	קָדוֹשׁ	[까- 도쉬]	거룩한(holy)

---

62) 글자 안에 있는 점은 3과에서 자세히 배울 것이다. 그러므로 일단 자음 안에 점들은 무시하라.

63) מֶ֫לֶךְ에서 מֶ위에 ‹ 표시는 악센트 표시이다. 보통 히브리어 단어는 마지막 음절의 모음에 악센트가 오지만 이 경우에는 앞에 왔다. 이렇게 악센트가 앞에 있는 명사를 쎄골형 명사라고 한다. 나중에 자세히 배울 것이다.

64) 히브리어 동사형(어간)은 여러 가지가 있다. 그 중에 칼형은 일반적인 능동태 동사를 뜻한다. 칼형에는 다시 완료형과 미완료형이 있다. שָׁמַע는 칼 완료형으로서 3인칭 남성 단수를 주어로 하는 동사이다. 그래서 정확히 그 뜻은 "그가 들었다"이다. 완료형은 주로 과거로 해석되기 때문이다. 히브리어 사전에 수록된 단어 목록(entry)에서 동사의 경우는 동사의 원형이 아니라 칼 완료형 3인칭 남성 단수형이 대표로 나타난다(물론 극히 예외가 있지만). 나중에 12과에서 히브리어 동사에 대해 더 자세히 배우게 될 것이다. 12과 이후에서는 동사의 뜻을 쓸 때 단순히 의미만을 기입할 것이다.

☞ 1과 연습문제 ☜

1. 미형(尾形)을 포함하여 알파벳을 순서대로 적으시오.

2. 다음 음가에 해당하는 히브리어 모음 기호를 모두 적으시오.

	단 모 음	장 모 음	순장 모음
아			
에			
이			
오			
우			

3. 알파벳 중 단어의 끝에 오는 미형(尾形) 고려하여 올바른 단어를 고르시오.

(1) מֶלֶךְ , מֶלֶכ (2) חָהָמ , חָכָם (3) שָׁם , שָׁמ (4) אֶרֶצ , אֶרֶץ

(5) מִן , מִנ (6) םֹשֶׁה , מֹשֶׁה (7) בֵּנ , בֵּן (8) אֶלֶף , אֶלֶפ

4. 다음을 한글로 음역하시오.

(1) בֵי בוֹן דוֹד נוּחַ בִין אָב שָׁם מֶלֶךְ דָבָר

(2) לָבָן רָחֵל עֵשָׂו מוֹאָב לֵוִי אָדוֹן שֵׁם חָם אָדָם

(3) יוֹסֵף יֶפֶת מֹשֶׁה שָׁאוּל רוּחַ רוּת עֵץ קוֹלִי בֵן

(4) דָוִיד לָעִיר נָתַן יִיטַב מוֹעֵד חָמֵשׁ חָמָס יָשָׁר זָקֵן

(5) חָטֵף אֲדָמָה קָמֶץ מִי מוֹת עֵין שָׁלוֹם בַיִת

(6) יָשַׁב נָשִׁים בָעִיר הָלַךְ כִּי הָאִישׁ גַן רָעָב דֶרֶךְ

2과 단어

번호	히브리어 단어	단어의 뜻	
		음역	우리말
1	וְ	[붸]	그리고(and), 그러면(then), 그러나(but)
2	אֱלֹהִים	[엘로-힘]	하나님(god)
3	דָּבָר	[다-바르]	말씀(word), 사물(thing)
4	שֵׁם	[쉠]	이름(name)
5	אָדָם	[아-담]	아담(Adam), 인간(humanity), 인류
6	שָׁמַר	[샤-마르]	칼 완: 그가 지켰다(keep)
7	מִשְׁפָּט	[미쉬-파뜨]	공의(justice), 심판, 판단, 규례
8	חֶסֶד	[헤-쎄드]	인애(kindness), 은혜, 자비
9	תּוֹרָה	[토-라]	율법(law)
10	זָקֵן	[자-켄]	늙은(old), 노인, 장로, 늙은이
11	חָכְמָה	[호크-마]	지혜(wisdom)
12	שְׁמוּאֵל	[쉐무-엘]	사무엘(Samuel)
13	יָשָׁר	[야-샤르]	똑바른(upright), 바른, 옳은
14	גָּדוֹל	[가-돌]	큰, 위대한(great)
15	צֶדֶק	[쩨-데끄]	의(righteousness)

☞ 2과 연습문제 ☜

1. 다음 단어를 보기와 같이 개음절과 폐음절을 유념하여 음절을 나누시오.

[보기] שְׁמוּאֵל → שְׁמוּ/אֵל 처음 음절은 개음절, 두 번째 음절은 폐음절

(1) אֱלֹהִים חָכְמָה תּוֹרָה מִשְׁפָּט דְבָרִים

(2) בְּנֵי שׁוֹמְרִים מִדְבָּר אֲדָמָה אֱלֹהֵי עֱנִי

(3) אַבְרָם שָׁמְרָה אֲדֹנָי יִשְׂרָאֵל אֱדוֹם

(4) כַרְמְלִי מַלְכֵי מִזְוָה יִהְיֶה חָכְמָה

2. 다음 단어를 한글로 음역하고 쉐바의 종류를 말하시오.

(1) שְׁמוּאֵל מְרָיִם יָקְשָׁן שְׁבָא הָעֳמַד תוֹלְדוֹת

(2) עֲבָרִים מַהֲרוּ מִצְרַיִם מוֹשְׁבוֹת אֱלֹהִים אֲבִי

(3) אַבְרָהָם יִצְחָק מִלְךָ תִשְׁתִית אֶפְרַיִם אֲלֵיהֶם

(4) לַעֲבֹר אֶצְלְךָ אֲנַחְנוּ הֲסָרִים עֶלְיוֹן חֲלוֹם נְשֵׁיהֶם

3. 다음 유성 쉐바가 연달아 나올 때 어떻게 변화되는 지를 쓰시오.

(1) אֱדוֹם + לְ →

(2) שְׁמוּאֵל + כְּ →

(3) אֲדֹנָי + לְ →

(4) שְׁמִיר + הֲ →

(5) חֲכָמִים + וְ →

(6) שְׁמֹר + אֱ →

3과 단어

번호	히브리어 단어	단어의 뜻	
		음역	우리말
1	הָלַךְ	[할-라크]	칼 완: 그가 걸었다, 갔다(walk)
2	עַם	[암]	백성(people). 접미 : עַמִּי(나의 백성)
3	כֹּל	[콜]	모든, 모든 것(all)
4	יהוה	[야-웨]	야훼, 여호와, 주 하나님
5	רָאָה	[라-아]	칼 완: 그가 보았다(see)
6	טוֹב	[또브]	좋은(good), 좋은 것
7	אֲדֹנָי	[아도-나이]	주님(Lord)
8	רוּחַ	[루아흐]	바람(wind), 영(spirit)
9	אֶרֶץ	[에-레쯔]	땅(earth, land)
10	נַעַר	[나-아르]	소년(boy), 젊은이(young man), 청년
11	לַיְלָה	[라일-래]	밤(night)
12	שָׁמַיִם	[샤-마임]	하늘(heaven)
13	שָׁבַר	[샤-바르]	칼 완: 그가 부수었다(break up)
14	מָוֶת	[마-베트]	죽음, 사망(death). 연계형 : מוֹת
15	סוּס	[쑤쓰]	말(horse)
16	אֱדוֹם	[에돔]	에돔
17	כִּי	[키]	왜냐하면(because)
18	הֵיכָל	[헤-칼]	궁전(palace), 성전(temple)

☞ 3과 연습문제 ☜

1. 다음 안에 점이 무슨 점인지를 말하고 음역하시오.

(1) הִנֵּה בָּקַשׁ אִשָּׁה מִשְׁפָּט בַּ֫יִת מִכֹּל

(2) מַלְכָּהּ הַקּוֹל שִׁמְּרָה גִּבּוֹר צַדִּיק

(3) הַלְלוּ־יָהּ שִׁבֹּ֫לֶת אַרְפַּכְשַׁד פְּלִשְׁתִּים אֵלִיָּהוּ

2. 다음 단어 안에 있는 점과 쉐바의 종류를 말하고 음역하시오.

(1) דְּבַר דִּבְרֵי יַרְדֵּן אִשְׁתּוֹ בְּרוּךְ מִדְבָּר יִשְׁבְּרוּ

(2) בְּרִיתְךָ הַלְּבָנוֹן יֶלְדוּ כֹּהֲנִים עַמְּךָ עִנְּבֵי

(3) מַלְכְּכֶם וְאָמַרְתָּ בְּתוֹךְ חַרְבּוֹ מִשְּׁמוּאֵל

(4) מְיַלְּדוֹת שַׂמְתִּי פְּלִשְׁתִּים עַבְדְּךָ קָדְשׁוֹ

3. 침묵자음에 유념하여 한글로 음역하시오.

(1) לֵאלֹהִים דָּנִיֵּאל רֵאשִׁית לֵאמֹר אֱוִילִים

(2) יֹאשִׁיָּהוּ וּמוּסַר צֹאן בָּרָא הַשְּׁלִישִׁי מִצְוֹת

4. 다음 י, ו가 자음의 속성을 잃을 때 어떻게 변하는지를 쓰시오.

[보기] עַיְן → עֵין

(1) מַוְת →

(2) הָוְשַׁב →

(3) הַיְטִיב →

4과 단어

번호	히브리어 단어	단어의 뜻	
		음역	우리말
1	נֶגֶב	[네-게브]	남방(south), 사막(desert-land)
2	נָתַן	[나-탄]	칼 완: 그가 주었다(give)
3	גִּבּוֹר	[기-보르]	용사(warrior)
4	אֲשֶׁר	[아쉐르]	관계사: 영어에 that에 해당
5	גַּן	[간]	동산(garden), 관사: הַגַּן(그 동산)
6	אָמַר	[아-마르]	칼 완: 그가 말했다(say)
7	לֹא	[로]	아니다(not)
8	עָפָר	[아-파르]	흙, 먼지(dust)
9	יָשַׁב	[야-샤브]	칼 완: 그가 앉았다(sit)
10	עִיר	[이르]	성(city), 도시, 성읍(town). 복수: עָרִים
11	שָׁלוֹם	[샬-롬]	평화(peace)
12	רֹאשׁ	[로쉬]	머리(head)
13	הַר	[하르]	산(mountain), 관사: הָהָר(그 산)
14	קוֹל	[꼴]	소리(voice), 목소리, 음성, 말
15	מָקוֹם	[마-꼼]	장소(place)
16	רֶגֶל	[레-겔]	발(foot)
17	אֲדָמָה	[아다-마]	흙, 땅(ground, soil)
18	בָּא	[바]	בוא의 칼 완: 그가 왔다(come)[65]

65) בָּא는 칼 완료형이지만 원래 בוא에서 나온 형태이다. 사전에선 이 형태의 단어 항목을 찾을 수 없다. 그러므로 이 단어의 뜻을 찾기 위해서는 이근인 בוא를 찾아야 한다. 나중에 약동사에서 자세하게 배울 것이다.

☞ 4과 연습문제 ☜

1. 정관사 변화에 유념하여 다음을 해석하시오.

(1) הָאָרֶץ אֶרֶץ, הַשָּׁמַיִם שָׁמַיִם, דָּבָר הַדָּבָר, קוֹל הַקּוֹל

(2) סוּס הַסּוּס , מֶלֶךְ הַמֶּלֶךְ, הַר הָהָר , עָפָר הָעָפָר , נַעַר הַנַּעַר

(3) לַיְלָה הַלַּיְלָה, מָקוֹם הַמָּקוֹם, עִיר הָעִיר, אֲדָמָה הָאֲדָמָה

2. 전치사에 유념하여 다음을 해석하시오.

(1) בָּרֹאשׁ, כְּקוֹל, לָעִיר, לְהַר, בְּרֶגֶל, עַל־אֲדָמָה, אֶל־הַמָּקוֹם

(2) מִן־הָאֲדָמָה, לִשְׁמוּאֵל, בֶּאֱדוֹם, כְּדָבָר, בָּאָרֶץ, בָּהָר, בַּגַּן

3. 다음의 문장을 해석하시오.

(1) יָשַׁב אַבְרָהָם בָּאָרֶץ׃

(2) שָׁמַר שְׁמוּאֵל הַתּוֹרָה׃

(3) שָׁמַר אֱלֹהִים הָעָם בְּחֶסֶד׃

(4) נָתַן הַמֶּלֶךְ הֶעָרִים לַגִּבּוֹר׃

(5) שָׁלוֹם בָּעִיר כִּי אֱלֹהִים שָׁם׃

(6) בָּא הַדָּבָר מִן־אֱלֹהִים לָעָם׃

(7) הָלַךְ מֶלֶךְ מֵעִיר

5과 단어

번호	히브리어 단어	단어의 뜻	
		음역	우리말
1	הָיָה	[하야]	칼 완: 그가 있었다(be)
2	עָשָׂה	[아사]	칼 완: 그가 했다(do), 만들었다(make)
3	רֵאשִׁית	[레-쉬트]	시초(beginning), 처음
4	אֵת	[에트]	~을, ~를(목적격). ~와 함께(with)
5	בָּרָא	[바-라]	칼 완: 그가 창조했다(create)
6	רָשָׁע	[라-샤]	사악한(wicked)
7	אִישׁ	[이쉬]	남자(man), 남편(husband)
8	פָּנֶה	[파-네]	얼굴(face), 표면(front). 복수형: פָּנִים
9	בַּיִת	[바이트]	집(house). 복수형: בָּתִּים
10	יָקָר	[야-까르]	희귀한(rare)
11	קָבַץ	[까-바쯔]	칼 완: 그가 모았다(gather)
12	צַדִּיק	[짜-디끄]	의로운(righteous)
13	יָדַע	[야-다]	칼 완: 그가 알았다(know)
14	אֲנָשִׁים	[아나-쉼]	남자(אִישׁ)의 복수형 : 남자들(men)
15	כֹּהֵן	[코-헨]	제사장(priest)
16	עַיִן	[아인]	눈(eye), 샘(spring)
17	נָבִיא	[나-비]	선지자(prophet), 예언자

☞ 5과 연습문제 ☜

1. 다음의 문장을 해석하시오.

(1) בְּרֵאשִׁית בָּרָא אֱלֹהִים אֵת הַשָּׁמַיִם וְאֵת הָאָרֶץ׃

(2) גָּדוֹל הַמֶּלֶךְ הַטּוֹב כִּי שָׁמַר תּוֹרָה בְּיִשְׂרָאֵל

(3) הָלַךְ הַגִּבּוֹר הָרָשָׁע אֶל־הַהֵיכָל הַגָּדוֹל

(4) הַנְּבִיאִים הַיְשָׁרִים בַּבַּיִת הַגָּדוֹל

(5) גָּדוֹל יהוה כִּי נָתַן הַדָּבָר הַיָּקָר לָעָם׃

(6) לֹא קָבַץ הַמֶּלֶךְ אֶת־הָעָם הָרָשָׁע וְלֹא שָׁמַר תּוֹרָה

(7) לֹא יָדַע הַכֹּהֵן הָרָשָׁע מִשְׁפָּט אֶת־הָעָם

(8) שָׁמַר יוֹסֵף הַדָּבָר הַטּוֹב כִּי יהוה הָיָה אֵת יוֹסֵף

(9) נָתַן יהוה הָכְמָה טוֹבָה לְיִשְׂרָאֵל

2. 다음에 주어진 문장이나 구절을 히브리어로 적어보시오.

(1) 그 선지자는 지혜롭다.

(2) 좋은 청년들

(3) 그 늙은 암말들

(4) 그 좋은 선지자는 의롭다.

(5) 그 악한 사람이 왔다.

(6) 그 귀한 말은 희귀하다.

6과 단어

번호	히브리어 단어	단어의 뜻	
		음역	우리말
1	אִשָּׁה	[아샤]	여자(woman), 아내(wife). 복수: נָשִׁים
2	חֲלוֹם	[할롬]	꿈(dream)
3	עֵצָה	[에짜]	충고(advice)
4	פָּקַד	[파-까드]	칼완: 그가 돌보았다; 관리했다(take care of)
5	יִצְחָק	[이쯔-하끄]	이삭(Isaac)
6	גּוֹי	[고이]	나라(nation), 국가
7	חַוָּה	[하-봐]	하와(eve)
8	שָׂדֶה	[사-데]	들판(open field), 밭
9	אָח	[아흐]	형제(brother)
10	עֶ֫רֶב	[에-레브]	저녁(evening)
11	כָּרַת	[카-라트]	칼 완: 그가 잘랐다(cut)
12	בְּרִית	[베리트]	언약(covenant)
13	יְהוּדָה	[예후-다]	유다(Judah)
14	אַשְׁרֵי	[아쉬-레]	복이 있는(blessed)
15	אֶ֫בֶן	[에-벤]	돌(stone)
16	רַע	[라]	악한(bad), 악(evil)
17	חַטָּא	[하-따]	죄 있는(sinful)
18	מְאֹד	[메오드]	매우(very much), 힘(might)

☞ 6과 연습문제 ☜

※ 다음의 문장을 해석하시오.

(1) וְהָאָדָם יָדַע אֶת־חַוָּה אִשָּׁה בָּאֶרֶץ׃

(2) בָּא אֱלֹהִים אֶל־אֲבִימֶלֶךְ בָּחֲלוֹם הַלָּיְלָה׃

(3) וַיהוה פָּקַד אֶת־שָׂרָה

(4) נָתַן יהוה כָּל־הַגּוֹיִם הַגְּדוֹלִים לְיִשְׂרָאֵל

(5) לֹא שָׁמַר הַמֶּלֶךְ דִּבְרֵי־יהוה כִּי לֹא שָׁמַע לְקוֹל־יהוה

(6) אִישׁ זָקֵן בָּא מִן־הַשָּׂדֶה בָּעֶרֶב וְהָאִישׁ מֵהַר אֶפְרָיִם

(7) כָּרַת יהוה בְּרִית אֶת־בֵּית יִשְׂרָאֵל וְאֶת־בֵּית יְהוּדָה

(8) אַשְׁרֵי־הָאִישׁ אֲשֶׁר לֹא הָלַךְ בַּעֲצַת רְשָׁעִים

(9) צַדִּיק אִישׁ אֲשֶׁר שָׁמַר תּוֹרַת־מֹשֶׁה

(10) כָּל־הָאֶרֶץ לַיהוה

(11) אַבְרָהָם יָשַׁב בְּאֶרֶץ־כְּנַעַן וְלוֹט יָשַׁב בִּסְדֹם

(12) וְאַנְשֵׁי סְדֹם רָעִים וְחַטָּאִים לַיהוה מְאֹד

(13) אָמַר יהוה אֶל־יְהוֹשֻׁעַ בְּעֵינֵי־כָּל־יִשְׂרָאֵל

7과 단어

번호	히브리어 단어	단어의 뜻	
		음역	우리말
1	שָׁנָה	[샤나]	해(year)
2	נֹחַ	[노아흐]	노아(Noah)
3	סֵפֶר	[쎄 페르]	책, 두루마리(scroll, document)
4	לֵוִי	[레 뷔]	레위(Levite)
5	לָקַח	[라- 까흐]	칼 완 : 그가 취했다(take, acquire)
6	לָכַד	[라- 카드]	칼 완 : 그가 사로잡았다(capture)
7	מַלְאָךְ	[말- 아크]	사자(messenger), 천사(angel)
8	עָרִים	[아 림]	עִיר(도시, city)의 복수형. 여성명사
9	יָרַד	[야- 라드]	칼 완 : 그가 내려갔다(go down)
10	כָּתַב	[카- 타브]	칼 완 : 그가 썼다, 기록했다(write)
11	יוֹם	[욤]	날(day). 복수형 : יָמִים
12	קְטַנִּים	[께따- 님]	קָטֹן(작은, small)의 복수형
13	רַבִּים	[랍 빔]	רַב(많은, many, much)의 복수형
14	אֵצֶל	[에 쩰]	옆에(beside).
15	הִנֵּה	[하 네]	보라!(behold). 감탄사
16	עִם	[임]	~와 함께(with)
17	חָסִיד	[하- 씨드]	경건한(devout), 신실한(faithful), 성도
18	יָצָא	[야 짜]	칼 완 : 그가 나갔다(go forth)

☞ 7과 연습문제 ☜

1. 다음의 짧은 문구를 해석하시오.

(1) בַּיּוֹם הַהוּא, בַּת הִיא, הַשָּׁנָה הַזֹּאת, אֵלֶּה בְּנֵי־נֹחַ

(2) מָה הֵנָּה , זֶה סֵפֶר, הַסּוּסוֹת הָהֵן, הֵמָּה הַגִּבֹּרִים

(3) הֵם בְּנֵי יִשְׁמָעֵאל, נָבִיא אַתָּה, גִּבּוֹרִים אֲנַחְנוּ

2. 다음 우리말을 히브리어로 적어 보시오.

(1) 나는 레위입니다.

(2) 그녀는 누구입니까?

(3) 우리들은 청년들입니다.

(4) 당신들(남)은 에돔 사람들입니다.

(5) 당신들(여)은 늙었습니다.

(6) 그들은 백성입니다.

3. 다음의 문장을 해석하시오.

(1) בַּיּוֹם הַהוּא מַלְאָךְ מֵהַשָּׁמַיִם עַל־הֶעָרִים הָרָעוֹת

(2) יָרַד הַנָּבִיא הַהוּא מֵהָהָר וְכָתַב אֶת־הַדְּבָרִים

(3) הוּא קָבַץ אֶת הָאֲנָשִׁים הָאֵלֶּה וְהֵם קְטַנִּים׃

(4) בַּיָּמִים הָהֵם הַנַּעַר לָכַד גִּבּוֹרִים רַבִּים׃

(5) נָתַן הַזָּקֵן עֵצָה לַנְּעָרִים אֵצֶל הָעַיִן הַזֹּאת

(6) אָמַר יהוה הִנֵּה הוּא כָרַת בְּרִית לָהֶם׃

8과 단어

번호	히브리어 단어	단어의 뜻	
		음역	우리말
1	אָהַב	[아-하브]	칼 완 : 그가 사랑했다(love)
2	עָזַב	[아-자브]	칼 완 : 그가 떠났다(leave), 포기했다(abandon)
3	חֹק	[호끄]	규례(law). 복수형 : חֻקִּים
4	יָד	[야드]	손(hand). 여성명사
5	אָב	[아브]	아버지(father). 복수형 : אָבוֹת
6	צְדָקָה	[쩨다-까]	의(righteousness)
7	יְשׁוּעָה	[예슈-아]	구원(salvation)
8	גַּם	[감]	또한(also), 실로(indeed), 심지어(even)
9	אַמָּה	[아-마]	규빗(cubit)
10	זָכַר	[자-카르]	칼 완 : 그가 기억했다(remember)
11	אַל	[알]	~하지 않다(일시적 부정)(not)
12	דֶּרֶךְ	[데 레크]	길(way), 방법
13	לֵב	[레브]	마음(heart). 접미 : לִבּוֹ(그의 마음)
14	שָׂרַף	[사-라프]	불태우다(burn)
15	מִצְוֹת	[미쯔-보트]	מִצְוָה(명령, commands)의 복수형
16	בָּטַח	[바-따흐]	칼 완 : 의지했다 (depend on, 전치사 בְּ를 동반함)
17	חֻקָּה	[후-까]	규례(divine statues)
18	רַק	[라끄]	오직(only)

☞ 8과 연습문제 ☜

1. 다음의 문장을 해석하시오.

(1) בָּטַח הַצַּדִּיק בְּתוֹרוֹתַי וְלֹא הָלַךְ הָרָשָׁע בְּמִצְוֹתַי

(2) כָּתַב מַלְאָכִי אֵת דְּבָרַי בַּתּוֹרָה׃

(3) זָכַר הוּא אֵת שֵׁם־יהוה וְבָטַח בִּישׁוּעָתוֹ׃

(4) בָּרָא יהוה אָדָם וְצִדְקָתוֹ לְבֶן־אָדָם

(5) יהוה אָהַב מִשְׁפָּט וְלֹא־עָזַב אֶת־חֲסִידָיו

(6) עָשָׂה הוּא טוֹב וְתוֹרַת אֱלֹהָיו בְּלִבּוֹ

(7) לֹא שָׁמַע הַכֹּהֵן אֶל־מִצְוֹת יהוה אֱלֹהָיו

(8) אֵלֶּה הַחֻקִּים וְהַמִּשְׁפָּטִים אֲשֶׁר נָתַן יהוה לָאבוֹתֵיכֶם

(9) נָתַן יהוה אֶת־סִיחוֹן וְאֶת־כָּל־עַמּוֹ בְּיַד־יִשְׂרָאֵל

(10) אָמַר יְהוָה אֶת־הַדָּבָר הַזֶּה בְּאֶרֶץ יְהוּדָה וּבְעָרָיו

2. 다음의 문구를 히브리어로 쓰시오.

(1) 나의 지혜

(2) 그의 도시들

(3) 당신의 말씀들

(4) 그의 선지자들

(5) 너희들(여성)의 소리

9과 단어

번호	히브리어 단어	단어의 뜻	
		음역	우리말
1	מַחֲסֶה	[마하-쎄]	피난처(place of refuge)
2	עֹז	[오즈]	힘(strength, power)
3	מִשְׂגָּב	[미스-가브]	산성(high spot as a refuge)
4	שִׂמְחָה	[심-하]	기쁨(joy)
5	בְּרָכָה	[베라-카]	축복(blessing)
6	זָהָב	[자-하브]	금(gold)
7	כֶּסֶף	[케-쎄프]	은(silver), 돈(money)
8	מַיִם	[마임]	물(water)
9	לֶחֶם	[레-헴]	떡(bread)
10	רָעָב	[라-아브]	배고픔(hunger), 기근(famine)
11	חַיִּים	[하-임]	חַי(살아 있는) 의 복수형 : 생명(life)
12	בָּחַר	[바-하르]	칼 완: 그가 선택했다 (전치사 בְּ를 동반함)(choose)
13	פֶּה	[페]	입(mouth). 연계형 : פִּי
14	צָבָא	[짜-바]	군대, 전쟁, 만군. 복수형 : צְבָאוֹת
15	עֲבוֹדָה	[아보-다]	일(work), 노동(labor)
16	עָבַד	[아-바드]	칼 완: 그가 섬겼다(serve), 그가 경작했다(cultivate)
17	קֹדֶשׁ	[꼬-데쉬]	거룩(holiness), 거룩한 것
18	מִלְחָמָה	[밀-하-마]	전쟁(war)

☞ 9과 연습문제 ☜

※ 다음의 문장을 해석하시오.

(1) אֱלֹהִים לָנוּ מַחֲסֶה וָעֹז

(2) יהוה צְבָאוֹת עִמָּנוּ וּמִשְׂגָּב לָנוּ אֱלֹהִים

(3) אָמַר הַמֶּלֶךְ יהוה אַתָּה שִׂמְחָתִי וִישׁוּעָתִי׃

(4) נָתַן לָנוּ אֱלֹהִים בְּרָכָה כִּי אֲנַחְנוּ לַיהוה

(5) זָכַר מֶלֶךְ יְהוּדָה אֶת־בֵּית־יהוה וּבוֹ זָהָב וָכֶסֶף׃

(6) לָנוּ לֶחֶם וָמַיִם וְלָהֶם רָעָב גָּדוֹל

(7) אָמַר לוֹ מַלְאַךְ־יהוה שְׁמוֹ עִמָּנוּאֵל

(8) אֵלֶּה דִּבְרֵי־פִיךָ וְזֹאת עֲבוֹדַת־יָדֶיךָ

(9) בָּחַר בּוֹ הַנָּבִיא לְמֶלֶךְ

(10) עָבַד הַמֶּלֶךְ אֶת־יהוה כָּל־יְמֵי־חַיָּיו

(11) לַיהוה הַמִּלְחָמָה וְנָתַן אֶתְכֶם בְּיָדֵנוּ

(12) הוּא הָלַךְ לוֹ בְּשֵׁם יהוה צְבָאוֹת

(13) וְזֶה הַבְּרִית אֲשֶׁר כָּרַת יהוה אִתּוֹ

10과 단어

번호	히브리어 단어	단어의 뜻	
		음역	우리말
1	עֶבֶד	[에-베드]	종(servant)
2	שֵׁמוֹת	[쉐-모트]	שֵׁם(이름, name)의 복수형
3	כִּסֵּא	[카-쎄]	의자(chair), 왕좌(throne)
4	שָׁפַט	[샤-파뜨]	칼 완: 그가 판단했다(judge)
5	אֵל	[엘]	하나님(God)
6	זֶרַע	[제-래]	씨(seed), 자손(descendant)
7	אֹזֶן	[오-젠]	귀(ear)
8	חֶרֶב	[헤-레브]	검(sword), 칼
9	מִזְבֵּחַ	[미즈-베아흐]	제단(altar)
10	צוּר	[쭈르]	반석(rock)
11	כְּלִי	[켈리]	그릇(vessel). 복수형: כֵּלִים
12	בֶּגֶד	[베-게드]	의복(clothes), 옷
13	בֹּקֶר	[보-케르]	아침(morning)
14	שְׁנַיִם	[쉐나임]	둘(two). 남성
15	כְּתֹנֶת	[쿠-토-네트]	속옷(under-garment). 복수형: כָּתְנוֹת
16	נָשִׁים	[나-쉼]	אִשָּׁה(여자, woman)의 복수형
17	חַיִל	[하일]	힘(power), 부(wealth)
18	סָפַר	[싸-파르]	칼 완: 그가 세었다(count)

☞ 10과 연습문제 ☜

※ 다음의 문장을 해석하시오

(1) אָמַר הַנָּבִיא אֵלַי אַתָּה וַאֲנִי עַבְדֶּךָ ׃

(2) כָּתַב הַנָּבִיא הַהוּא אֶת־שְׁמוֹתָם בְּסִפְרוֹ׃

(3) מַלְכִּי יָשַׁב עַל־כִּסְאוֹ וְהוּא שָׁפַט אֶת־עַמִּי

(4) יהוה כָּרַת אֶת־בְּרִית אִתְּכֶם וְאֶת־זַרְעֲכֶם אַחֲרֵיכֶם

(5) לָקַח מֹשֶׁה סֵפֶר הַבְּרִית וְקָרָא בְּאָזְנֵי הָעָם

(6) הַמָּקוֹם אֲשֶׁר הוּא עָמַד עָלָיו אַדְמַת־קֹדֶשׁ

(7) אַבְרָהָם לָקַח אֶת־שָׂרַי וּבָא אַרְצָה כְּנַעַן

(8) עָשָׂה לוֹ יְהוֹשׁוּעַ חַרְבוֹת צוּרִים

(9) נָתַן הָעֶבֶד כְּלֵי־כֶסֶף וּכְלֵי זָהָב וּבְגָדִים לְרִבְקָה

(10) בַּבֹּקֶר לָקַח אַבְרָהָם אֶת־שְׁנֵי נְעָרָיו אִתּוֹ

(11) הַיּוֹם אָמַר יוֹנָתָן בֶּן־שָׁאוּל אֶל־הַנַּעַר

(12) עָשָׂה יהוה לְאָדָם וְחַוָּה כָּתְנוֹת־עוֹר

(13) לֹא נָתַן הַנַּעַר לַנָּשִׁים חֵילוֹ וּדְרָכָיו

11과 단어

번호	히브리어 단어	단어의 뜻	
		음역	우리말
1	נָשָׂא	[나-사]	칼 완: 그가 날랐다(carry), 들었다(lift)
2	שָׁלַח	[샬-라흐]	칼 완: 그가 보냈다(send)
3	דָּבַק	[다-바끄]	칼 완: 그가 달라붙었다(stick to), 하나가 되었다(join)
4	הָרַג	[하-라그]	칼 완: 그가 죽였다(kill)
5	אֵם	[엠]	어머니(mother). 접미: אִמְּךָ, אִמּוֹ
6	רִיב	[리브]	다툼(dispute), 소송(lawsuit)
7	אֱמֶת	[에메트]	성실(fidelity), 진리(truth)
8	מְזוּזָה	[메주-자]	문기둥(door-post)
9	נְאֻם	[네움]	말씀 발언(utterance)
10	אֵשׁ	[에쉬]	불(fire), 화염
11	שַׁעַר	[샤-아르]	문(gate), 성문
12	דָּם	[담]	피(blood)
13	רָעָה	[라-아]	악(evil, harm), 재앙(disaster, trouble)
14	צֹאן	[쫀]	양(sheep)
15	־שֶׁ	[쉐]	관계사 אֲשֶׁר와 동일
16	בְּשֶׁלִּי	[베쉘-리]	나때문에. בְּ(전치사) + שֶׁ (관계사) + לְ(전치사) + ִי (대명사접미)가 결합한 형태
17	סַעַר	[싸-아르]	돌풍(gale)
18	חֲמִשִּׁים	[하미-쉼]	오십(fifty), 50

☞ 11과 연습문제 ☜

※ 다음의 문장을 해석하시오.

(1) אָבִינוּ זָקֵן וְאִישׁ אֵין בָּאָרֶץ׃ [창 19:31]

(2) יֵשׁ חֲמִשִּׁים צַדִּיקִם [창 18:24]

(3) אַתָּה שָׁלוּחַ אֶל־בֵּית יִשְׂרָאֵל׃ [겔 3:5]

(4) וְהַכֹּהֲנִים הַלְוִיִּם נֹשְׂאִים אֹתוֹ [수 3:3]

(5) עָזַב הָאִישׁ אֶת־אָבִיו וְאֶת־אִמּוֹ וְדָבַק בְּאִשְׁתּוֹ

(6) הָרַג הָאִישׁ הַהוּא אֶת־אָחִיו הַהֹלֵךְ בַּשָּׂדֶה׃

(7) הַנָּשִׁים הַיֹּשְׁבוֹת בַּגָּן כֹּתְבוֹת אֹתוֹ בְּסִפְרֵיהֶן׃

(8) הַשֹּׁפְטִים הָרְשָׁעִים הָאֵלֶּה לֹכְדִים אֹתָם

(9) יהוה לֹא עָזַב אֶת־חֲסִידָיו כִּי יהוה אֹהֵב מִשְׁפָּט

(10) רִיב לַיהוה עִם־יוֹשְׁבֵי הָאָרֶץ כִּי אֵין־אֱמֶת וְאֵין־חֶסֶד

(11) אָמַר יהוה אֱלֹהֵי יִשְׂרָאֵל עַל־בָּתֵּי הָעִיר הַזֹּאת

(12) עֵלִי הַכֹּהֵן יֹשֵׁב עַל־הַכִּסֵּא עַל־מְזוּזַת הֵיכָל

(13) יוֹדֵעַ אֲנִי כִּי בְשֶׁלִּי הַסַּעַר הַגָּדוֹל הַזֶּה עֲלֵיכֶם

12과 단어

번호	히브리어 단어	단어의 뜻	
		음역	우리말
1	מָצָא	[마-짜]	칼 : 찾다(find)
2	תָּוֶךְ	[타-베크]	중앙(midst), 가운데. 연계형 : תּוֹךְ
3	נָפַל	[나-팔]	칼 : 떨어지다(fall)
4	יָלַד	[얄-라드]	칼 : 낳다(bear, beget)
5	נָהָר	[나-하르]	강(river)
6	אַף	[아프]	(1) 또한(also), 실로 (2) 화(anger), 코, 콧구멍, 얼굴
7	אֹהֶל	[오헬]	장막(tent)
8	אַחֵר	[아-헤르]	다른(other)
9	מָכַר	[마-카르]	칼 : 팔다(sell)
10	שָׁבַת	[샤-바트]	칼 : 일을 멈추다(cease), 안식하다(rest)
11	מְלָאכָה	[멜라-캬]	일(work), 노동(labor)
12	מָלַךְ	[말-라크]	칼 : 통치하다(reign)
13	עֶשְׂרִים	[에스-림]	이십(twenty), 20
14	שָׁכַב	[샤-카브]	칼 : 눕다(lie down)
15	יָרֵא	[야-레]	두려워하는(afraid), 칼 완 : 두려워하다
16	עַתָּה	[아-타]	지금(now)
17	אָבָה	[아-바]	칼 : 원하다(want, be willing)
18	דּוֹר	[도르]	세대(generation)

☞ 12과 연습문제 ☜

※ 다음의 문장을 해석하시오

(1) וְאָבִיו שָׁמַר אֶת־הַדָּבָר׃ [창 37:11]

(2) לֹא מָצָא בִסְדֹם חֲמִשִּׁים צַדִּיקִם בְּתוֹךְ הָעִיר

(3) וְשָׂרַי אֵשֶׁת אַבְרָם לֹא יָֽלְדָה לוֹ [창 16:1]

(4) לֹא שָׁמַרְתָּ אֶת־מִצְוַת יְהוָה אֱלֹהֶיךָ [삼상 13:13]

(5) אֶת־בְּרִיתִי תִשְׁמֹר אַתָּה וְזַרְעֲךָ אַחֲרֶיךָ לְדֹרֹתָם׃ [창 17:9]

(6) לָֽכְדוּ הַגִּבּוֹרִים אֶת הֶעָרִים הַגְּדוֹלוֹת

(7) יָֽרְדוּ הָאֲנָשִׁים הָֽרְשָׁעִים אֶל־הַנָּהָר

(8) לְמִי קָבַצְתָּ אֶת־הַכֶּסֶף וְאֶת־הַזָּהָב

(9) מָכַרְתָּ אֶת־אָחִיךָ לָאֲנָשִׁים הַיֹּרְדִים אֶל־הַנָּהָר

(10) יִזְכְּרוּ הַחֲכָמִים אֶת־יהוה וְאֶת־מִצְוֹתָיו

(11) בַּיּוֹם הַהוּא תִּשְׁבֹּת מִכֹּל מְלַאכְתְּךָ כִּי בוֹ שָׁבַת יהוה

(12) מָלַךְ אֱלֹהִים עַל־גּוֹיִם וֵאלֹהִים יָשַׁב עַל־כִּסֵּא קָדְשׁוֹ

(13) לֹא תִשְׁמְרִי אַתְּ הַדְּבָרִים הָאֵלֶּה

13과 단어

번호	히브리어 단어	단어의 뜻	
		음역	우리말
1	חֲצִי	[하찌]	반쪽(half)
2	נָא	[내]	제발(please)
3	שָׁפַךְ	[샤파크]	칼 : 쏟아 붓다(pour out)
4	מַחֲנֶה	[마하네]	야영, 진(camp)
5	אֵיד	[에드]	재난(disaster)
6	מִשְׁפָּחָה	[미쉬파하]	친족(extended family), 씨족(clan), 종족(race)
7	עַד	[아드]	~까지(until)
8	בִּלְתִּי	[빌티]	~없이(without), ~하지 않기 위하여 (so that ~ not). 부정사를 부정할 때 전치사 לְ가 앞에 동반됨
9	יָכֹל	[야콜]	칼 : 할 수 있다(be able to). 상태동사
10	סָגַר	[싸가르]	칼 : 닫다(shut, close)
11	חָטָא	[하따]	칼 : 죄짓다(sin)
12	מִקְנֶה	[미끄네]	가축(livestock, cattle). 연계형 : מִקְנֵה
13	דָּבַר	[다바르]	칼 : 말하다(speak)
14	פָּקַד	[파까드]	칼 : 돌보다(take care of, look after) 처벌하다(punish)
15	הָפַךְ	[하파크]	칼: 뒤엎다(overturn), 파괴하다(destroy)
16	מֵת	[메트]	죽은(dead). 칼 완 : 죽다(be dead)
17	יְהִי	[예히]	הָיָה(be)의 칼 미완 3남단 단축형 : 그가 있을 것이다
18	כֹּה	[코]	이렇게(thus)

☞ 13과 연습문제 ☜

※ 다음의 문장을 해석하시오.

(1) שְׁמֹר אֶת־חֲצִי הַצֹּאן וּמָכַרְתָּ לִי הַחֲצִי הָאַחֵר

(2) כָּתְבָה אֶת־הַדְּבָרִים הָאֵלֶּה בְּסֵפֶר הַתּוֹרָה

(3) לִכְדוּ אֹתָם וּלְקַחְתֶּם אֹתָם הָעִירָה׃

(4) וַיִּשְׁפֹּךְ יהוה אֶת־אַפּוֹ עַל־הָאָרֶץ וּבְאָהֳלֵי־יִשְׂרָאֵל יֵשׁ אֵיד׃

(5) וְהָיָה בִּפְקֹד יהוה אֶת־הָאִשָּׁה וְיָֽלְדָה בֵּן׃

(6) וַיִּמְכֹּר הַמֶּלֶךְ אֶת־כְּלֵי־הַזָּהָב לְבִלְתִּי שְׁמֹעַ לְקוֹל־יהוה

(7) לֹא יָֽכְלוּ יוֹשְׁבֵי־יְרוּשָׁלַיִם לִסְגֹּר אֶת־שַׁעֲרֵי־הָעִיר

(8) נִזְכְּרָה־נָּא אֶת־מִצְוֹתָיו לְבִלְתִּי חֲטֹא לוֹ׃

(9) הֲזָכוֹר תִּזְכְּרוּ אֹתִי בִּלְכֹד אַתֶּם אֶת־הַמָּקוֹם הַזֶּה

(10) זָכוֹר יִזְכּוֹר אֶת־בְּרִיתוֹ שׁוֹמֵר יִשְׂרָאֵל

(11) יהוה אֱלֹהֵינוּ דָּבַר אֵלֵינוּ בְּחֹרֵב לֵאמֹר שִׁמְעוּ תּוֹרָתִי

(12) וַיִּזְכֹּר אֱלֹהִים אֶת־אַבְרָהָם בַּהֲפֹךְ אֶת־הֶעָרִים אֲשֶׁר־יָשַׁב בָּהֵן לוֹט

(13) וַיְהִי דְבַר־יהוה אֵלַי לֵאמֹר כֹּה אָמַר יהוה

14과 단어

번호	히브리어 단어	단어의 뜻	
		음역	우리말
1	כָּבֵד	[카-베드]	칼 : 무겁다(be heavy), 강퍅하다(be hard). 상태동사
2	כָּבוֹד	[카-보드]	영광(glory, honor)
3	קָטֹן	[까-똔]	칼: 작다(be small). 상태동사
4	חָשַׂךְ	[하-사크]	칼: 아끼다(keep back), 물러나게 하다(withold)
5	יָחִיד	[야-히드]	독자(only son)
6	גָּדַל	[가-달]	칼 : 자라다(grow up), 위대하다(be great). 상태동사
7	זָנַח	[자-나흐]	칼: 버리다(cast off)
8	עֵגֶל	[에-겔]	송아지(calf, bull-calf)
9	חָרָה	[하-라]	칼: 불타다(be hot, be angry)
10	מָתַי	[마-타이]	의문사: 언제?(when?)
11	יָבֵשׁ	[야-베쉬]	칼: 마르다(be dry). 상태동사
12	יוּכַל	[유-칼]	יָכֹל(할 수 있다)의 칼 미완료 3남단: 그가 할 수 있을 것이다(be able to)
13	נִקָּיוֹן	[니-까-욘]	순결, 죄 없음(innocency)
14	כִּי	[키]	접속사: ~할 때(when), ~때문에 (because), ~하는 것(that), ~이지만(though)
15	יִרְאָה	[이르-아]	두려움(fear)
16	מָלֵא	[말-레]	칼: 가득차다(be full of). 상태동사
17	יָם	[얌]	바다(sea). 복수형 : יַמִּים
18	אֹיֵב	[오-예브]	적(enemy)

☞ 14과 연습문제 ☜

※ 다음의 문장을 해석하시오.

(1) הִנֵּה לֹא־מֵת מִמִּקְנֵה יִשְׂרָאֵל וַיִּכְבַּד לֵב פַּרְעֹה [출 9:7]

(2) תִּכְבַּד הָעֲבֹדָה עַל־הָאֲנָשִׁים [출 5:9]

(3) וַתִּקְטַן זֹאת בְּעֵינֶיךָ אֱלֹהִים [대상 17:17]

(4) עַתָּה יָדַעְתִּי כִּי־יְרֵא אֱלֹהִים אַתָּה וְלֹא חָשַׂכְתָּ אֶת־יְחִידְךָ מִמֶּנִּי [창 22:12]

(5) וַיְהִי אֱלֹהִים אֶת־הַנַּעַר וַיִּגְדָּל [창 21:20]

(6) זָנַח עֶגְלֵךְ שֹׁמְרוֹן חָרָה אַפִּי בָּם עַד־מָתַי לֹא יוּכְלוּ נִקָּיֹן [호 8:5]

(7) יָרְאוּ יוֹשְׁבֵי־הֶעָרִים

(8) וְהָיָה כִּי תִכְבַּד הָעֲבוֹדָה וּזְכַרְתֶּם אֶת הַדָּבָר הַזֶּה׃

(9) יָרְאוּ הָאֲנָשִׁים יִרְאָה גְדוֹלָה כִּי לֹא יָכְלוּ לְאֹיְבֵיהֶם׃

(10) מָלֵא הַמָּקוֹם כְּבוֹד־יהוה

(11) אָמַר אֱלֹהִים מִלְאוּ אֶת־הַמַּיִם בַּיַּמִּים [창 1:22]

(12) וְלֹא אָבָה לִשְׁמֹעַ בְּקוֹלָהּ וַיִּשְׁכַּב אִתָּהּ׃

15과 단어

번호	히브리어 단어	단어의 뜻	
		음역	우리말
1	אִבֵּד	[아 베드]	피 : 파괴하다(destroy)
2	דִּבֵּר	[다 베르]	피 : 말하다(speak)
3	בָּשָׂר	[바 사르]	육체(flesh)
4	מַבּוּל	[마 불]	홍수(flood)
5	עֶצֶם	[에 쩸]	뼈(bone). 복수형 : עֲצָמוֹת
6	פַּעַם	[파 암]	시간(time), הַפַּעַם : 바로 지금(just this time)
7	קָרָא	[까 라]	칼 : 부르다(call)
8	צֶלֶם	[쩰 렘]	형상(image)
9	בֵּרַךְ	[바 레크]	피 : 축복하다(bless)
10	כִּבֵּד	[카 베드]	피 : 공경하다(honor)
11	מִדְבָּר	[미드-바르]	1 광야(desert), 사막
12	הִלֵּל	[힐-렐]	피 : 찬양하다(praise)
13	נֵצֶר	[네 쩨르]	싹(sprout. shoot)
14	יָהּ	[야흐]	יהוה(야웨) 의 단축형
15	סִפֵּר	[싸 페르]	피 : 말하다(recount)
16	קֶבֶר	[께 베르]	무덤(grave)
17	שָׁמָּה	[샤-마]	거기에(there), 거기에로(to there)
18	הָשְׁלַךְ	[호쉴 라크]	호 : 던져지다(be thrown)

☞ 15과 연습문제 ☜

※ 다음의 문장을 해석하시오

(1) אַבֵּד תְּאַבְּדוּ אֶת־כָּל־הַמְּקֹמוֹת אֲשֶׁר עָבְדוּ־שָׁם הַגּוֹיִם

(2) יָבְשָׁה הָאָרֶץ וַיְדַבֵּר אֱלֹהִים אֶל־נֹחַ [창 8:15]

(3) וְלֹא־יִכָּרֵת כָּל־בָּשָׂר עוֹד מִמֵּי הַמַּבּוּל [창 9:11]

(4) זֹאת הַפַּעַם עֶצֶם מֵעֲצָמַי וּבָשָׂר מִבְּשָׂרִי לְזֹאת יִקָּרֵא אִשָּׁה [창 2:23]

(5) שֹׁפֵךְ דַּם הָאָדָם בָּאָדָם דָּמוֹ יִשָּׁפֵךְ כִּי בְּצֶלֶם אֱלֹהִים עָשָׂה
אֶת־הָאָדָם [창 9:6]

(6) דַּבֵּר אֶל־אַהֲרֹן וְאֶל־בָּנָיו לֵאמֹר כֹּה תְבָרֲכוּ אֶת־בְּנֵי יִשְׂרָאֵל [민 6:23]

(7) שִׁמְעוּ אֶת־הַדָּבָר אֲשֶׁר דִּבֶּר יְהוָה עֲלֵיכֶם בֵּית יִשְׂרָאֵל [렘 10:1]

(8) כֹּה־אָמַר יְהוָה אֱלֹהֵי יִשְׂרָאֵל שַׁלַּח אֶת־עַמִּי [출 5:1]

(9) כַּבֵּד אֶת־אָבִיךָ וְאֶת־אִמֶּךָ [출 20:12]

(10) הַלְלוּ יָהּ הַלְלוּ עַבְדֵי יְהוָה הַלְלוּ אֶת־שֵׁם יְהוָה [시 113:1]

(11) סַפְּרָה־נָּא לִי אֵת כָּל־הַגְּדֹלוֹת אֲשֶׁר־עָשָׂה אֱלִישָׁע [왕하 8:4]

16과 단어

번호	히브리어 단어	단어의 뜻	
		음역	우리말
1	הִרְחִיק	[히르-히끄]	히 : 멀리 가다(be gone far)
2	שֻׁלַּם	[슐-람]	푸 : 보상받다(be rewarded)
3	נִתְעַב	[니트-아브]	니 : 가증이 여겨지다(be abhorred)
4	לְבוּשׁ	[레부쉬]	의복(garment)
5	טֹעַן	[또-안]	푸 : 찔려지다(be pierced)
6	הִתְפַּלֵּל	[히트-팔-렐]	힡 : 기도하다(pray)
7	רָפָא	[라-패]	칼 : 고치다(heal)
8	הִשְׁחִית	[히슈-히트]	히: 더럽히다(corrupt), 파괴하다(destroy)
9	נִשְׁחַת	[니슈-하트]	니 : 더럽혀지다(be corrupted)
10	לְמַעַן	[레마-안]	접속사 : ~하기 위하여(so that ~may) 전치사 : in order to
11	אָרַךְ	[아-라크]	칼 : 길다(be long), 히 미완: יַאֲרִיךְ
12	בּוֹר	[보르]	구덩이(pit)
13	חָמָס	[하-마쓰]	폭력(violence)
14	קֻבַּר	[꾸-바르]	푸 : 매장되다(be buried)
15	אַף כִּי	[아프-키]	접속사: 하물며 얼마나 더(how much more)
16	הֵן	[헨]	감탄사 : 보라!(behold)
17	הִתְחַבֵּא	[히트-하-베]	힡 : 자신을 숨기다(hide oneself)
18	חֲמוֹר	[하모르]	당나귀 수컷(male ass, donkey)

☞ 16과 연습문제 ☜

※ 다음의 문장을 해석하시오.

(1) וְהָאֲנָשִׁים שֻׁלְּחוּ הֵמָּה וַחֲמֹרֵיהֶם׃ הֵם יָצְאוּ אֶת־הָעִיר לֹא הִרְחִיקוּ [창 44:3]

(2) שָׁמָּה קֻבַּר אַבְרָהָם וְשָׂרָה אִשְׁתּוֹ [창 25:10]

(3) וְאַתָּה הָשְׁלַכְתָּ מִקִּבְרְךָ כְּנֵצֶר נִתְעָב לְבוּשׁ הֲרֻגִים מְטֹעֲנֵי חָרֶב [사 14:19]

(4) וַיִּתְפַּלֵּל אַבְרָהָם אֶל־הָאֱלֹהִים וַיִּרְפָּא אֱלֹהִים אֶת־אֲבִימֶלֶךְ [창 20:17]

(5) וַיִּשְׁמְעוּ אֶת־קוֹל יְהוָה אֱלֹהִים מִתְהַלֵּךְ בַּגָּן לְרוּחַ הַיּוֹם וַיִּתְחַבֵּא
הָאָדָם וְאִשְׁתּוֹ מִפְּנֵי יְהוָה׃ [창 3:8]

(6) רָאָה אֱלֹהִים אֶת־הָאָרֶץ וְהִנֵּה נִשְׁחָתָה כִּי־הִשְׁחִית כָּל־בָּשָׂר אֶת־דַּרְכּוֹ
עַל־הָאָרֶץ ׃ [창 6:12]

(7) כַּבֵּד אֶת־אָבִיךָ וְאֶת־אִמֶּךָ לְמַעַן יַאֲרִכוּן יָמֶיךָ עַל הָאֲדָמָה [출 20:12]

(8) וַתִּשָּׁחֵת הָאָרֶץ לִפְנֵי הָאֱלֹהִים וַתִּמָּלֵא הָאָרֶץ חָמָס׃ [창 6:11]

(9) הֵן צַדִּיק בָּאָרֶץ יְשֻׁלָּם אַף כִּי־רָשָׁע וְחוֹטֵא׃ [잠 11:31]

(10) אַל־תִּשְׁפְּכוּ־דָם הַשְׁלִיכוּ אֹתוֹ אֶל־הַבּוֹר הַזֶּה אֲשֶׁר בַּמִּדְבָּר וְיָד
אַל־תִּשְׁלְחוּ־בוֹ [창 37:22]

17과 단어

번호	히브리어 단어	단어의 뜻	
		음역	우리말
1	הִשְׂכִּיל	[히스-킬]	히 : 이해하다(understand), 관심을 갖다(care about)
2	דַּל	[달]	가난한(poor, low)
3	מִלֵּט	[말-레뜨]	피 : 구원하다(save)
4	שָׁב	[샤브]	שׁוּב(돌아오다)의 칼 완 3남단 : 그가 돌아왔다(come back)
5	שְׁבִית	[쉐비트]	포로(captivity)
6	נֶפֶשׁ	[네-페쉬]	영혼(soul), 생명(life), 욕구(desire)
7	שָׁכַן	[샤-칸]	칼 : 거주하다(dwell)
8	זָבַח	[자-바흐]	칼 : 제사 드리다(sacrifice)
9	תּוֹלֵדָה	[톨-레-다]	세대(descendants), 계보(genealogy), 이야기(account)
10	שַׁבָּת	[샤-바트]	안식일(sabbath)
11	קִדֵּשׁ	[끼-데쉬]	피: 거룩하게 하다(make holy)
12	חֵן	[헨]	호의(favor), 은혜(grace)
13	שֵׁרֵת	[쉐-레트]	피 : 섬기다(serve, wait on)
14	הִפְקִיד	[히프-끼드]	히 : 임명하다(appoint)
15	מַעֲרָכָה	[마아-라-카]	전선(battleline)
16	חֵרֵף	[헤-레프]	피 : 비난하다(reproach, taunt)
17	יַיִן	[야인]	포도주(wine)
18	שִׁחֵת	[쉬-헤트]	피 : 쓸어버리다(wipe out), 파괴하다(ruin)

☞ 17과 연습문제 ☜

※ 다음의 문장을 해석하시오.

(1) יְבָרֶכְךָ יְהוָה וְיִשְׁמְרֶךָ׃ [민 6:24]

(2) אַשְׁרֵי מַשְׂכִּיל אֶל־דָּל בְּיוֹם רָעָה יְמַלְּטֵהוּ יְהוָה [시 41:1]

(3) כִּי יִפְקְדֵם יְהוָה אֱלֹהֵיהֶם וְשָׁב שְׁבוּתָם׃ [습 2:7]

(4) יְהוָה יִשְׁמָרְךָ מִכָּל־רָע יִשְׁמֹר אֶת־נַפְשֶׁךָ׃ [시 121:7]

(5) יְהוָה זְכָרָנוּ יְבָרֵךְ יְבָרֵךְ אֶת־בֵּית יִשְׂרָאֵל יְבָרֵךְ אֶת־בֵּית
אַהֲרֹן׃ [시 115:12]

(6) וַיְהִי בְּמָצְאָם אֹתוֹ וַיִּבְחֲרוּ בוֹ לְמֶלֶךְ עֲלֵיהֶם

(7) וְהָיָה אַחֲרֵי שָׁכְנָם בַּמִּדְבָּר וְזָבְחוּ לֵאלֹהֵיהֶם

(8) אֵלֶּה תוֹלְדוֹת הַשָּׁמַיִם וְהָאָרֶץ בְּהִבָּרְאָם [창 2:4]

(9) זָכוֹר אֶת־יוֹם הַשַּׁבָּת לְקַדְּשׁוֹ שֵׁשֶׁת יָמִים תַּעֲבֹד וְיוֹם הַשְּׁבִיעִי
שַׁבָּת לַיהוָה [출 20:8-10]

(10) וַיִּמְצָא יוֹסֵף חֵן בְּעֵינָיו וַיְשָׁרֶת אֹתוֹ וַיַּפְקִדֵהוּ עַל־בֵּיתוֹ
[창 39:4]

(11) וְאָנֹכִי בָא־אֵלֶיךָ בְּשֵׁם יְהוָה צְבָאוֹת אֱלֹהֵי מַעַרְכוֹת יִשְׂרָאֵל
אֲשֶׁר חֵרַפְתָּ׃ [삼상 17:45]

18과 단어

번호	히브리어 단어	단어의 뜻	
		음역	우리말
1	הֶחֱזִיק	[헤해 지끄]	חָזַק(강하다)의 히 : 붙잡다(hold)
2	מְעַט	[메아뜨]	적은(few, little)
3	קָם	[깜]	קוּם의 칼 완 3남단 : 일어나다(rise)
4	הִצְטַדֵּק	[히쯔 따 다끄]	צָדַק의 힡 : 자신의 의로움을 입증하다(prove oneself righteous). 상태동사 취급
5	עָוֹן	[아 본]	죄(guilt), 부정(iniquity)
6	סָרִיס	[싸 리쓰]	내시, 환관(eunuch)
7	חוֹמָה	[호 마]	벽(wall)
8	יָד	[야드]	기념물(monument, sign)
9	חָפֵץ	[하 페쯔]	칼 : 기뻐하다(delight in)
10	רָדַף	[라 다프]	칼 : 뒤쫓다(pursue)
11	חֵמָה	[헤 마]	분노(rage, anger)
12	מִשְׁתֶּה	[미슈 테]	잔치(banquet). 연계형 : מִשְׁתֵּה
13	גִּנָּה	[가 내]	동산(garden)
14	בִּיתָן	[바 탄]	궁전(palace)
15	בִּקֵּשׁ	[바 께쉬]	피 : 구하다(seek), 찾다
16	מִלֵּא	[말 레]	피 : 채우다(fill). מִלֵּא יָד는 취임하다(install)의 뜻을 가진 숙어
17	כִּהֵן	[카 헨]	피 : 제사장으로 봉사하다(serve as a priest)
18	מָשַׁח	[마 샤흐]	칼 : ~에게 기름붓다(anoint)

☞ 18과 연습문제 ☜

※ 다음의 문장을 해석하시오.

(1) אֲנִי אֲשַׁחֵת כָּל־בָּשָׂר אֲשֶׁר־בּוֹ רוּחַ חַיִּים מִתַּחַת הַשָּׁמָיִם [창 6:17]

(2) קָטֹנְתִּי מִכֹּל הַחֲסָדִים וּמִכָּל־הָאֱמֶת אֲשֶׁר עָשִׂיתָ אֶת־עַבְדֶּךָ [창 32:10]

(3) בָּחַר יְהוָה בָּכֶם כִּי־אַתֶּם הַמְעַט מִכָּל־הָעַמִּים [신 7:7]

(4) מַה־נְּדַבֵּר וּמַה־נִּצְטַדָּק הָאֱלֹהִים מָצָא אֶת־עֲוֹן עֲבָדֶיךָ [창 44:16]

(5) כְּבֵדָה הָאֶבֶן מֵהַזָּקֵן׃

(6) כִּי־כֹה אָמַר יְהוָה לַסָּרִיסִים אֲשֶׁר יִשְׁמְרוּ אֶת־שַׁבְּתוֹתַי וּבָחֲרוּ בַּאֲשֶׁר
חָפָצְתִּי וּמַחֲזִיקִים בִּבְרִיתִי׃ [사 56:4]

(7) וְנָתַתִּי לָהֶם בְּבֵיתִי וּבְחוֹמֹתַי יָד וָשֵׁם טוֹב מִבָּנִים וּמִבָּנוֹת [사 56:5]

(8) כָּל־יִשְׂרָאֵל לַהֲרֹג אֶת־כָּל־יֹשְׁבֵי הָעַי בַּשָּׂדֶה בַּמִּדְבָּר אֲשֶׁר רְדָפוּם בּוֹ
[수 8:24]

(9) וְהַמֶּלֶךְ קָם בַּחֲמָתוֹ מִמִּשְׁתֵּה הַיַּיִן אֶל־גִּנַּת הַבִּיתָן וְהָמָן עָמַד לְבַקֵּשׁ
עַל־נַפְשׁוֹ מֵאֶסְתֵּר [에 7:7]

(10) אֵלֶּה שְׁמוֹת בְּנֵי אַהֲרֹן הַכֹּהֲנִים הַמְּשֻׁחִים אֲשֶׁר־מִלֵּא יָדָם לְכַהֵן [민 3:3]

19과 단어

번호	히브리어 단어	단어의 뜻	
		음역	우리말
1	שַׂר	[사르]	군주(prince), 지도자(leader), 장관
2	מָשַׁל	[마-샬]	칼 : 통치하다(rule)
3	מִמְשָׁל	[밈-샬]	주권(sovereign authority), 통치(dominion)
4	מֶמְשָׁלָה	[멤-샬-라]	통치(dominion), 권위(authority)
5	הֵיטִיב	[헤-띠브]	יטב의 히 : 선을 행하다(do good)
6	בַּעֲבוּר	[바아-부르]	전치사: ~때문에(on account of ~)
7	יָמוּת	[야-무트]	מות의 칼 미 3남단 : 그가 죽을 것이다
8	בָּקָר	[바-까르]	소(ox, oxen)
9	גָּנַב	[가-나브]	칼 : 속이다(deceive), 훔치다(steal)
10	נִהֵג	[나-헤그]	피 : 이끌고 나가다(lead off)
11	לֵבָב	[레-바브]	마음(heart). 단축형 : לֵב
12	הֶעֱבִיר	[헤에비르]	עָבַר(지나가다) 의 히 : (죄를) 지나가게 허락하다(let pass by)
13	גָּלָה	[갈-래]	칼: 계시하다(reveal), 포로로 끌려가다(go into exile)
14	צָהֳרַיִם	[쪼호-라임]	정오(midday), 한낮(noontime)
15	נִשְׁאַר	[니샤 아르]	שָׁאַר(남다) 의 니 : 남겨져 있다(be left)
16	נוֹתַר	[노-타르]	יתר의 니 완: 남아 있다(remain). 원래 נִוְתַר에서 나온 것
17	כֹּחַ	[코아흐]	힘(strength, power, might)
18	מִצְרַיִם	[미쯔-라임]	애굽(Egypt)

☞ 19과 연습문제 ☜

※ 다음의 문장을 해석하시오.

(1) וְיֶחֱזַק מֶלֶךְ־הַנֶּגֶב וּמִן־שָׂרָיו וְיֶחֱזַק עָלָיו וּמָשַׁל מִמְשָׁל רַב מֶמְשַׁלְתּוֹ׃
[단 11:5]

(2) וּלְאַבְרָם הֵיטִיב בַּעֲבוּרָהּ וַיְהִי־לוֹ צֹאן־וּבָקָר [창 12:16]

(3) מֶה עָשִׂיתָ וַתִּגְנֹב אֶת־לְבָבִי וַתְּנַהֵג אֶת־בְּנֹתַי [창 31:26]

(4) שְׁמַע יִשְׂרָאֵל יְהוָה אֱלֹהֵינוּ יְהוָה אֶחָד׃ [신 6:4]

(5) גַּם־יְהוָה הֶעֱבִיר חַטָּאתְךָ לֹא תָמוּת [삼하 12:13]

(6) וְהָיָה הָאִישׁ אֲשֶׁר־יִבְחַר יְהוָה הוּא הַקָּדוֹשׁ [민 16:7]

(7) אַתָּה אֱלֹהַי גָּלִיתָ אֶת־אֹזֶן עַבְדְּךָ [대상 17:25]

(8) וְהוֹצִיא כָאוֹר צִדְקֶךָ וּמִשְׁפָּטֶךָ כַּצָּהֳרָיִם׃ [시 37:6]

(9) וְהָיָה הַנִּשְׁאָר בְּצִיּוֹן וְהַנּוֹתָר בִּירוּשָׁלַםִ קָדוֹשׁ יֵאָמֶר לוֹ [사 4:3]

(10) אֲהָהּ אֲדֹנָי יְהוִה הִנֵּה אַתָּה עָשִׂיתָ אֶת־הַשָּׁמַיִם וְאֶת־הָאָרֶץ
בְּכֹחֲךָ הַגָּדוֹל [렘 32:17]

(11) אָנֹכִי יְהוָה אֱלֹהֶיךָ אֲשֶׁר הוֹצֵאתִיךָ מֵאֶרֶץ מִצְרַיִם מִבֵּית עֲבָדִים
[출 20:2]

20과 단어

번호	히브리어 단어	단어의 뜻	
		음역	우리말
1	מַדּוּעַ	[마-두아]	의문사 : 왜?(why?)
2	אָסַר	[아-싸르]	칼 : 투옥시키다(imprison)
3	עֹלָה	[올-라]	번제(burnt offering)
4	בָּחַן	[바-한]	칼 : 시험하다(test)
5	תְּרוּמָה	[테루-마]	예물(tribute)
6	נָדַב	[나-다브]	칼 : 촉구하다(urge on, prompt)
7	זֶבַח	[재-바흐]	희생(sacrifice), 제사
8	עוֹלָם	[올-람]	영원(eternity), 오랜 시간(long time). לְעוֹלָם은 숙어로 영원히(for ever)라는 뜻
9	עֵשֶׂב	[에-세브]	녹색식물(green plants)
10	זָרַע	[자-라]	칼: 씨 뿌리다(sow). 명사형: זֶרַע(씨)
11	הִגִּיד	[하-기드]	נגד의 히 : 말하다(tell).
12	בָּרַח	[바-라흐]	칼 : 도망가다(flee)
13	מַעֲשֶׂה	[마아-세]	행동(deed), 일(work)
14	רְאוֹת	[레오트]	רָאָה(보다)의 칼 부정사 연계형
15	שַׁחַת	[샤-하트]	구덩이(pit), 무덤(grave)
16	בַּעַד	[바-아드]	전치사 : ~을 위하여(for the benefit of). 연계형 : בְּעַד
17	פֶּסַח	[패-싸흐]	유월절(passover)
18	אָכַל	[아-칼]	칼 : 먹다(eat)

☞ 20과 연습문제 ☜

※ 다음의 문장을 해석하시오

(1) מַדּוּעַ נֶעֱזַב בֵּית־הָאֱלֹהִים [느 13:11]

(2) שִׁלְחוּ מִכֶּם אֶחָד וְיִקַּח אֶת־אֲחִיכֶם וְאַתֶּם הֵאָסְרוּ וְיִבָּחֲנוּ דִּבְרֵיכֶם
[창 42:16]

(3) גַּם־אַתָּה תִּתֵּן בְּיָדֵנוּ זְבָחִים וְעֹלוֹת [출 10:25]

(4) דַּבֵּר אֶל־בְּנֵי יִשְׂרָאֵל וְיִקְחוּ־לִי תְּרוּמָה מֵאֵת כָּל־אִישׁ אֲשֶׁר יִדְּבֶנּוּ
לִבּוֹ תִּקְחוּ אֶת־תְּרוּמָתִי׃ [출 25:2]

(5) חֲזַק וְנִתְחַזַּק בְּעַד־עַמֵּנוּ וּבְעַד עָרֵי אֱלֹהֵינוּ׃ [삼하 10:12]

(6) אֱלֹהִים מִשְׁפָּטֶיךָ לְמֶלֶךְ תֵּן וְצִדְקָתְךָ לְבֶן־מֶלֶךְ׃ [시 72:1]

(7) כִּי יְהוָה אֹהֵב מִשְׁפָּט וְלֹא־יַעֲזֹב אֶת־חֲסִידָיו לְעוֹלָם נִשְׁמָרוּ
וְזֶרַע רְשָׁעִים נִכְרָת׃ [시 37:28]

(8) הִנֵּה נָתַתִּי לָכֶם אֶת־כָּל־עֵשֶׂב זֹרֵעַ זֶרַע אֲשֶׁר עַל־פְּנֵי כָל־הָאָרֶץ [창 1:29]

(9) אֲנִי אַגִּיד צִדְקָתֵךְ וְאֶת־מַעֲשַׂיִךְ [사 57:12]

(10) כִּי־יָדְעוּ הָאֲנָשִׁים כִּי־מִלִּפְנֵי יְהוָה הוּא בֹרֵחַ כִּי הִגִּיד לָהֶם׃ [욘 1:10]

(11) כִּי לֹא־תַעֲזֹב נַפְשִׁי לִשְׁאוֹל לֹא־תִתֵּן חֲסִידְךָ לִרְאוֹת שָׁחַת׃ [시 16:10]

21과 단어

번호	히브리어 단어	단어의 뜻	
		음역	우리말
1	נָשָׂא	[나-사]	칼 : 용서하다(pardon), 들다(carry)
2	עָרֵל	[아-렐]	할례받지 않은(uncircumcised), 어눌한(unskilled). 연계형 : עֲרַל
3	שָׂפָה	[사-파]	입술(lip). 쌍수 : שְׂפָתַיִם
4	אֵיךְ	[에크]	의문사 : 어떻게?(how?)
5	בָּרוּךְ	[바-루크]	בֵּרַךְ(축복하다)의 칼 수동분사
6	עֶלְיוֹן	[엘-욘]	지극히 높은(most high), 높은(upper)
7	נִכְנַע	[니크-내]	니 : 겸손해지다(be humbled)
8	נֵכָר	[네-카르]	외국인의(foreign), 이방인의(alien)
9	עַד אִם	[아드-임]	접속사 : ~할 때까지(until)
10	עַל לֵב	[알-레브]	숙어 : 기쁘게(pleasantly)
11	מָלֵא	[말-레]	칼 : 끝나다(be finished), 가득찼다(be full)
12	צָבָא	[짜-바]	노역(compulsory service), 복역(army service)
13	חָגַר	[하-가르]	칼 : 허리띠를 매다 (put on a belt, gird oneself)
14	מָתְנַיִם	[모트-나임]	허리(loins)
15	פַּךְ	[파크]	병(flask), 작은 단지(juglet)
16	שֶׁמֶן	[쉐-멘]	올리브 기름(olive oil)
17	מְרִיא	[메리]	살찐 가축, 소(fattened cattle)
18	נִשְׁבַּר	[니쉬-바르]	니 : (팔, 다리가) 부서지다(be broken)

☞ 21과 연습문제 ☜

※ 다음의 문장을 해석하시오

(1) וַיֹּאמֶר יְהוָה אֶל־מֹשֶׁה וְאַהֲרֹן זֹאת חֻקַּת הַפָּסַח כָּל־בֶּן־נֵכָר
לֹא־יֹאכַל בּוֹ [출 12:43]

(2) אִם־אֶמְצָא בִסְדֹם חֲמִשִּׁים צַדִּיקִם בְּתוֹךְ הָעִיר וְנָשָׂאתִי
לְכָל־הַמָּקוֹם בַּעֲבוּרָם׃ [창 18:26]

(3) וַיֹּאמֶר מֹשֶׁה לִפְנֵי יְהוָה הֵן אֲנִי עֲרַל שְׂפָתַיִם וְאֵיךְ יִשְׁמַע
אֵלַי פַּרְעֹה׃ [출 6:30]

(4) וַיְבָרְכֵהוּ מֶלֶךְ שָׁלֵם וַיֹּאמַר בָּרוּךְ אַבְרָם לְאֵל עֶלְיוֹן [창 14:19]

(5) וְיִכָּנְעוּ עַמִּי אֲשֶׁר נִקְרָא־שְׁמִי עֲלֵיהֶם וְיִתְפַּלְלוּ וִיבַקְשׁוּ פָנַי וַאֲנִי
אֶשְׁמַע מִן־הַשָּׁמַיִם [대하 7:14]

(6) וַיַּגִּידוּ לְשָׁאוּל לֵאמֹר הִנֵּה הָעָם חֹטִאים לַיהוָה לֶאֱכֹל עַל־הַדָּם
[삼상 14:33]

(7) וַיֹּאמֶר לֹא אֹכַל עַד אִם־דִּבַּרְתִּי דְּבָרָי וַיֹּאמֶר דַּבֵּר׃ [창 24:33]

(8) דַּבְּרוּ עַל־לֵב יְרוּשָׁלַםִ וְקִרְאוּ אֵלֶיהָ כִּי מָלְאָה צְבָאָהּ [사 40:2]

(9) וַיֹּאמֶר לוֹ חֲגֹר מָתְנֶיךָ וְקַח פַּךְ הַשֶּׁמֶן הַזֶּה בְּיָדֶךָ [왕하 9:1]

(10) וַיִּזְבַּח אֲדֹנִיָּהוּ צֹאן וּבָקָר וּמְרִיא וַיִּקְרָא אֶת־כָּל־אֶחָיו [왕상 1:9]

22과 단어

번호	히브리어 단어	단어의 뜻	
		음역	우리말
1	גֵּרֵשׁ	[게 레쉬]	피 완 3남단 : 내쫓다(drive away)
2	יָרַשׁ	[야 라쉬]	칼 : 상속하다(inherit). 칼 미완료 3남단은 יִירַשׁ이다. 상태동사에 속함
3	קֵדְמָה	[끼드-매]	동쪽으로(to the east), 맞은 편(opposite). קֶדֶם은 동쪽이라는 뜻
4	בְּאֵר	[베에르]	우물(well)
5	לְבַד	[레바드]	בַד+לְ(전치사)의 결합 : 홀로(alone)
6	יָשׁוּב	[야 슈브]	שׁוּב(돌아오다)의 칼 미완료 3남단 : 그가 돌아올 것이다(come back)
7	מֵת	[메트]	מוּת(죽다)의 칼 완 3남단 : 그가 죽었다(die)
8	מֵאֵן	[매 엔]	피 : 거절하다(refuse)
9	יָשִׂים	[야 심]	שִׂים(놓다)의 칼 미완료 3남단 : 그가 놓을 것이다(put)
10	רָכַב	[라 카브]	칼 : 타다(ride). 칼 미완료형은 יִרְכַּב로서 상태동사이다
11	עֵת	[에트]	때, 시간(time)
12	בָּאתִי	[바 티]	בּוֹא(오다)의 칼 완료 1남단 : 내가 왔다(come)
13	מְאוּמָה	[메우-매]	어떤 것(anything)
14	וַתְּהִי	[봐 테히]	היה(있다)의 칼 봐브계속법 미완료 3여단 : 그녀가 있었다. 참고로 יָד(손)는 여성명사 취급
15	בִּקְעָה	[비끄-아]	계곡(level valley), 평지(plain)
16	יָבוֹא	[야 보]	בּוֹא(오다)의 칼 미완료 3남단 : 그가 올 것이다
17	עַצְמוֹת	[아쯔-모트]	עֶצֶם(뼈)의 복수형
18	אָמָה	[아 매]	여종(female slave)

☞ 22과 연습문제 ☜

※ 다음의 문장을 해석하시오.

(1) וַתֹּאמֶר לְאַבְרָהָם גָּרֵשׁ הָאָמָה הַזֹּאת וְאֶת־בְּנָהּ כִּי לֹא יִירַשׁ
בֶּן־הָאָמָה הַזֹּאת עִם־בְּנִי עִם־יִצְחָק [창 21:10]

(2) וַיֵּצֵא קַיִן מִלִּפְנֵי יְהוָה וַיֵּשֶׁב בְּאֶרֶץ־נוֹד קִדְמַת־עֵדֶן׃ [창 4:16]

(3) וַיֹּאמֶר לֹא־יֵרֵד בְּנִי עִמָּכֶם כִּי־אָחִיו מֵת וְהוּא לְבַדּוֹ נִשְׁאָר [창 42:38]

(4) וַיִּכְרְתוּ בְרִית בִּבְאֵר שָׁבַע וַיָּקָם אֲבִימֶלֶךְ וּפִיכֹל שַׂר־צְבָאוֹ וַיָּשֻׁבוּ
אֶל־אֶרֶץ פְּלִשְׁתִּים [창 21:32]

(5) וַנֹּאמֶר אֶל־אֲדֹנִי לֹא־יוּכַל הַנַּעַר לַעֲזֹב אֶת־אָבִיו וְעָזַב
אֶת־אָבִיו וָמֵת׃ [창 44:22]

(6) וַיֹּאמֶר בִּלְעָם אֶל־בָּלָק הִנֵּה־בָאתִי אֵלֶיךָ עַתָּה הֲיָכוֹל אוּכַל דַּבֵּר
מְאוּמָה הַדָּבָר אֲשֶׁר יָשִׂים אֱלֹהִים בְּפִי אֹתוֹ אֲדַבֵּר׃ [민 22:38]

(7) וַיִּרְכַּב יֵהוּא וַיֵּלֶךְ יִזְרְעֶאלָה כִּי יוֹרָם שֹׁכֵב שָׁמָּה [왕하 9:16]

(8) בָּעֵת הַהִיא נְאֻם־יְהוָה יוֹצִיאוּ אֶת־עַצְמוֹת מַלְכֵי־יְהוּדָה
וְאֶת־עַצְמוֹת־שָׂרָיו מִקִּבְרֵיהֶם׃ [렘 8:1]

(9) וַתְּהִי עָלַי שָׁם יַד־יְהוָה וַיֹּאמֶר אֵלַי קוּם צֵא אֶל־הַבִּקְעָה
וְשָׁם אֲדַבֵּר אוֹתָךְ׃ [겔 3:22]

(10) וַיֵּלֶךְ הַנַּעַר הַנָּבִיא רָמֹת גִּלְעָד וַיָּבֹא וְהִנֵּה שָׂרֵי הַחַיִל יֹשְׁבִים
[왕하 9:4-5]

23과 단어

번호	히브리어 단어	단어의 뜻	
		음역	우리말
1	עוֹד	[오드]	여전히(still), 다시(again)
2	רָץ	[라쯔]	רוּץ(달리다)의 분사남성단수: 달리는(자), 호위병
3	בָּנָה	[바-나]	칼 : 세우다(build)
4	רִחֵם	[라 헴]	피 : 불쌍히 여기다(have compassion)
5	גּוֹלָה	[골-라]	포로생활(captivity)
6	יוֹמָם	[요-맘]	낮에(in the daytime)
7	בָּכָה	[바-카]	칼 : 울다(cry)
8	אוֹ	[오]	혹은(or)
9	נָגַשׁ	[나-가쉬]	칼 : 접근하다(draw near), 히 : 접근하도록 시키다(bring near)
10	סָבַב	[사-바브]	칼 : 돌다(turn, turn about)
11	מָשַׁשׁ	[마-사쉬]	칼 : 느끼다(feel), 만지다(touch)
12	רֵעַ	[레아]	친구(friend), 벗(comrade)
13	הִכָּה	[히카]	נָכָה의 히 : 치다(hit, smite)
14	לָמַד	[라-마드]	칼 : 배우다(learn). 상태동사(יִלְמַד)
15	בְּכוֹר	[베코르]	장자(firstborn)
16	אוֹת	[오트]	징조(sign). 복수형 : אוֹתוֹת
17	אָרַר	[아-라르]	칼 : 저주하다(curse)
18	יֵחַת	[예-하트]	חתת의 니 미완 3남단 : 두려워해 지다 (be terrified)

☞ 23과 연습문제 ☜

※ 다음의 문장을 해석하시오.

(1) וַיִּגֶל יִשְׂרָאֵל מֵעַל אַדְמָתוֹ אַשּׁוּרָה עַד הַיּוֹם הַזֶּה׃ [왕하 17:23]

(2) כִּי אַתָּה אֱלֹהַי גָּלִיתָ אֶת־אֹזֶן עַבְדְּךָ לִבְנוֹת לוֹ בָּיִת עַל־כֵּן
מָצָא עַבְדְּךָ לְהִתְפַּלֵּל לְפָנֶיךָ [대상 17:25]

(3) וְאַתָּה בֶן־אָדָם עֲשֵׂה לְךָ כְּלֵי גוֹלָה וּגְלֵה יוֹמָם לְעֵינֵיהֶם [겔 12:3]

(4) לֹא תָמוּת הִנֵּה לֹא־יַעֲשֶׂה אָבִי דָּבָר גָּדוֹל אוֹ דָּבָר קָטֹן וְלֹא יִגְלֶה
אֶת־אָזְנִי׃ [삼상 20:2]

(5) וַיִּסֹּב מֵעֲלֵיהֶם וַיֵּבְךְּ וַיָּשָׁב אֲלֵהֶם וַיְדַבֵּר אֲלֵהֶם וַיִּקַּח מֵאִתָּם
אֶת־שִׁמְעוֹן [창 42:24]

(6) וַיֹּאמֶר הַמֶּלֶךְ לָרָצִים הַנִּצָּבִים עָלָיו סֹבּוּ וְהָמִיתוּ כֹּהֲנֵי יְהוָה כִּי גַם־יָדָם
עִם־דָּוִד וְכִי יָדְעוּ כִּי־בֹרֵחַ הוּא וְלֹא גָלוּ אֶת־אָזְנִי׃ [삼상 22:17]

(7) וַיֹּאמֶר פַּרְעֹה יוֹסֵף רְאֵה נָתַתִּי אֹתְךָ עַל כָּל־אֶרֶץ מִצְרָיִם

(8) וְאִישׁ אֶחָד מִבְּנֵי הַנְּבִיאִים אָמַר אֶל־רֵעֵהוּ בִּדְבַר יְהוָה הַכֵּינִי נָא
וַיְמָאֵן הָאִישׁ לְהַכֹּתוֹ׃ [왕상 20:35]

(9) וַיַּכּוּ אֶת־רְפָאִים בְּעַשְׁתְּרֹת קַרְנַיִם [창 14:5]

(10) כֹּה אָמַר יְהוָה אֶל־דֶּרֶךְ הַגּוֹיִם אַל־תִּלְמָדוּ וּמֵאֹתוֹת הַשָּׁמַיִם אַל־תֵּחָתּוּ
כִּי־יֵחַתּוּ הַגּוֹיִם מֵהֵמָּה׃ [렘 10:2]

24과 단어

번호	히브리어 단어	단어의 뜻	
		음역	우리말
1	צַיִד	[짜이드]	사냥(hunting), 사냥감(game), 사냥에서 잡은 것
2	אֹכֶל	[오-켈]	음식(food)
3	תִּפְלָה	[티플-래]	꼴사나운(unseemly)
4	הִנַּבֵּא	[히-나-베]	נבא의 히트 : 선지자로서 말하다 (speak as a prophet)
5	מִקְשָׁה	[미끄-샤]	오이밭(cucumber-field)
6	תָּעָה	[타-애]	칼 : 길을 잃다(go astray) 히 : 길을 잃도록 시키다
7	רְמִיָּה	[레미-애]	속임(deceit), 책략
8	שֶׁקֶר	[쉐-께르]	거짓(falsehood)
9	נָכוֹן	[나-콘]	כון의 니 : 굳게 서다(stand firm), 굳게 세워지다(be established)
10	נֶגֶד	[네-게드]	전치사 : ~앞에(in front of). 종종 전치사 לְ가 앞에 나타남 לְנֶגֶד
11	אַחֲרִית	[아하-리트]	끝(end), 미래(future)
12	גִּבְעָה	[기브-애]	언덕(hill)
13	מִדֵּי	[미-데]	접속사 : 할 때마다(as often as). 전치사 מִן과 명사 דַּי(충분함, enough)가 결합한 형태
14	קֶרֶב	[께-레브]	중심부(midst)
15	חֵלֶק	[헬-레끄]	분깃(share of property)
16	הָמָה	[하-매]	칼 : 함성을 지르다(make an uproar), 동요되다(be restless)
17	מֵעָה	[메-애]	내장(internal organs), 내부(internal parts)
18	לִין	[린]	칼 : 유숙하다(lodge)

☞ 24과 연습문제 ☜

※ 다음의 문장을 해석하시오.

(1) וַיִּגַּשׁ יַעֲקֹב אֶל־יִצְחָק אָבִיו וַיְמֻשֵּׁהוּ וַיֹּאמֶר הַקֹּל קוֹל יַעֲקֹב
וְהַיָּדַיִם יְדֵי עֵשָׂו [창 27:22]

(2) וְאָמַרְתָּ אֶל־פַּרְעֹה כֹּה אָמַר יְהוָה בְּנִי בְכֹרִי יִשְׂרָאֵל [출 4:22]

(3) וַיֹּאמֶר הַגִּשָׁה לִּי וְאֹכְלָה מִצֵּיד בְּנִי לְמַעַן תְּבָרֶכְךָ נַפְשִׁי
וַיַּגֶּשׁ־לוֹ וַיֹּאכַל [창 27:25]

(4) וַיִּקְבֹּץ אֶת־כָּל־אֹכֶל שֶׁבַע שָׁנִים אֲשֶׁר הָיוּ בְּאֶרֶץ מִצְרַיִם
וַיִּתֶּן־אֹכֶל בֶּעָרִים [창 41:48]

(5) וַיַּרְא אֱלֹהִים אֶת־כָּל־אֲשֶׁר עָשָׂה וְהִנֵּה־טוֹב מְאֹד וַיְהִי־עֶרֶב
וַיְהִי־בֹקֶר יוֹם הַשִּׁשִּׁי׃ [창 1:31]

(6) וּבִנְבִיאֵי שֹׁמְרוֹן רָאִיתִי תִפְלָה הִנַּבְּאוּ בַבַּעַל וַיַּתְעוּ אֶת־עַמִּי
אֶת־יִשְׂרָאֵל [렘 23:13]

(7) לֹא־יֵשֵׁב בְּקֶרֶב בֵּיתִי עֹשֵׂה רְמִיָּה דֹּבֵר שְׁקָרִים לֹא־יִכּוֹן
לְנֶגֶד עֵינָי׃ [시 101:7]

(8) וְהָיָה בְּאַחֲרִית הַיָּמִים נָכוֹן יִהְיֶה הַר בֵּית־יְהוָה בְּרֹאשׁ הֶהָרִים
וְנִשָּׂא מִגְּבָעוֹת׃ [사 2:2]

(9) כִּי־מִדֵּי דַבְּרִי בּוֹ זָכֹר אֶזְכְּרֶנּוּ עוֹד עַל־כֵּן הָמוּ מֵעַי לוֹ
רַחֵם אֲרַחֲמֶנּוּ [렘 31:20]

25과 단어

번호	히브리어 단어	단어의 뜻	
		음역	우리말
1	גָּאַל	[가-알]	칼 : 구속하다(redeem)
2	שָׁלַם	[샬-람]	칼 : 완성되다(be completed) 피 : 보상하다(make amends)
3	לָבַשׁ	[라-바쉬]	칼 : 옷 입혀지다(be clothed) 명사형 : מַלְבּוּשׁ(의복)
4	נָכְרִי	[노크-리]	이방인의(alien, foreign)
5	שָׁאַל	[샤-알]	칼 : 묻다(ask) 빌리다(borrow)
6	חָדָשׁ	[하-다쉬]	새로운(new)
7	הֶאֱזִין	[헤에진]	히 : 듣다(listen to)
8	תֹּמֶר	[토-메르]	허수아비(scarecrow)
9	פָּשַׁע	[파-샤]	칼 : 반역하다(rebel)
10	הֵמִיר	[헤-미르]	מור(바꾸다)의 히 : 교환하다(exchange)
11	הוֹעִיל	[호-일]	יעל의 히 : 돕다(help), 유용하다(be of use)
12	רוֹמֵם	[로-멤]	רום(높다)의 폴렐 : 크게 하다, 키우다 (make high, raise)
13	צָעַד	[짜-아드]	칼 : 걷다(step, walk)
14	הֵרַע	[헤-레아]	רעע(악하다)의 히 : 악을 행하다(do evil)
15	גִּדַּל	[가달]	피 : 위대하게 하다(make great), 자라게 하다(make grow). 상태동사에서 파생
16	יָצַר	[야-짜르]	칼 : 만들다(form, fashion)
17	שֵׁבֶט	[쉐-베트]	막대기(staff), 지파(tribe)
18	נַחֲלָה	[나할라]	기업, 상속(inheritance)

☞ 25과 연습문제 ☜

※ 다음의 문장을 해석하시오.

(1) וַאֲנִי הִנְנִי מֵקִים אֶת־בְּרִיתִי אִתְּכֶם וְאֶת־זַרְעֲכֶם אַחֲרֵיכֶם׃ [창 9:9]

(2) לִינִי הַלַּיְלָה וְהָיָה בַבֹּקֶר אִם־יִגְאָלֵךְ טוֹב יִגְאָל וְאִם־לֹא יַחְפֹּץ
לְגָאֳלֵךְ וּגְאַלְתִּיךְ אָנֹכִי חַי־יְהוָה שִׁכְבִי עַד־הַבֹּקֶר׃ [룻 3:13]

(3) וְהָיָה בְּיוֹם זֶבַח יְהוָה וּפָקַדְתִּי עַל־הַשָּׂרִים וְעַל־בְּנֵי הַמֶּלֶךְ
וְעַל כָּל־הַלֹּבְשִׁים מַלְבּוּשׁ נָכְרִי׃ [습 1:8]

(4) וְכִי־יִשְׁאַל אִישׁ מֵעִם רֵעֵהוּ וְנִשְׁבַּר אוֹ־מֵת בְּעָלָיו אֵין־עִמּוֹ
שַׁלֵּם יְשַׁלֵּם׃ [출 22:13]

(5) הִנֵּה יָמִים בָּאִים נְאֻם־יְהוָה וְכָרַתִּי אֶת־בֵּית יִשְׂרָאֵל וְאֶת־בֵּית
יְהוּדָה בְּרִית חֲדָשָׁה [렘 31:31]

(6) שִׁמְעוּ שָׁמַיִם וְהַאֲזִינִי אֶרֶץ כִּי יְהוָה דִּבֵּר בָּנִים גִּדַּלְתִּי וְרוֹמַמְתִּי
וְהֵם פָּשְׁעוּ בִי׃ [사 1:2]

(7) הַהֵימִיר גּוֹי אֱלֹהִים וְהֵמָּה לֹא אֱלֹהִים וְעַמִּי הֵמִיר כְּבוֹדוֹ
בְּלוֹא יוֹעִיל׃ [렘 2:11]

(8) כְּתֹמֶר מִקְשָׁה הֵמָּה וְלֹא יְדַבֵּרוּ נָשׂוֹא יִנָּשׂוּא כִּי לֹא יִצְעָדוּ
אַל־תִּירְאוּ מֵהֶם כִּי־לֹא יָרֵעוּ וְגַם־הֵיטֵיב אֵין אוֹתָם׃ [렘 10:5]

(9) לֹא־כְאֵלֶּה חֵלֶק יַעֲקוֹב כִּי־יוֹצֵר הַכֹּל הוּא וְיִשְׂרָאֵל שֵׁבֶט נַחֲלָתוֹ
יְהוָה צְבָאוֹת שְׁמוֹ׃ [렘 10:16]

부록 2

각 과별 연습문제 해답

[1과 연습문제 해답]

1.
א, בּ, ג, ד, ה, ו, ז, ח, ט, י, כּ, ך, ל, מ, ם, נ, ו, ן, ס, פּ, ף,
צ, ץ, ק, ר, שׂ, שׁ, ת,

2.

(1) 아 : ◌ַ (단), ◌ָ (장)　　(2) 에: ◌ֶ (단), ◌ֵ (장), ◌ֵי (순장)

(3) 이 : ◌ִ (단), ◌ִי (순장)　　(4) 오: ◌ָ (단), ◌ֹ (장), וֹ(순장)

(5) 우: ◌ֻ (단), וּ(순장)

3.

(1) מֶלֶךְ　(2) חָכָם　(3) שֵׁם　(4) אֶרֶץ
(5) מִן　(6) מֹשֶׁה　(7) בֵּן　(8) אֶלֶף

4.

(1) 베,[66] 봄, 도드, 누아흐, 빈, 아브, 샴, 멜-레크, 포, 다-바르
(2) 라-반, 라-헬, 에-사브, 모-아브, 레-비, 아-돈, 쉠, 함, 아-담
(3) 요-세프, 예-페트, 모-쉐, 샤-울, 루아흐, 루트, 에츠, 꼴-리, 벤
(4) 다-비드, 라-이르, 나-탄, 아-따브, 모-에드, 하-메쉬, 하-마쓰, 야-샤르, 자-껜
(5) 하-떼프, 아다-마, 까-메츠, 미, 모트, 엔, 샬-롬, 바이트
(6) 야-샤브, 나-쉼, 바-이르, 할-라크, 키, 하-이쉬, 간, 라-아브, 데-레크

66) 현대 히브리어에서는 ◌ֵי 를 "에이"로 읽어 "베이"로 발음한다. 하지만 랍비들은 단순히 "에"를 길게 발음했다.

[2과 연습문제 해답]

1.

(1) אֱלֹ/הִים → 처음은 개음절, 두 번째는 폐음절

חָכְ/מָה → 처음은 폐음절, 두 번째는 개음절

תּוֹ/רָה → 처음은 개음절, 두 번째는 개음절

מִשְׁ/פָּט → 처음은 폐음절, 두 번째는 폐음절

דְבָ/רִים → 처음은 개음절, 두 번째는 폐음절

(2) בְּנֵי → 개음절

שׁוֹ/מְרִים → 처음은 개음절, 두 번째는 폐음절

מִדְ/בָּר → 처음은 폐음절, 두 번째는 폐음절

אֲדָ/מָה → 처음은 개음절, 두 번째는 개음절

אֱלֹ/הֵי → 처음은 개음절, 두 번째는 개음절

עֲנִי → 개음절

(3) אַבְ/רָם → 처음은 폐음절, 두 번째는 폐음절

שָׁ/מְרָה → 처음은 개음절, 두 번째는 개음절

אֲדֹ/נָי → 처음은 개음절, 두 번째는 폐음절(자음 י로 끝나는 폐음절이다)

יִשְׂ/רָ/אֵל → 처음은 폐음절, 두 번째는 개음절, 셋째는 폐음절

אֱדוֹם → 폐음절

(4) כַּרְ/מְלִי → 처음은 폐음절, 두 번째는 개음절

מַלְ/כֵּי → 처음은 폐음절, 두 번째는 개음절

מִזְ/וָה → 처음은 폐음절, 두 번째는 개음절

יִהְ/יֶה → 처음은 폐음절, 두 번째는 개음절

חָ/כְמָה → 처음은 개음절, 두 번째는 개음절

2.

(1) 쉐무-엘(유성), 미르-얌(무성), 요끄-샨(무성), 쉐바(유성), 호오마드(유성), 톨-레도트(유성)

(2) 아바-림(유성), 마하루(유성), 미쯔-라임(무성), 모-쉐보트(유성), 엘로-힘(유성), 아비(유성)

(3) 아브-라-함(무성), 이쯔-하끄(무성), 멜로크(유성), 히쉬-히트(무성), 에프-라임(무성), 알레-헴(유성)

(4) 라아보르(유성), 에쯜-레카[67](처음은 무성, 둘째는 유성), 아나흐-누(처음은 유성, 둘째는 무성), 하사-딤(유성), 엘-욘(무성), 할롬(유성), 네쉐-헴(유성)

3.

(1) לֶאֱדוֹם (2) כִּשְׁמוּאֵל (3) לַאֲדֹנָי

(4) הַשְׁמִיר (5) וַחֲכָמִים (6) אֶשְׁמֹר

[3과 연습문제 해답]

1.

(1) 히-네(이중점), 바-까쉬(경강점), 아-샤(이중점), 미쉬-파뜨(경강점), 바이트(경강점), 마-콜(이중점)

(2) 말-카흐(처음은 경강점, 둘째는 마픽), 하-꼴(이중점), 쉬-메라(이중점), 가-보르(처음은 경강점, 둘째는 이중점), 짜-디끄(이중점)

(3) 할-렐루-야흐(처음은 이중점, 둘째는 마픽), 쉬-볼-레트(이중점), 아르-파크-샤드(경강점), 펠리쉬-팀(처음은 경강점, 둘째는 경강점), 엘-리-야-후(이중점)

---

67) 실제 발음은 "에쯜-레카"로 들린다. ל은 자기 앞에 모음이 올 때에 "ㄹ"발음을 한 번 더 발음한다. 그래서 "에쯔"에서 "으"는 모음이 아니고 발음 습관상 나오는 소리이지만 실제로 "으"라는 모음으로 기능하기 때문에 "ㄹ"를 추가하여 "에쯜-레카"로 읽는 것이다.

2.

(1) 데바르(경강점, 유성), 도-베레(경강점, 유성), 야르-덴(경강점, 무성), 이사-토(경강점, 무성), 베루크(경강점, 유성), 미드-바르(경강점, 무성), 이사-베루(경강점, 처음은 무성 둘째는 유성)

(2) 베리-테카(경강점, 처음은 유성 둘째는 유성), 할-레바-논(이중점, 유성), 율-레두(이중점, 유성), 코-하님(경강점, 유성), 아-메카(이중점, 유성), 이-네베(이중점, 유성)*)

(3) 말-케켐(경강점, 처음은 무성 둘째는 유성), 붸아-마르-타(경강점, 처음은 유성 둘째는 무성), 베토크(경강점, 유성), 하르-보(경강점, 무성), 미-쉐무-엘(이중점, 유성)

(4) 메얄-레도트(이중점, 처음은 유성 둘째는 유성), 삼-티(경강점, 무성), 펠리쉬-팀(처음은 경강점 둘째는 경강점, 처음은 유성 둘째는 무성), 아브-데카(경강점, 처음은 무성 둘째는 유성), 까-데슈(이중점, 유성)

3.

(1) 렐-로-힘, 다-나-옐, 레-쉬트, 레-모르, 에빌-림

(2) 요-샤-야-후, 우-무-싸르, 쫀, 바-라, 하-쉘라-쉬, 미쯔-보트

4.

(1) מוֹת (2) הוּשַׁב (3) הֵיטִיב

[4과 연습문제 해답]

1.

(1) 그 땅/ 땅, 그 하늘/ 하늘, 말씀/ 그 말씀, 소리/ 그 소리

(2) 말/ 그 말, 왕/ 그 왕, 산/ 그 산, 흙/ 그 흙, 소년/ 그 소년

(3) 밤/ 그 밤, 장소/ 그 장소, 도시/ 그 도시, 땅/ 그 땅

---

*) 이 단어는 "안 네베"로 읽을 수도 있다. 과거에는 "안 네베"로 읽었겠지만 시간이 흐르면서 "아 네베"로 단순화되었다.

2.

(1) 그 머리에, 소리처럼, 그 도시를 향하여, 산을 향하여, 발 안에, 땅 위에, 그 장소를 향하여

(2) 그 땅으로부터, 사무엘에게, 에돔 안에서, 말씀처럼, 그 땅에서, 그 산에서, 그 동산 안에서

3.

(1) 아브라함이 그 땅에 거했다.

(2) 사무엘이 그 율법을 지켰다.

(3) 하나님이 인애로 그 백성을 지켰다.

(4) 그 왕이 그 도시들을 그 용사에게 주었다.

(5) 평화가 그 도시에 있었다. 왜냐하면 하나님이 거기에 있기 때문이었다.[68)]

(6) 그 말씀이 하나님으로부터 그 백성에게 왔다.

(7) 한 왕이 한 성읍에서 걸어 나왔다.

[5과 연습문제 해답]

1.

(1) 태초에 하나님이 하늘과 땅을 창조하셨다.

(2) 그 선한 왕이 위대했다. 왜냐하면 그가 이스라엘 안에서 율법을 지켰기 때문이다.

(3) 그 악한 용사가 그 위대한 성전으로 걸어갔다.

(4) 그 정직한 선지자들이 그 위대한 집에 있었다.

(5) 여호와는 위대하시다. 왜냐하면 그분이 그 백성에게 그 귀한 말씀을 주셨기 때문이다.

(6) 그 왕은 그 사악한 백성을 모으지 않았다. 그리고 그는 율법을 지키지 않았다.

(7) 그 사악한 제사장은 그 백성에 관한 규례(관습, 공의)를 알지 못했다.

(8) 요셉은 그 선한 말씀을 지켰다. 왜냐하면 여호와가 요셉과 함께 있었기 때문이다.[69)]

---

68) 히브리어는 be 동사에 해당되는 הָיָה동사가 생략될 수 있다. 그래서 하나님이 거기에 있었다에서 동사 있었다가 생략되었다.

69) 전치사 אֵת는 "~와 함께" 라는 뜻이 있다. 나중에 전치사에서 자세히 배울 것이다.

(9) 여호와가 이스라엘에게 선한 지혜를 주셨다.

2.

(1) חָכָם הַנָּבִיא

(2) נְעָרִים טוֹבִים

(3) הַסּוּסוֹת הַזְּקֵנוֹת

(4) צַדִּיק הַנָּבִיא הַטּוֹב

(5) בָּא הָאִישׁ הָרָשָׁע

(6) יָקָר הַסּוּס הַיָּקָר

[6과 연습문제 해답]

1.

(1) 그리고 그 아담은 그 땅에서 여자인 하와를 알았다.

(2) 하나님이 그 밤에 꿈속에서 아비멜렉을 찾아왔다.

(3) 그리고 여호와께서 사라를 돌보셨다.

(4) 여호와께서 이스라엘에게 그 모든 위대한 민족들을 넘겨주셨다.

(5) 그 왕은 여호와의 말씀들을 지키지 않았다. 왜냐하면 그는 여호와의 음성을 듣지 않았기 때문이다.

(6) 한 늙은 사람이 저녁에 들에서부터 왔다. 그런데 그 사람은 에브라임 산지 출신이었다.

(7) 여호와가 이스라엘의 집과 유다의 집과 함께 언약을 맺으셨다.

(8) 악한 자들의 꾀를 따라 걸어가지 않는 그 사람은 복이 있다.

(9) 모세의 율법을 지키는 사람은 의롭다.

(10) 그 모든 땅이 여호와에 속한 것이다.

(11) 아브라함이 가나안 땅에 거했다. 그리고 롯은 소돔에 거했다.

(12) 그리고 소돔의 사람들은 여호와를 향하여 매우 악하고 죄가 많았다.

(13) 여호와께서 모든 이스라엘의 목전에서 여호수아에게 말씀하셨다.

[7과 연습문제 해답]

1.

(1) 저(그) 날에, 저(그) 땅, 이 해(올해), 이들은 노아의 아들들이다.

(2) 저들이(여성) 무엇이냐?, 이것은 두루마리이다, 저 암컷 말들, 저들이 그 용사들이다.

(3) 저들이 이스마엘의 아들들이다, 당신은 선지자이다, 우리는 용사들이다.

2.

(1) לֵוִי אֲנִי

(2) מִי הִיא

(3) נְעָרִים אֲנַחְנוּ

(4) אֲדוֹמִּים אַתֶּם

(5) זְקֵנוֹת אַתֶּן

(6) עַם הֵמָּה

3.

(1) 저 날에 한 사자가 하늘에서 내려와 그 악한 성읍 위에 임했다.

(2) 저 선지자가 그 산으로부터 내려왔다. 그리고 그 말씀들을 기록했다.

(3) 그가 이 남자들을 모았다. 그리고 그들은 작은 자(보잘 것 없는 자)들이었다.

(4) 저 날들에 그 소년이 많은 용사들을 취했다.

(5) 그 노인이 이 우물 옆에서 그 소년들에게 충고를 주었다.

(6) 여호와가 말씀하셨다. 보라 그가 그들을 위해 언약을 맺었다.

[8과 연습문제 해답]

1.

(1) 그 의인이 나의 율법들을 의지했다. 그러나 그 악한 자는 나의 명령들대로 걷지 않았다.

(2) 나의 사자가 율법에 나의 말씀을 기록했다.

(3) 그가 여호와의 이름을 기억했다. 그리고 그의 구원을 의지했다.

(4) 여호와가 아담을 창조하셨고, 그의 의가 아담의 아들을 위해 있었다.

(5) 여호와는 공의를 사랑하셨고, 그의 경건한 자를 잊지 않으셨다.

(6) 그는 선을 행했고 그의 하나님의 율법이 그의 마음속에 있었다.

(7) 그 제사장은 그의 하나님 여호와의 명령들을 듣지 않았다.

(8) 이것들은 여호와가 너희 조상들에게 주신 법도들과 규례들이다.

(9) 여호와가 시혼과 그곳의 모든 백성을 이스라엘 손에 붙이셨다.

(10) 여호와가 유다 땅과 유다의 성읍들에서 이 말씀을 하셨다.

2.

(1) חָכְמָתִי

(2) עָרָיו

(3) דְּבָרֶיךָ

(4) נְבִיאָיו

(5) קוֹלְכֶן

[9과 연습문제 해답]

(1) 하나님은 우리에게 피난처이시고 힘이시다.

(2) 만군의 여호와가 우리와 함께 계시고 하나님은 우리를 위해 산성이시다.

(3) 그 왕은 "여호와여 당신은 나의 기쁨이고 나의 구원이십니다"라고 말했다.

(4) 하나님이 우리를 위해 축복을 주셨다. 왜냐하면 우리는 여호와께 속한 자들이기 때문이다.

(5) 유다의 왕은 여호와의 집을 기억했고 그 집에는 금과 은이 있었다.

(6) 우리를 위해 떡과 물이 있었다. 그러나 그들을 위해서는 큰 가뭄이 있었다.

(7) 그의 이름이 임마누엘인 여호와의 사자가 그에게 말했다.

(8) 이것들은 당신의 입의 말씀입니다. 그리고 이것은 당신의 손이 한 일입니다.

(9) 그 선지자는 왕으로 그를 선택했다.

(10) 그 왕은 그의 사는 모든 날 동안 여호와를 섬겼다.

(11) 전쟁은 여호와께 속한 것이다. 그래서 그가 너희들을 우리의 손에 붙였다.

(12) 그가 만군의 여호와의 이름으로 그에게 걸어갔다.

(13) 이것은 여호와가 그와 함께 맺으신 그 언약이다.

[10과 연습문제 해답]

(1) 그 선지자가 다음과 같이 말했다: "당신은 나의 하나님이고 나는 당신의 종입니다."

(2) 저 선지자가 그의 두루마리 책에 그들의 이름을 기록했다.

(3) 나의 왕이 그의 보좌에 앉았다. 그리고 그는 나의 백성을 다스렸다.

(4) 여호와가 너희들과 너희들 후에 있는 너희들의 자녀들에게 언약을 맺었다.

(5) 모세가 그 언약책을 취하여 백성들의 귀에 읽었다.

(6) 그가 섰던 그 곳은 거룩한 땅이었다.

(7) 아브라함이 사라를 데리고 가나안 땅으로 왔다.

(8) 여호수아가 그를 위해 반석들을 가지고 칼들을 만들었다.*)

(9) 그 종이 은 그릇들과 금 그릇들, 그리고 의복들을 리브가에게 주었다.

(10) 아침에 아브라함은 그와 함께 그의 두 소년들을 데리고 갔다.

(11) 그 날에 사울의 아들 요나단이 그 소년에게 말했다.

(12) 여호와가 아담과 하와를 위해 가죽으로 된 속옷을 만들었다.

(13) 그 소년은 그 여자들에게 자신의 힘과 길들을 주지 않았다.

[11과 연습문제 해답]

(1) 우리의 아버지는 늙었고 그 땅에는 남자가 없다.

(2) 의인 50명이 있다.

(3) 너는 이스라엘 집으로 보내졌다.

---

*) 히브리어서 명사는 부사적 용법으로 시간, 장소, 방법, 결과(목적), 특정화(~와 관련해서, ~인 경우)를 뜻할 수도 있다. 이 문장에서 צֻרִים은 방법의 부사적 용법으로 나와 "반석들을 가지고"(with rocks)라는 의미로 해석되었다.

(4) 그 레위 제사장들이 그것을 나르고 있었다.
(5) 그 남자는 그의 아비와 어미를 떠나서 자신의 여자와 하나가 되었다.
(6) 저 남자는 들에서 걸어 다니는 그의 형제를 죽였다.
(7) 그 동산에 거하고 있는 그 여자들이 그녀들의 책안에 그것을 기록하고 있다.
(8) 이 악한 재판관들이 그것들을 취하고 있다.
(9) 여호와는 자신의 경건한 자들을 잊지 않으신다. 왜냐하면 여호와는 공의를 사랑하시기 때문이다.
(10) 그 땅의 주민들과 함께 여호와의 다툼이 있을 것이다. 왜냐하면 진리와 인애가 없기 때문이다.
(11) 이스라엘의 하나님 여호와가 이 성읍의 집들에 대해 말씀하셨다.
(12) 제사장 엘리가 성전 문기둥 옆 의자에 앉아 있었다.
(13) 나는 나 때문에 이 큰 돌풍이 너희에게 임했다는 것을 알고 있다.

[12과 연습문제 해답]

(1) 그리고 그의 아버지는 그 말을 지켰다(마음 속에 담았다).
(2) 그는 소돔성 안에서 의인 50명을 발견하지 못했다.
(3) 아브라함의 아내 사라는 그를(아브라함)을 위해 아기를 낳지 못했다.
(4) 너의 하나님 여호와의 명령을 너는 지키지 않았다.
(5) 너와 너 후에 너의 자녀들 그들 대대로 나의 언약을 지킬 것이다.
(6) 그 용사들이 그 큰 성읍들을 취했다.
(7) 그 악한 남자들이 강으로 내려갔다.
(8) 너는 누구를 위하여 은과 금을 모았느냐?
(9) 너는 그 강으로 내려가는 남자들에게 너의 형제를 팔았다.
(10) 그 지혜로운 자들이 여호와와 그의 명령들을 기억할 것이다.
(11) 저 날에 너는 너의 모든 일에서 쉬어야 한다.[70] 그 날에 여호와가 쉬셨기 때문이다.

---

70) 나중에 구문론에서 배우겠지만 미완료는 의무를 뜻하여 "~해야 한다"라는 의미를 가질 수 있다.

(12) 하나님이 민족들 위에 통치하신다. 그리고 하나님은 그의 거룩한 보좌 위에 앉아 계신다.

(13) 너는 이 말씀들을 지키지 않을 것이다.

[13과 연습문제 해답]

(1) 그 양의 반을 너는 지키라. 그리고 그 다른 반을 나에게 팔라.[71)]

(2) 너는 이 말씀들을 율법 책에 기록하라(강조형).

(3) 너희들은 그것들을 취하여 그것들을 그 성읍으로 가지고 가라.

(4) 여호와가 자신의 분노를 그 땅에 쏟아 부으셨다. 그래서 이스라엘의 장막들 안에 재난이 있었다.

(5) 여호와가 그 여자를 돌아보실 때에 그녀가 아들을 낳게 될 것이다.

(6) 그 왕은 여호와의 목소리를 듣지 않기 위해 금 그릇들을 팔았다.

(7) 예루살렘의 거주민들은 그 성의 문들을 닫을 수 없었다.

(8) 우리가 그에게 죄를 짓지 않기 위하여 그의 율례들을 제발 기억하자.

(9) 너희들이 이 곳을 취할 때에 실로 나를 기억할 것이냐?

(10) 이스라엘을 지키는 자는 실로 그의 언약을 지킬 것이다.

(11) 여호와 우리의 하나님이 호렙에서 우리에게 "너희들은 나의 율법을 들으라"고 말하며 말씀하셨다.

(12) 하나님이 롯이 거하는 성읍들을 엎으실 때에 아브라함을 기억하셨다.

(13) 여호와의 말씀이 나에게 임하여 "여호와가 이렇게 말씀하셨다"라고 말씀하셨다.

[14과 연습문제 해답]

(1) 보라! 이스라엘의 가축 중에는 아무도 죽지 않았다. 그러나 바로의 마음은 강퍅했다.

(2) 그 남자들에게 그 일이 무겁게 하라.

(3) 하나님이여 당신의 눈에 이것은 작았습니다.

---

71) 봐브계속법에 연결된 완료는 미완료의 의미를 가진다. 또한 미완료는 때때로 명령형의 역할을 할 수 있기 때문에 이 문맥에서는 명령형으로 해석해야 한다.

(4) 지금(이제야) 나는 네가 하나님을 경외하여 나보다 너의 독자를 더 아끼지 않았다는 것을 알았다.

(5) 하나님이 그 소년과 함께 있었고 그는 자라났다.

(6) 사마리아여 너의 송아지 우상을 버리라. 그들을 향한 나의 분노가 뜨겁다. 언제까지 그들은 죄를 짓지 않을 수 있는가?

(7) 그 성들의 거주민들이 두려워했다.

(8) 그 일이 무거울 때에 너희들이 이 말씀을 기억하게 될 것이다.

(9) 그 남자들이 큰 두려움으로 두려워했다. 왜냐하면 그들은 그들의 적들을 향해 대항할 수 없었기 때문이다.

(10) 그 곳이 여호와의 영광으로 가득 찼다.

(11) 하나님이 그들에게 "바다 안에 물과 함께 충만하라"라고 말씀하셨다.

(12) 그러나 그는 그녀의 소리를 듣기를 원하지 않았다. 그래서 그는 그녀와 동침했다.

[15과 연습문제 해답]

(1) 열국들이 섬겼던 그 곳을 너희들이 확실히 멸망시킬 것이다.

(2) 그 땅이 마르자 하나님이 노아에게 말씀했다.

(3) 그러나 모든 육체가 홍수의 물로 인해 멸망되지 않을 것이다.

(4) 지금 이것은 나의 뼈들 중에 뼈요 나의 살 중에 살이다. 그녀는 여자로 불려질 것이다.

(5) 사람의 피를 쏟아 붓는 자(흘리는 자)는 그의 피가 사람에 의해 쏟아지게 될 것이다. 왜냐하면 그(하나님)가 사람을 하나님의 형상으로 만드셨기 때문이다.

(6) 아론과 그의 아들들에게 말하여 "너희들이 이렇게 이스라엘의 아들들을 축복하게 될 것이라"라고 이르라.

(7) 오 이스라엘 집이여, 여호와가 너희에게 말하신 말씀을 들으라.

(8) 이스라엘의 하나님 여호와가 이렇게 말씀하셨다. "나의 백성을 보내라."

(9) 너의 아비와 너의 어미를 공경하라.

(10) 여호와를 찬양하라 여호와의 종들아 찬양하라 여호와의 이름을 찬양하라.

(11) 엘리사가 행했던 그 모든 위대한 일들을 나에게 제발 자세히 말하라.

[16과 연습문제 해답]

(1) 그 남자들과 그들의 나귀들이 보내졌다. 그들이 그 도시를 빠져나갈 때에 그들은 멀리 가지 못했다.

(2) 아브라함과 그의 아내 사라는 거기에서 묻혔다.

(3) 그리고 너는 너의 무덤으로부터 가증이 여겨진 가지처럼 내어 던져질 것이다(선지자적 미래). 그리고 의복은 칼로 찔려진 시체들(죽여진 자들)이 될 것이다(시체들에 둘러싸이게 될 것이라는 뜻).

(4) 아브라함이 하나님께 기도하여, 하나님이 아비멜렉을 고치셨다.

(5) 그 날에 그들이 바람으로 동산에 거니시는 하나님 여호와의 음성을 들었다. 그래서 아담과 그의 아내는 여호와의 면전에서 자신들을 숨겼다.

(6) 하나님이 그 땅을 보았다. 그리고 보라 그 땅이 더럽혀졌다. 왜냐하면 모든 육체가 땅 위에서 자신의 길을 더럽혔기 때문이다.

(7) 그 땅에서 너의 날들이 장수하기 위해 너의 아비와 어미를 공경하라.

(8) 하나님 앞에서 그 땅이 더럽혀졌다. 그 땅이 폭력으로 가득 차 있었다.

(9) 보라 그 땅에서 의인이 보응을 받을 것이다. 하물며 악인과 죄인은 얼마나 더 그러한가!

(10) 너희들은 피를 흘리지 말라. 대신 그를 광야에 있는 이 구덩이 안으로 던지고, 그에게 손을 대지 말라.

[17과 연습문제 해답]

(1) 여호와가 너를 축복할 것이고 너를 지킬 것이다.

(2) 가난한 자에 관심을 갖는 자는 복이 있다. 환난 날에 여호와가 그를 구원하실 것이다.

(3) 하나님 여호와가 그들을 돌아보실 때 그들의 포로가 돌아올 것이다.

(4) 여호와가 모든 악에서 너를 지키실 것이다. 그리고 그가 너의 생명을 지키실 것이다.

(5) 여호와는 우리를 기억하시고 축복하실 것이다. 그는 이스라엘의 집을 축복하시고 아론의 집을 축복하실 것이다.

(6) 그들이 그를 찾았을 때 그를 그들 위의 왕으로 선택했다.

(7) 그들이 그 광야에 머문 후에 그들의 하나님께 제사를 드릴 것이다.

(8) 이것들은 그들이 창조될 때에 하늘과 땅의 세대들이다.

(9) 안식일을 거룩케 함으로써 그날을 지키라.[72] 6일 동안 너는 일할 것이나 제 7일은 여호와를 위한 안식일이니라.

(10) 요셉은 그의 앞에서 은혜를 입었다. 그리고 그는(요셉) 그를 섬겼다. 그래서 그는 그를(요셉) 자신의 집을 관리하도록 임명했다.

(11) 하지만 나는 네가 모욕하는 이스라엘 군대 하나님, 만군의 여호와 이름으로 너에게 온다.

[18과 연습문제 해답]

(1) 나는 하늘 아래에 생령이 있는 모든 육체를 파괴할 것이다.

(2) 당신이 당신의 종에게 행하신 그 모든 은총(인애)들과 진실에 비하면 나는 너무 작습니다.

(3) 여호와는 너희들이 모든 백성들 중에서 가장 작기 때문에 너희들을 선택하셨다.

(4) 우리가 무엇을 말할 수 있습니까? 무엇으로(어떻게) 우리 자신이 의롭다는 것을 증명할 수 있습니까? 하나님이 당신의 종들의 죄를 발견하셨습니다.

(5) 그 돌은 그 노인이 들기에 너무 무겁다.

(6) 왜냐하면 나의 안식일들을 지키고 내가 기뻐하는 것을 선택하여 나의 언약을 굳건히 붙잡는 내시들에 대해서 여호와가 이렇게 말씀하시기 때문이다.

(7) 나는 그들에게 나의 집과 나의 성벽들 안에서 아들들과 딸들보다 더 좋은 이름과 기념물을 줄 것이다.

(8) 이스라엘이 그들을 뒤쫓았던 들과 광야에서 아이성 거민 모두를 죽이기 위해.

(9) 그리고 그 왕은 자신의 분노를 가지고 포도주 잔치에서 일어나 궁전의 동산으로 갔다.[73] 이 때 하만은 에스더에게 자신의 생명을 위해 간구하기 위해 섰다.

(10) 이것들은 제사장으로 봉사하기 위해 취임했던, 기름부음 받은 제사장들인 아론의 아들들의 이름들이다.

---

72) זָכוֹר는 זָכַר(기억하다) 부정사 절대형이다. 때로 부정사 절대형은 명령형 대용으로 사용될 수 있다.

73) קָם(칼 완료 3남단) 원래 원형 קוּם에서 나온 것으로서 뜻은 "일어나다"이다. 아인 봐브 동사에서 자세히 배울 것이다.

[19과 연습문제 해답]

(1) 그 남방 왕이 강할 것이다. 하지만 그의 군주들 중에 하나가 그보다 강하여 다스릴 것이고, 그의 통치는 큰 통치가 될 것이다.

(2) 그는 그녀로 인하여 아브람을 선대했다. 그 결과 그에게(아브람에게) 양과 소가 있었다(아브라함이 양과 소를 얻었다).

(3) 너는 무엇을 했느냐? (네가 어떻게 그럴 수 있느냐?) 너는 나의 마음을 속이고 나의 딸들을 이끌고 나갔다.

(4) 이스라엘아! 들으라. 우리의 하나님 여호와는 한 분이신 여호와이시니라.

(5) 실로 여호와는 너의 죄를 용서하셨다. 그러므로 너는 죽지 않을 것이다.

(6) 여호와가 선택한 그 사람 바로 그가 그 거룩한 자일 것이다.

(7) 나의 하나님이여! 당신이 당신의 종의 귀를 열어주셨습니다.

(8) 그가 너의 의를 빛같이, 그리고 너의 공의를 정오처럼 나오게 할 것이다.

(9) 시온에 남은 자, 즉 이스라엘에 남겨진 자는 그의 이름이 거룩하다 불릴 것이다.

(10) 아하! 여호와 주여! 보십시오. 당신은 하늘과 땅을 당신의 큰 권능으로 만드셨습니다.

(11) 나는 애굽 땅 종 되었던 집에서 너를 이끌어 낸 너의 하나님 여호와라.

[20과 연습문제 해답]

(1) 왜 하나님의 집이 버려졌는가?

(2) 너희 형제(동생)를 데려오기 위해 너희 중에 한 사람을 보내라.
그 사이에 너희들은 옥에 투옥될 것이고 너희들의 말이 시험대에 오를 것이다.

(3) 심지어 너는 우리의 손에 제물들과 번제물들을 주어야 할 것이다.[74)]

(4) 이스라엘 아들들에게 말해서 나에게 예물을 가져오도록 하라. 그리고 그의 마음이 그것을 자원하는 사람에게서 너희들은 나의 예물을 취해야 한다.

---

74) 미완료는 히브리어 구문론에서 배우겠지만 때때로 의무의 뜻을 가져서 "~해야 한다"라는 의미를 가질 수 있다.

(5) 너는 담대하라. 그리고 우리의 백성과 우리 하나님의 성읍들을 위해 우리 자신을 강하게 하자.

(6) 하나님이여 왕께 당신의 공의를 주소서. 그리고 당신의 의를 왕의 아들에게 주소서.

(7) 왜냐하면 여호와는 공의를 사랑하시고 그의 경건한 자들을 버리지 않으시기 때문이다. 그들은 영원히 지켜질 것이지만 악인들의 자손들은 끊어질 것이다.

(8) 보라 나는 너희들에게 땅 위에 있는, 씨 맺는 모든 식물을 주었다.

(9) 나는 너의 의와 행위들을 말할 것이다(드러낼 것이다).

(10) 실로 그 남자들도 그가 여호와 앞에서 도망가고 있는 것을 알았다. 왜냐하면 그가 그들에게 말했기 때문이다.

(11) 왜냐하면 당신은 나의 영혼을 스올에 버리지 않을 것이기 때문입니다. 당신은 당신의 경건한 자로 하여금 무덤을 보도록 허락하지 않을 것입니다.

[21과 연습문제 해답]

(1) 여호와가 모세와 아론에게 말했다. 이것이 유월절의 규례이다. 모든 이방인의 아들은 그것을(무교병) 먹어서는 안 된다.

(2) 내가 만약 소돔성 그 성읍 안에서 의인 오십을 발견한다면 그들로 인하여 그 모든 곳을 내가 용서할 것이다.

(3) 모세가 여호와 앞에서 "보십시오. 나는 입술이 어눌한 자입니다. 그러므로 어떻게 바로가 나를 듣겠습니까?"라고 말했다.

(4) 살렘 왕이 그를 축복하여 "아브람은 지극히 높으신 하나님에 의해 복받는 자이다"라고 말했다.

(5) 나의 이름으로 불려지는 나의 백성이 겸손해져서 기도하고 나의 얼굴을 구한다면 나는 하늘에서 들을 것이다.

(6) 사람들이 사울에게 이르기를 "보라 그 백성이 그 피를 먹음으로써 여호와께 죄를 짓고 있다"라고 말했다.

(7) 그는 "내가 나의 말을 말하기까지 먹지 않을 것이다"라고 말했다. 그러자 그가(라반) 말하라고 말했다.

(8) 예루살렘에게 기쁘게 말하라. 즉, 그녀에게 그녀의 복역이 끝났다고 외쳐라.

(9) 그는(엘리사) 그에게 "너의 허리에 허리띠를 매고 너의 손에 이 기름병을 취하라"라고 말했다.

(10) 아도니야는 양과 소와 살찐 짐승으로 제사 드렸다. 그리고 그의 모든 형제들을 불렀다.

[22과 연습문제 해답]

(1) 그녀는 아브라함에게 "이 여종의 아들은 나의 아들인 이삭과 함께 기업을 상속받을 수 없기 때문에 이 여종과 그녀의 아들을 내쫓으십시오"라고 말했다.

(2) 가인이 여호와 앞에서 나가서 에덴의 동쪽에 있는 놋 땅에 거했다.

(3) 그는(야곱) "너희들과 함께 나의 아들은 내려갈 수 없다. 왜냐하면 그의 형제는 죽었고 그만이 남아 있기 때문이다"라고 말했다.

(4) 그들이 브엘쉐바에서 언약을 체결했다. 그리고나서 아비멜렉과 그의 군대 장관 피콜이 일어나 블레셋 땅으로 돌아갔다.

(5) 우리는 내 주께 "그 소년은 그의 아비를 떠날 수 없고, 그가 아비를 떠난다면 그는(아비는) 죽을 것입니다"라고 말했습니다.[75)]

(6) 발람이 발락에게 말했다. "보라, 나는 지금 너에게 왔지만 내가 실로 아무 것이나 말할 수 있는가? 나는 하나님이 나의 입에 주신 말씀만을 말할 수 있다."

(7) 예후는 전차를 타고 이스르엘로 갔다. 거기에 요람이 누워있었기 때문이다.

(8) 여호와의 말씀이라. 그 때에 사람들이 유다의 왕들의 뼈들과 그의 장관들의 뼈들을 그들의 무덤들에서 나오게 할 것이다.

(9) 여호와의 손이 거기서 나에게 임했다. 그리고 그는 나에게 "일어나 평지로 가라. 거기서 내가 너에게 말할 것이다"라고 말씀했다.

(10) 선지자인 그 소년은 라못 길르앗에 가서 도착했다. 그런데 보라, (그곳에) 군대장관들이 앉아 있었다.

---

75) 히브리어에서는 조건의 부사절을 이끄는 접속사가 없어도 조건문을 만들 수 있다. מֵת 앞에 있는 접속사 וְ는 조건문에서 주절을 이끄는 접속사 역할을 한다. 자세한 사항은 히브리어 구문론을 참조하라.

[23과 연습문제 해답]

(1) 이스라엘이 자기의 땅에서 앗수르에 포로로 끌려가 오늘날까지 있었다.
(2) 나의 하나님이여! 당신이 당신의 종을 위해 집을 지을 것을 당신의 종의 귀에 계시해 주셨기 때문에 당신의 종이 당신 앞에서 기도할 수 있는 용기를 얻었습니다.
(3) 그러므로 인자야! 너는 너를 위해 포로 생활을 위한 도구들을 챙겨서 대낮에 그들 앞에서 포로로 끌려가라.
(4) 보라 너는 결코 죽지 않을 것이다. 나의 아버지는 큰 일이든 작은 일이든 나의 귀에 알리지 않고는 행하지 않으신다.
(5) 그는 그들로부터 돌아나가서 울었다. 그리고 다시 그들에게 돌아와 그들에게 말하고 그들 중에서 시므온을 취했다.
(6) 그 왕이 자신 옆에 서 있는 호위병들에게 말했다. "돌아가서 여호와의 제사장들을 죽이라. 왜냐하면 심지어 그들의 손도 다윗과 함께 있고 그들이 그가 도망가는 것을 알고도 나의 귀에 알리지 않았기 때문이다."
(7) 바로가 요셉에게 이르기를 "보라; 나는 너를 애굽의 모든 땅 위에 치리자로 삼았다"라고 말했다.
(8) 그 선지자들의 아들 중에 한 사람이 그의 동료 남자에게 여호와의 말씀으로 말하여 이르기를 제발 나를 치라라고 했다. 하지만 그 남자는 그를 치기를 거절했다.
(9) 그들은 아스드롯 가르나인에서 르바 족속을 쳤다.
(10) 여호와가 이렇게 말씀했다. "열국의 길을 너희들은 배우지 말라. 열국들이 하늘의 징조들을 두려워할지라도 너희들은 그 징조들을 두려워하지 말라."

[24과 연습문제 해답]

(1) 야곱이 그의 아비 이삭에게 가까이 가서 그를 만졌다. 그러자 그가(이삭) 그 목소리는 야곱의 목소리이지만 손들은 에서의 손들이라고 말했다.
(2) 너는 바로에게 다음과 같이 말하라. "여호와가 이렇게 말씀하신다. 이스라엘은 나의 장자이다."

(3) 나의 아들아, 나의 영혼이 너를 축복하기 위해 사냥한 고기를 나에게 가져와 먹게 하라. 그래서 그는(야곱) 그에게 가져오게 했고 그는 먹었다.
(4) 그는(요셉) 애굽 땅에 있었던 7년 동안, 양식을 모두 모았다. 그리고 양식을 여러 성들에 저장했다.
(5) 하나님은 그가 한 모든 것을 보셨다. 그리고 보라 매우 좋았다. 그 후 저녁이 되고 아침이 되니 제 6일이었다.
(6) 사마리아 선지자들 중에서 나는 추악한 것을 보았다. 그들은 바알을 통해 선지자 노릇했고 나의 백성인 이스라엘을 잘못된 길로 인도했다.
(7) 속임수를 행하는 자는 나의 집 가운데 거하지 못할 것이다. 거짓을 말하는 자는 나의 눈앞에서 굳건히 서지 못할 것이다.
(8) 종말에 여호와의 집의 산이 산들의 꼭대기에 세워질 것이다. 그리고 그것은 언덕들보다 더 높이 들려질 것이다.
(9) 왜냐하면 그에 대해 내가 말할 때마다 나는 다시 그를 진실로 기억한다. 그 결과 나의 중심이 그를 향해 동요된다. 그러므로 내가 그를 확실히 불쌍히 여길 것이다.

[25과 연습문제 해답]

(1) 보라 나는 너희들과 너희 후에 있을 너희 자손들과 함께 나의 언약을 맺고 있다.
(2) 이 밤에는 유숙하라. 그리고 아침에 만약 그가 너에게 기업 무르기를 원한다면 좋다. 그가 기업을 무를 것이다. 그러나 만약 너에게 기업 무르기를 기뻐하지 않는다면 여호와의 사심으로 맹세하건대 내가 너를 위해 기업을 무를 것이다. 그러므로 아침까지 누워 있으라.
(3) 여호와의 희생의 날에 나는 그 군주들과 왕의 아들들과 그리고 이방인의 옷으로 옷 입은 모든 사람들을 벌할 것이다.[76)]

76) פָּקַד는 "돌보다"라는 뜻도 있지만 "처벌하다"라는 뜻도 있다. מַלְבּוּשׁ는 의복이라는 명사이다. 동사 לָבַשׁ에서 파생되었다.

(4) 만약 어떤 사람이 그의 친구로부터 어떤 것을 요구하여 빌린 후에 그 주인이 없는 사이에 그것이 부서지거나 죽으면, 그는(빌린 사람) 확실히 배상해야 할 것이다.

(5) 보라, 여호와의 말씀이다. 다가오는 날에 나는 이스라엘의 집과 유다의 집과 함께 새 언약을 맺을 것이다.

(6) 하늘이여 들으라. 땅이여 귀 기울이라. 왜냐하면 하나님이 내가 아들들을 양육했고 키웠지만 그들이 나에 대해 반역하였다고 말씀하시기 때문이다.

(7) 어느 나라가 신들을 바꾼 적이 있는가? …그런데 그것들은 신은 아니지만. 그러나 나의 백성은 자신의 영광을 무용지물과 바꾸었다.[77)]

(8) 그들은 오이밭의 허수아비같아서 말할 수 없다. 그리고 그들은 확실히 사람이 날라 주어야 한다. 왜냐하면 그들은 걸을 수 없기 때문이다. 그러므로 그들을 두려워하지 말라. 왜냐하면 그들은 해악을 끼칠 수 없다. 그리고 심지어 그들에게는 선을 베풀 능력도 없다.[78)]

(9) 야곱의 분깃은 이들과 같지 않다. 왜냐하면 그는 이 모든 것을 만드셨고, 그 때에 이스라엘을 자신의 기업의 지파가 되도록 하셨기 때문이다. 그의 이름은 만군의 여호와이시다.

77) לוֹא יוֹעִיל 앞에 관계대명사 אֲשֶׁר가 생략된 것이다. 이 것은 명사절로서 전치사 בְּ에 목적어 역할을 했다.

78) 전치사 אֵת는 시간, 장소, 방법, 결과, 특정화(~와 관련해서, ~의 경우)의 의미를 가질 수 있다. 그래서 אוֹתָם אֵין הֵיטֵיב을 직역하면 "그들의 경우, 선을 행하는 것이 없다"라는 뜻이다.